Ursi Breidenbach
Heike Abidi

GESCHWISTER
SIND WIE
GUMMIBÄRCHEN

SIE KLEBEN ZUSAMMEN,
MANCHMAL HAT MAN SIE ÜBER,
ABER WIR LIEBEN SIE EIN LEBEN LANG

PENGUIN VERLAG

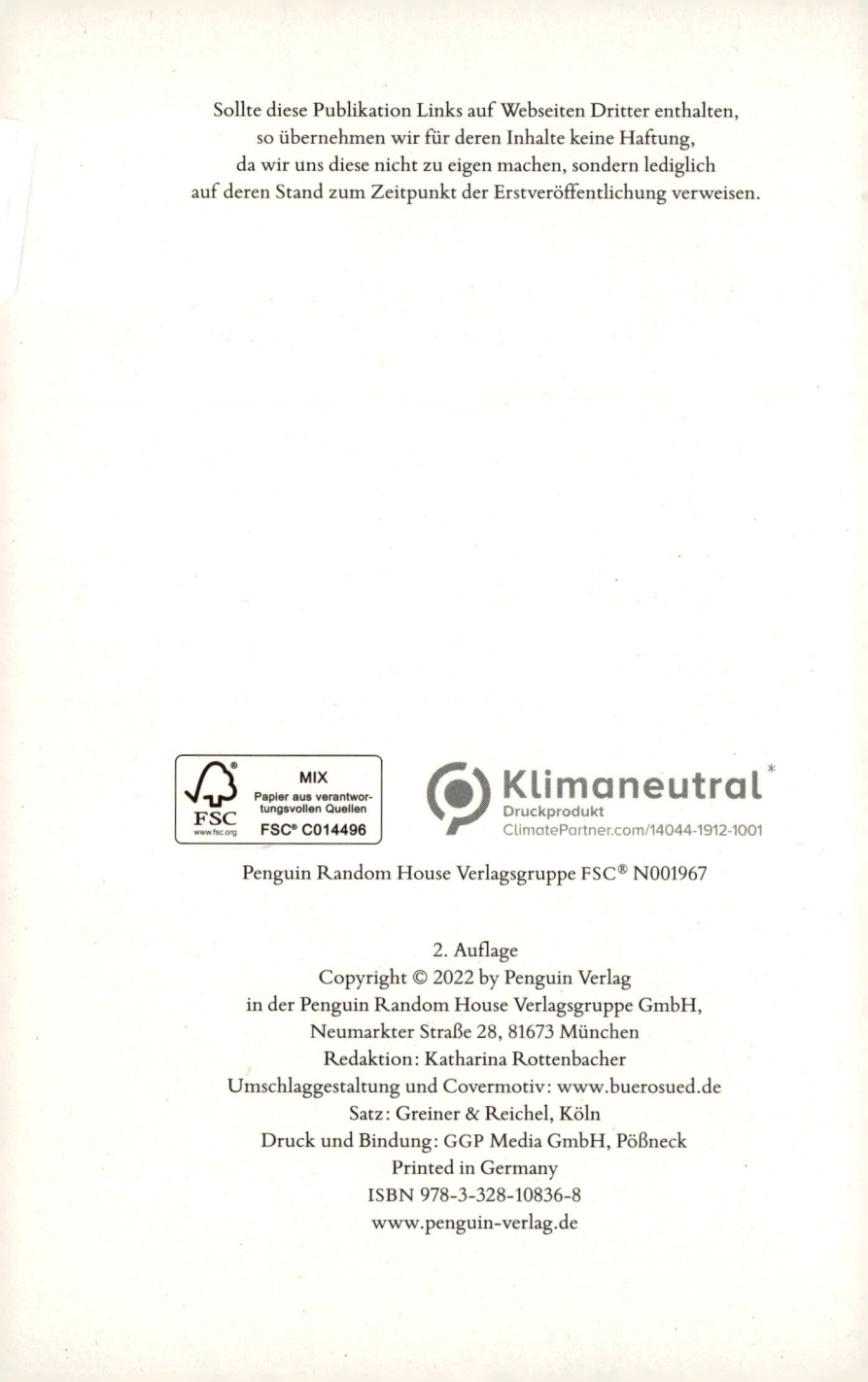

Penguin Random House Verlagsgruppe FSC® N001967

2. Auflage
Copyright © 2022 by Penguin Verlag
in der Penguin Random House Verlagsgruppe GmbH,
Neumarkter Straße 28, 81673 München
Redaktion: Katharina Rottenbacher
Umschlaggestaltung und Covermotiv: www.buerosued.de
Satz: Greiner & Reichel, Köln
Druck und Bindung: GGP Media GmbH, Pößneck
Printed in Germany
ISBN 978-3-328-10836-8
www.penguin-verlag.de

Für Ihre Geschwister.

Und unsere:
Susi und Julia, Holger und Björn

Inhalt

Teil 4
Erlebnisse

Vorwort Heike:
Hurra, wir kriegen ein Geschwisterchen

Steckbrief

Meine Geschwister: zwei Brüder

Meine Position: Ich bin zwar die Älteste, aber seit über 30 Jahren die Kleinste.

Worum ich meine Brüder beneidet habe: dass sie jeweils beides hatten – sowohl einen Bruder als auch eine Schwester.

Lieblingssong zum Stichwort Geschwister: *He is Your Brother* von ABBA

Lieblingsserien über Geschwister: *Drei Mädchen und drei Jungen* (als Kind), *Modern Family* und *This Is Us* (heute)

Lieblings-Geschwistertradition: gemeinsame Stadionbesuche auf dem Betzenberg beim 1. FC Kaiserslautern – ganz gleich, ob erste, zweite oder dritte Liga

Gemeinsame Vorliebe: Streuselkuchen

Erster gemeinsamer Familienurlaub: Meersburg am Bodensee, 1976

Addierte Entfernung unserer aktuellen Wohnorte: 775 km (also sogar 25 km mehr als von mir zu Ursi in der Steiermark)

Obwohl ich die ersten 586 Tage meines Lebens als Einzelkind zubrachte, kann ich mich nicht daran erinnern, jemals keine Schwester gewesen zu sein. Was logisch ist, denn die frühesten Kindheitserinnerungen reichen allerhöchstens bis zum Alter von drei Jahren zurück, das ist wissenschaftlich belegt. Auch wenn ich also für gut neunzehn Monate die Prinzessin in der Familie gewesen sein mag, hat mein Gehirn diese Phase komplett gelöscht.

Selbst der Moment, in dem mir mein neues Geschwisterchen präsentiert wurde, wäre im Nirwana verschwunden, hätte man mir nicht später davon erzählt und entsprechende Fotos gezeigt. Darauf ist zu sehen, wie ich das Bündel, das mein Bruder Holger war, fasziniert beäugte. Angeblich habe ich ihm zur Begrüßung sogar meinen (benutzten) Schnuller überreicht! Ich war also nicht nur furchtbar süß und drollig, sondern auch selbstlos und großzügig.

Versteht sich von selbst, dass sich das mit der Zeit änderte. Drolligkeit verschwindet spätestens mit den Milchzähnen (die überdimensional großen neuen Schneidezähne sehen doch eher monumental aus in so einem kleinen Kindergesicht).

Und was die Selbstlosigkeit betrifft ... Na ja, natürlich verlief unsere Kindheit nicht ohne Zoff und Eifersüchteleien. Alles andere wäre ja unnormal. Wenn Holger und ich zusammen spielten, gab es dabei nicht selten ziemlich verrückte Deals, von wegen: »Du hältst eine halbe Stunde lang – als Gegenüber der Mülltonne – mein Gummitwist-Band, damit ich hüpfen kann, dann stelle ich mich eine halbe Stunde lang ins Tor, damit du Elfmeterschießen üben kannst.«

In einem waren mein Bruder und ich uns übrigens immer einig: Wir wünschten uns sehnlichst ein Haustier.

Als meine Eltern uns eines Tages fragten, was wir mehr

wollten, ein Geschwisterchen oder einen Hund, riefen wir daher wie aus einem Munde: »Einen Hund!«

Der Plan unserer Eltern, uns von diesem Wunsch abzubringen, indem sie uns einen noch viel tolleren erfüllten, war damit grandios gescheitert. Denn zu diesem Zeitpunkt war meine Mutter längst schwanger, und die Frage nach »Hund oder Geschwisterchen« sollte nur als pfiffige Einleitung dienen, als sie uns gegenüber die Bombe platzen ließen.

Nach dem Drehbuch meiner Eltern hätten wir natürlich vollkommen anders reagieren sollen, und nun hatten sie ihre liebe Mühe, uns das Baby doch noch schmackhaft zu machen. Es sei nämlich schon »bestellt«, erklärten sie uns.

Bestellt wurde bei uns vieles, denn der Hunsrück war nicht gerade ein Shoppingparadies, selbst die Kreisstadt bot keine große Auswahl an Läden, sodass wir uns voller Begeisterung auf die postleitzahlenbuchdicken Otto-, Quelle- und Neckermann-Kataloge stürzten, wenn sie zu Beginn einer Saison eintrafen. Seinerzeit – es waren die Siebziger – konnte man sogar noch Welpen im Versandhaus bestellen, warum also nicht auch Geschwisterchen?

Holger und ich gaben uns mit der Erklärung unserer Eltern jedenfalls zufrieden und freuten uns tatsächlich.

Allerdings schärfte man uns ein, die Sache mit der Schwangerschaft vorerst nicht herumzuerzählen.

Und das befolgte ich. Oh ja, ich war eine sehr verantwortungsbewusste Siebenjährige: Was ich versprochen hatte, das hielt ich auch!

Nun sollte man doch glauben, eine Zweitklässlerin wüsste, dass eine Schwangerschaft nicht verborgen bleibt, jedenfalls nicht auf Dauer. Ich muss wohl ziemlich weltfremd gewesen sein, denn tatsächlich war mir damals nicht bewusst, dass dieses Redeverbot natürlich nur für die ersten Monate galt. Irgendwann war der kugelrunde Babybauch meiner Mutter sowieso unübersehbar.

Doch selbst als es bald so weit war und sie eine braune Reisetasche fürs Krankenhaus packte, die sie für den Fall der Fälle bereitstellte, hielt ich dicht.

Mein erster Blick nach dem Wachwerden ging stets zu dem Platz, an dem die Tasche stand. Und eines Morgens war sie dann weg!

Ich war furchtbar aufgeregt und schaffte es an diesem Tag nicht, mich auf den Unterricht zu konzentrieren. Die ganze Zeit überlegte ich, ob das Geschwisterchen wohl schon auf der Welt war. Das beschäftigte mich viel mehr als schriftliches Dividieren (und vermutlich bin ich deshalb noch immer so schlecht darin), aber ich sagte kein Wort. Sogar meinen Freundinnen gegenüber verkniff ich es mir, von dem aufregenden Ereignis zu erzählen.

Heute kann ich es kaum fassen, dass ich wirklich geglaubt habe, niemand im Ort wüsste von der Schwangerschaft meiner Mutter, bloß weil ich nichts davon erzählt hatte. Aber eins habe ich damit bewiesen: Wenn man mir ein Geheimnis anvertraut, ist es bei mir sicher!

Apropos »Hund oder Geschwisterchen«:
Es mag Zufall sein, doch es fällt schon auf, dass der damals »bestellte« Bruder der Einzige unter uns Geschwistern ist, der als Erwachsener kein Hundebesitzer wurde – stattdessen hält Björn Hasen und Hühner, immerhin auch H-Tiere …
Übrigens kennt er diese Geschichte und nimmt uns die Sache nicht übel. War ja nicht persönlich gemeint.

Vorwort Ursi:
Wann bin ich endlich auch so groß?

Steckbrief

Meine Geschwister: zwei Schwestern

Meine Position: Ich bin die Jüngste und fand das früher gar nicht schön, mittlerweile aber sehr.

Worum ich meine Schwestern beneidet habe: dass sie immer so viel mehr durften als ich: länger aufbleiben, mehr fernsehen, ohne Eltern zu unserer Tante an den Bodensee fahren ... Die Liste ist endlos.

Lieblingssong zum Stichwort Geschwister: *Little Sister* von Elvis Presley (»Little sister don't you do what your big sister does ...«)

Lieblingsserien über Geschwister: *Fleabag*, *This Is Us* und *Atypical*

Lieblings-Geschwistertradition: Drei Schwestern und jede hat mehrere (zum Teil schon erwachsene) Kinder – das ergibt eine riesige verstreute Großfamilie. Doch kurz vor Weihnachten kommen wir alle zu einer Party zusammen, wichteln, essen was Feines und schauen einen Film. Da ist es eng und laut in unserem Wohnzimmer, aber ich liebe es und freue mich das ganze Jahr drauf.

Gemeinsame Vorliebe: Lesen

Erster gemeinsamer Familienurlaub: Hallstättersee, 1975

Addierte Entfernung unserer aktuellen Wohnorte: 12 km (Wir haben auch schon Hunderte Kilometer voneinander entfernt gewohnt. Meine Schwester Julia war einmal einige Monate in Brüssel, Susi jahrelang in Wien und Linz, ich in München. Lustigerweise treffen wir uns gar nicht viel öfter, seit wir in derselben Gegend leben. Aber eine der beiden ganz zufällig irgendwo auf der Straße zu sehen, erzeugt ein wohliges Heimatgefühl.)

Ich bin drei und sieben Jahre jünger als meine Schwestern. Ganz logisch, dass ich wie alle anderen Nesthäkchen auch mit dem Gefühl aufwuchs, nie etwas so gut zu können wie sie. Die gesamte Kindheit hindurch versuchte ich mit heraushängender Zunge, aufzuholen.

Im Fotoalbum gibt es zum Beispiel ein Bild, das mich und meine Schwester Julia zeigt. Sie sitzt am Schreibtisch und liest aus ihrem Schulheft vor. Ich kauere mit angespannter Miene daneben. Wie sehr es mich wurmt, dass ich als Kindergartenkind noch nicht lesen kann, steht mir deutlich ins Gesicht geschrieben.

Alle in unserer Familie beherrschten es, nur ich nicht. Ich wollte auch zum erlauchten Club der Lesemächtigen gehören. Was, wenn sie sich gegenseitig geheime Nachrichten schrieben?

Ich musste es also dringend lernen und strengte mich schrecklich an, obwohl mich die Enttäuschung in den ersten Wochen Grundschule hart traf: _Mimi und Mama im Haus._ Echt jetzt? Susi las etwas von Kindern und einem Bahnhof am Zoo, Julia von fünf Freunden, und mich wollte die Lehrerin mit Mimi und Mama im Haus abspeisen?

Das Lesen und ich wurden nur langsam warm miteinander. Aber als ich es dann einige Jahre später endlich flüssig beherrschte, unterhielt sich die eine Schwester mit unserer

Mutter bereits auf Englisch, die andere sogar schon auf Französisch.

Egal, was ich mühsam lernte – Schuhe zubinden, Klavier spielen, Gleichungen lösen –, es gab zwei Kinder in unserer Familie, die das längst und mittlerweile noch deutlich mehr konnten. Meine Erleuchtungen gingen in den Geistesblitzen der Großen unter.

Viele Jüngste geben diese frustrierende Aufholjagd schnell auf und wenden sich einfach komplett anderen Dingen zu als ihre Geschwister. Bei mir dauerte es bis in die späten Teenagerjahre, bevor mir aufging, wie schlau diese Strategie eigentlich ist. Davor wollte ich unbedingt alles exakt so machen wie meine Schwestern: dieselbe Schullaufbahn, dieselben Hobbys, derselbe Geschmack. Wieso auch nicht? Sie waren toll – warum also anders sein wollen? So kam es, dass ich mir unendlich oft die Frage stellte, wann ich endlich so groß sein würde wie sie.

Jetzt als Erwachsene kenne ich die Antwort: nie.

Gut, eines Tages hatte ich Julia um ein, zwei Zentimeter überragt (bei meiner großen Schwester Susi ist mir selbst das nicht gelungen), aber das war ja nicht unbedingt das, was ich zu erreichen hoffte. Mein Ziel war es, sie in Sachen Lebenserfahrung und Leistung einzuholen. Doch hat man jemals deckungsgleiche Erkenntnisse und Erfolge wie irgendein zweiter Mensch auf der Welt? Oder denselben Wissensstand? Wohl kaum. Ist auch gar nicht nötig.

Irgendwann stellte ich schließlich fest, wie unsinnig es ist, sich zu vergleichen oder zu messen. Es gibt eine Richtung und ein Tempo im Leben speziell für mich. Ich kann es mittlerweile prima aushalten, wenn etwas bei anderen besser klappt, und mich mitfreuen. Das verdanke ich meinem Aufwachsen mit zwei älteren Schwestern.

Dass ich mich in einer Peergroup auch heute noch ein bisschen inkompetent fühle, ist aber ein dezenter Nachhall dieser Kindheit. Ich bin nun jenseits der Mitte Vierzig und merke nach wie vor auf, wenn ich irgendwo wahrhaftig Input geben kann und mir interessiert zugehört wird. Die kleine Schwester in mir reißt die Augen auf und wundert sich: »Nein!? Ich weiß was, was die alle nicht wissen? Und sie wollen das wirklich hören?« Vermutlich werde ich das nie ganz ablegen.

Aber das macht nichts. Denn ahnen Sie, was das bedeutet? Dass meine zwei Schwestern stets ein Teil von mir bleiben. Und sie sind nicht nur bei solchen kleinen Anflügen von Selbstzweifeln bei mir, sondern auch, wenn ich mich in Frauenfreundschaften so wunderbar geborgen fühle. Wann immer sich mein ausgeprägter Familiensinn zeigt. Und meine Freude, Neues zu erkunden.

Das Leben mit Geschwistern ist ein Abenteuer. Kommen Sie mit auf eine spannende Reise durch alle Höhen und Tiefen, die man mit Brüdern und Schwestern erleben kann!

Teil 1

Konstellationen

Buntes Schaf, Babysittingverweigerer, Onkel-Ersatz, Aufklärungsassistentin: Wir sind die Großen!

Heike

Dass Erstgeborene immer besonders brav und angepasst sind, ist ein Vorurteil, das sich hartnäckig hält. Dabei wurde die Theorie, die Position in der Geschwisterreihenfolge beeinflusse den Charakter, von der Forschung längst widerlegt. (Und ich werde das auch in diesem Kapitel untermauern!)

Eines jedoch ist sicher: Erstgeborene sind, im Gegensatz zu ihren Geschwistern, für eine gewisse Zeit erst mal Einzelkinder. Logischerweise. Natürlich bringt es für sie eine enorme Veränderung im Leben, wenn sich daran etwas ändert.

Dabei spielt es natürlich eine enorme Rolle, wie groß der Altersunterschied ist. Ich zum Beispiel erinnere mich überhaupt nicht an mein Einzelkinddasein, denn ich war gerade mal anderthalb, als ich zur großen Schwester wurde. Vermutlich auch zu jung, um auf das neue Brüderchen eifersüchtig zu sein.

Holger und ich verbrachten dann einige Jahre lang als Duo, bis der Nachzügler zur Welt kam. Björn war »unser Baby«. Mir machte es viel Spaß, mit dem Kleinen zu spielen. Sehr gern hätte ich noch ein weiteres Geschwisterchen gehabt. Vielleicht eine Schwester? Aber ich blieb – abgesehen von meiner Mutter – das einzige Mädchen in der Familie, und auch als Erwachsene lebe ich in einem reinen Männerhaushalt – sogar der Hund ist ein Kerl.

Das hat mich allerdings nie gestört. Was ich dagegen nicht so toll fand: Wenn meine Eltern mich aufforderten, als Älteste »die Vernünftige« zu sein. Denn das wollte ich gar nicht. Vor allem aber wollten mir meine Brüder sicher nicht nacheifern!

Vorbild sein – wird das von allen ältesten Geschwistern erwartet?

Ich frage Josefine, die sogar drei jüngere Geschwister hat, ob sie ähnliche Erfahrungen gemacht hat.

»Meine Schwestern sind vier beziehungsweise fünf Jahre jünger als ich, mein Bruder sogar zehn«, erzählt sie. »Zunächst fand ich es toll, die Älteste zu sein, zumal meine Geschwister bei unseren Eltern immer unter ›die Kleinen‹ liefen. Ich hatte das Gefühl, auf einer Ebene mit den Erwachsenen zu sein.«

Irgendwann begriff Josefine jedoch, dass die Situation mehr Nachteile als Vorteile mit sich brachte. Vor allem, weil sie ständig auf die jüngeren Geschwister aufpassen sollte.

Im Rückblick wird ihr bewusst, dass sie viel zu früh Verantwortung übernehmen musste. Es wäre besser für sie gewesen, selbst noch länger Kind bleiben zu dürfen.

»Ich war in dieser Familie wie eine dritte Erziehungsinstanz. Das entspricht aber gar nicht meiner Persönlichkeit. Ich will Leuten nicht vorschreiben, was sie zu tun und zu lassen haben!«

Auch für die Geschwister war es eher unangenehm, eine große Schwester zu haben, die sich als Erziehungsberechtigte aufspielte. Nicht selten hörte Josefine von ihnen den Satz: »Du hast mir gar nichts zu sagen.«

Sie ist ihren Eltern jedoch nicht böse, dass sie die Familie auf diese Weise organisiert haben.

»Heute würde man vier Kinder nicht mehr so erziehen, aber in den Siebzigern war das nichts Außergewöhnliches. Was man damit für Schäden anrichtet, wusste man damals noch nicht.«

Inzwischen sehen ihre Eltern selbst ein, dass sie Josefine oft überfordert haben – was sie wiederum spannend findet. »Auch im hohen Alter gelang es ihnen also, umzudenken und das eigene Verhalten zu hinterfragen. In dieser Hinsicht sind sie ein echtes Vorbild. Außerdem hat alles Vor- und Nachteile. Vielleicht bin ich heute deshalb so gut im Projektmanagement, weil ich das schon sehr früh gelernt habe. Ich musste schließlich meine Geschwister managen.«

Während sowohl ihre beiden Schwestern als auch ihr Bruder Familien gegründet und jeweils zwei Kinder haben, hat sich Josefine bewusst dagegen entschieden.

»Ich mag meine Nichten und Neffen gerne«, sagt sie, »aber eigene Kinder wollte ich nie. Ich weiß aus Erfahrung, dass die Mutterrolle nicht zu mir passt.«

Zurück zur Ausgangsfrage nach der Sache mit dem Vorbildsein.

»Es wurde zwar nicht ausgesprochen, aber von mir erwartet, dass ich ein Vorbild für sie sein sollte«, berichtet Josefine. »Das war ich jedoch ganz und gar nicht. Ich war nie gut in der Schule, habe gern Party gemacht und so. Meine Geschwister dagegen waren eher Stubenhocker. Mich hat das geärgert. Ich hatte ihnen quasi den Weg bereitet, und dann nutzten sie das gar nicht. Irgendwie war ich schon immer das bunte Schaf in der Familie.«

Buntes Schaf – muss ich mir merken. Das gefällt mir.

Nicht alle Großen sind auch große »Kümmerer«

Ob man sich gern um jüngere Geschwister kümmert oder nicht, ist weder eine Frage des Jahrgangs noch des Geschlechts, wie meine Freundin Jette berichtet.

»Als Timm zur Welt kam, erlebten wir ein ziemliches Eifersuchtsdrama«, berichtet sie. »Paul – damals gerade mal zwei Jahre alt – war es gewohnt, dass sich alles um ihn drehte. Als ihm ein kleines, plärrendes Bündel die Aufmerksamkeit streitig machte, gefiel ihm das ganz und gar nicht. Einmal, als ich Timm gerade stillte, biss Paul ihm vor lauter Eifersucht in den Fuß – und Timm mir dann in die Brust. Eine äußerst schmerzhafte Kettenreaktion.«

Später entwickelte sich daraus eine Art Nichtangriffspakt – sie ließen sich gegenseitig in Ruhe. Heute, mit Anfang zwanzig, schätzen und mögen sich Paul und Timm zwar sehr, unternehmen aber nur selten etwas gemeinsam.

»Charakter, Interessen – sogar ihre Partnerinnen sind sehr unterschiedlich«, erzählt Jette. »Sie waren eben schon immer komplett gegensätzliche Typen.«

So auch ihre Reaktionen, als Noah, Ole und schließlich Mia zur Welt kamen. Während sich Timm, der Zweitälteste, bereits früh für die jüngeren Geschwister verantwortlich fühlte, verhielt sich Paul überhaupt nicht wie ein großer Bruder – er blieb eher für sich.

»Ich habe ihn nie gebeten, mal auf eins der jüngeren Kinder aufzupassen«, sagt Jette. »Er sah das einfach nicht als seine Aufgabe an, ich hätte mich da nicht auf ihn verlassen können. Timm dagegen kümmerte sich liebevoll um die Kleinen.«

Als Paul in die Pubertät kam, begann er sogar, sich extrem von den jüngeren Geschwistern zu distanzieren. Was in dieser Phase zwar grundsätzlich normal ist, aber in Pauls Fall ging es über das übliche Maß hinaus.

»Ich fand sein Verhalten krass«, fährt Jette fort. »Man hatte bei ihm das Gefühl, er lebt in einer völlig anderen Welt als seine Geschwister.«

So einfach ist es aber nicht, kleine Brüder und Schwestern auszuschließen – vor allem, wenn die sehr neugierig sind.

»Als er mit fünfzehn zum ersten Mal eine Freundin mit nach Hause brachte, war das für die Jüngeren – damals ungefähr vier und sechs Jahre alt – natürlich superspannend. Sie beobachteten das Pärchen heimlich aus einem Versteck heraus. Als Paul das mitbekam, war er stinksauer.«

Kein Wunder, dass er gleich nach dem Abitur auszog und in einer anderen Stadt studierte. Ebenfalls kein Wunder, dass er sich gegen eine WG entschied …

Große Brüder, kleine Schwester – nicht immer eine Traumkombination

Mehr nebeneinanderher als miteinander wuchsen auch Arne und Nathalie auf.

»Ich war sechs Jahre alt, als meine Schwester geboren wurde. Ich machte mir nicht viele Gedanken darüber – sie war auf einmal da, fertig. Zum Spielen war sie nicht geeignet, also für mich uninteressant«, berichtet Arne.

Nicht einmal als Heranwachsende konnten die beiden viel miteinander anfangen. »Bei zwei Jahren Abstand hätte das vielleicht funktioniert, aber nicht bei sechs«, sagt Arne.

»Zudem haben wir total unterschiedliche Interessen und entsprechend nie den gleichen Bekanntenkreis. Sogar im Urlaub gaben wir uns nicht miteinander, sondern mit jeweils passenden Spielkameraden ab.«

Auch Nathalie suchte die Nähe zu ihm nicht – dabei gilt es doch gemeinhin als Lottogewinn, einen älteren Bruder zu haben, mit dem man gemeinsam ausgehen und über den man dann interessante junge Männer kennenlernen kann.

»Selbst wenn sie es gewollt hätte – das wäre nicht infrage gekommen«, erklärt Arne. »Ich hatte keine Lust, in der Freizeit auf eine Teenagerin aufzupassen. In meiner Sturm-und-Drang-Phase, also so mit zwanzig, war sie ja erst vierzehn.«

Noch entscheidender als der große Altersunterschied ist im Fall von Arne und Nathalie der Wesensunterschied – dazu in den späteren Kapiteln mehr.

Große Schwester, kleiner Bruder – manchmal ganz schön lästig

Auch Lara und Eric waren schon immer höchst gegensätzliche Charaktere – allerdings betrug der Abstand zwischen ihnen lediglich fünfzehn Monate.

»Als wir klein waren, haben uns unsere Eltern gerne im Partnerlook angezogen: Trägerröckchen für mich, Trägerhöschen für ihn«, erinnert sich Lara. »An Fasching verkleideten wir uns einmal beide als Rotkäppchen. Er sah niedlich aus in diesem Kostüm mit seinen dicken Backen und den Kulleraugen.«

Obwohl Lara die Ältere war, bezeichnete Eric sie immer als »Jungfuchs«, nur um sie zu ärgern, und sie ihn im Gegenzug als »Brüderchen«.

»Lange hatten wir eine klare Rollenverteilung«, berichtet Lara. »Ich war zwar aufmüpfig, jedoch eine gute Schülerin. Er war faul, aber lieb. Dieses Liebsein äußerte sich auch darin, dass er Konflikten aus dem Weg ging und es vermied, Position zu beziehen. Das hat ihm viel Streit erspart, mich allerdings hat es ziemlich aufgeregt – ich fand sein Verhalten feige.«

Ich denke an Josefine und ihren Ärger darüber, dass die jüngeren Geschwister angepasster waren als sie und die Freiheiten, die ihnen die große Schwester erkämpft hatte, gar nicht zu schätzen wussten. Lara erlebte es mit Eric wohl ähnlich.

Ich frage Lara, ob sie denn auch als Babysitterin für ihren Bruder eingespannt wurde oder ob dazu der Altersunterschied zu gering war.

»Es ging eher von ihm aus«, erzählt sie. »Vor allem mit beginnender Pubertät wollte er überallhin mitkommen, was mir natürlich nicht gefiel. Während ich schon in Richtung Erwachsensein unterwegs war, benahm sich mein Bruder noch lange sehr kindlich. Das haben unsere Eltern ausgenutzt: Als ich 1970 das zweite Konzert meines Lebens besuchte – Deep Purple spielten in der Saarlandhalle –, musste ich Eric als Anstandswauwau mitnehmen.«

Was aber wenig brachte, denn der kleine Bruder konnte nicht verhindern, dass die große Schwester dort mit einem süßen Langhaarigen Händchen hielt und ihren allerersten Joint rauchte. Zwar drohte er damit, das alles den Eltern zu erzählen, aber letztendlich verriet er ihnen nichts.

Vielleicht auch, weil er es sich mit der großen, klugen Schwester nicht verscherzen wollte – schließlich konnte er von ihr allerhand lernen.

»Ich werde nie vergessen, wie es war, als ich ihn auf-klärte«, erzählt Lara. »Ich wusste schon Bescheid, er noch nicht – und er wollte unbedingt erfahren, was es mit diesem Sex auf sich hatte. Über seine Reaktion muss ich heute noch lachen. Denn er erklärte empört: ›So eine Schweinerei mach ich nie!‹«

Kann man nicht nur von älteren, sondern vielleicht auch von jüngeren Geschwistern fürs Leben lernen?
Um das herauszufinden, unterhalte ich mich mit Philipp, der heute vierundzwanzig ist. Die ersten vierzehn Jahre davon lebte er als Einzelkind. Zwar hatte er damals nicht das Gefühl, dass ihm etwas fehlte, aber dass er dann doch noch zum großen Bruder wurde, empfindet er für seine Entwicklung durchaus als prägend.

»Als meine Mutter mit Sophie schwanger war, habe ich mich sehr gefreut – wir alle haben dem Geburtstermin regelrecht entgegengefiebert«, erzählt er.

Dann war plötzlich ein Baby im Haus, und das änderte auch für den großen Bruder so einiges, aber eifersüchtig war er nie.

»Durch den großen Altersunterschied hatte ich ein bisschen das Gefühl, sie mitzuerziehen. Eine ganz besondere Situation, die mir durchaus gefiel. Es hat mich auch nie genervt, mal auf Sophie aufpassen oder sie vom Kindergarten abholen zu müssen.«

Im Gegenteil, dank Sophie hatte Philipp sogar häufig das Gefühl, seine eigene Kindheit zu verlängern. Wer geht mit siebzehn schon auf den Spielplatz, um zu schaukeln oder im Sand zu buddeln? Wer spielt noch mit Lego oder dem Bagger?

»Solche Beschäftigungen gelten ja ab einem bestimmten Alter leider als uncool. Aber dank Sophie hatte ich eine prima Ausrede, denn eigentlich macht so was ja nicht nur vor der Pubertät Spaß. Ich durfte also selbst noch ein bisschen kindlich sein. Das habe ich richtig genossen.«

Als Sophie eingeschult wurde, war Philipp selbstverständlich dabei – er war damals schon Student. Bald wechselt sie auf die weiterführende Schule, und er fände es toll, wenn sie sich für dasselbe Gymnasium entscheiden würde, das auch er besucht hat.

Ich frage ihn, was er denn heutzutage so mit seiner inzwischen zehnjährigen Schwester unternimmt.

»Ungefähr alle zwei Monate verbringen wir als Geschwister einen kompletten Tag zu zweit. Wir spielen dann Nintendo Switch oder Lego und gucken zusammen ein Video«, erzählt er. »Natürlich mag sie zum Teil Filme, die ich total doof finde, und umgekehrt. Aber *Harry Potter* zum Beispiel geht immer. Oder *Lego Movie*, so was mögen wir beide.«

Er freut sich schon darauf, dass sie eines Tages alt genug für *Herr der Ringe* sein wird. Für Philipp ist es eine schöne Vorstellung, der kleinen Schwester bald seine Lieblingsfilme zu zeigen.

»Ansonsten habe ich an unseren Bruder-Schwester-Tagen oft das Gefühl, als wäre ich eher in der Rolle eines Onkels. Da kann man dann ruhig etwas großzügiger sein und erlauben, dass sie sich eine zweite Cola bestellt, obwohl die Eltern garantiert sagen würden, eine reicht.«

Ich frage, ob Sophie grundsätzlich ähnlich erzogen wird wie er damals. Philipp gibt zu, dass er wohl ziemlich verwöhnt worden ist. »Aber meine Eltern waren konsequent.

Bei Sophie geben sie öfter nach, was vielleicht auch an ihrem starken Willen liegt.«

Er hat sich dank Sophie schon viele Gedanken darüber gemacht, was für ein Vater er selbst einmal werden möchte.

»Auf keinen Fall werde ich um meine Kinder herumschwirren, so wie Helikoptereltern das tun. Ich werde auch darauf achten, dass sie in Sachen Freizeitgestaltung nicht überfordert sind. Wenn man sie zu sehr verplant, bleibt ihnen nicht genug Zeit, einfach zu spielen.«

Grundsätzlich fühlt er sich durch Sophie recht gut auf die künftige Vaterrolle vorbereitet.

»Ich weiß, wie man mit kleinen Kindern umgeht, ich bin es auch gewohnt, Babys zu wickeln – das ist schon ein gewisser Vorsprung gegenüber Gleichaltrigen. Darüber bin ich sehr froh.«

Jüngere Geschwister zu haben, ist eben für uns Große eine Bereicherung – ich schätze mal, das würden fast alle unterschreiben.

Geburtsreihenfolge – Schubladen mit unsinnigen Etiketten

Ursi

Heike hat es ja schon angedeutet: Die Theorie, man könne an der Geburtsreihenfolge Charaktermerkmale festmachen, ist überholt.

Aber steckt in »Typisch Erstgeborener!« oder »Ein echtes Nesthäkchen!« nicht doch ein Fünkchen Wahrheit?

Die britischen Royals eignen sich hervorragend, um sie als Beispiele für egal was heranzuziehen, denn wir alle kennen sie. Selbst wenn wir zur Fraktion »Ich bringe mein eigenes Buch mit« gehören und beim Frisörbesuch keine Klatschmagazine inhalieren, sind wir mit überraschend vielen privaten Details aus dem Buckingham Palace vertraut.

Ich muss Ihnen also keine Hintergrundinfo liefern, wenn ich anhand von Prinz William und seinem Bruder Harry aufzeige, was angeblich symptomatische Charakterzüge von Erst- und Zweitgeborenen sind.

Erstgeborenen wird nachgesagt, sie seien besonders angepasst. Mit vorbildlichem Verhalten versuchen sie die Nähe zu den Eltern wiederherzustellen, sobald diese durch die Geburt eines Geschwisterkinds gestört wird. Durch Fleiß und Leistung glauben sie, sich die vermeintlich verlorene Liebe von Mutter und Vater sichern zu können. So kommt es, dass sie sich intensiv nach Erwachsenen richten. In weiterer Konsequenz identifizieren sie sich stärker mit Macht und Autoritäten als ihre jüngeren Geschwister. Auch Status bedeutet ihnen mehr.

Man sagt, Älteste haben insgesamt ein überdurchschnittliches Bedürfnis nach Anerkennung und sind daher oft in Führungspositionen anzutreffen. Der amerikanische Psychologe Kevin Leman schrieb in den Achtzigerjahren in seinem Buch *Geschwisterkonstellationen*, Erstgeborene hätten aus all diesen Gründen die größte Angst vor Fehlern. Deshalb wären Stotterer zum Beispiel ganz oft die ältesten Kinder in einer Familie.

Die Zweitgeborenen, so heißt es in der nicht mehr ganz aktuellen Fachliteratur, seien abenteuerlustiger und wollen schnell hinaus in die Welt. Im Familiensystem belegen sie eine untergeordnete Rolle, daher orientieren sie sich stärker nach außen. Insgesamt sind sie also deutlich revolutionärere Persönlichkeiten als ihre älteren Geschwister. Diese sind für die Zweitgeborenen übrigens Ansporn und Quell für Unterlegenheitsgefühle zugleich. Oft entwickelt sich daraus eine »Ich werd's ihnen schon zeigen«-Einstellung.

Und? Haben Sie die Prinzen William und Harry hier wiedererkannt? Den mustergültigen, verantwortungsvollen Thronfolger und den jüngeren Rebellen, der Regeln über Bord wirft und aus den von der Familie vorgegebenen Strukturen ausbricht?

Klingt doch so, als ließen sich mit den von der Birth-Order-Forschung postulierten Thesen stimmige Persönlichkeitsbilder erstellen.

Aber Halt! Was ist denn dann mit George VI., dem Vater von Queen Elisabeth? Musste der nicht Hals über Kopf einspringen, als sein großer Bruder Eduard VIII. 1936 keine Lust mehr auf den Thron hatte und lieber mit einer zweifach geschiedenen Amerikanerin durchbrannte? Und war bei diesem Geschwisterpaar nicht der Jüngere der Stotterer? Darüber gab es doch diesen wunderbaren Film *The King's Speech* (2010).

Sie sehen schon: Auch die britischen Royals strafen die Theorien Lügen.

Der Vollständigkeit halber präsentiere ich Ihnen hier nun noch die Eigenschaften, die Nesthäkchen zugeschrieben werden: Durch den Altersunterschied erleben sie sich gegenüber ihren Brüdern und Schwestern angeblich als unterlegen. Dieses Gefühl kann Motivator dafür sein, über sich hinauszuwachsen. Auf der anderen Seite werden sie mitunter aber auch von der gesamten Familie infantilisiert und verzärtelt, was zu Unselbstständigkeit und Passivität führt. Insgesamt erhalten sie jedoch viel Aufmerksamkeit, weswegen sie später gern im Rampenlicht stehen. Der bereits zitierte Psychologe Kevin Leman schreibt ihnen außerdem folgende Eigenschaften zu: Sie sind charmant, gesellig, unkompliziert, oft rebellisch und kritisch, auf jeden Fall aber ungeduldig und unüberlegt.

Wie sieht es diesbezüglich bei den Royals aus? Prinz Edward, der Nachzügler der Queen, weist einige der genannten Merkmale auf: Er begeisterte sich als Jugendlicher und junger Erwachsener für die Schauspielerei und probierte es auch mit einer eigenen TV-Show. Das mit dem Rampenlicht stimmt also schon einmal. 2001 war es ausgerechnet seine Fernsehproduktionsfirma, die seinen Neffen William bis auf den Uni-Campus verfolgte, obwohl mit den Medien eigentlich vereinbart war, dass das Privatleben von Dianas Kindern geschützt werden sollte. Unüberlegtheit scheint also ebenfalls zuzutreffen. Auf der anderen Seite ist er aber wohl auch eher unkompliziert, denn seine Ehe mit Sophie bleibt seit Jahrzehnten skandalfrei. Seine drei älteren Geschwister sind mittlerweile samt und sonders geschieden, von den Missbrauchsvorwürfen gegen Prinz Andrew ganz zu schweigen.

Jetzt warten Sie bestimmt schon aufs Gegenbeispiel, oder? Gar nicht rebellisch, kritisch und unüberlegt scheint die jüngste Schwester von Victoria von Schweden zu sein. Prinzessin Madeleine stand auch nie gern im Rampenlicht und verbringt ihr Leben fernab der europäischen Klatschpresse in Amerika.

Heike ist zwar kein Royal, aber dafür eine Göttin, also ist es legitim, auch ihren Charakter als Stichprobe in Sachen Birth-Order-Forschung zu beleuchten. Per WhatsApp schicke ich ihr nacheinander Eigenschaften, die Erstgeborenen zugeschrieben werden, und frage sie, ob sie denkt, dass diese auf sie zutreffen. Und tatsächlich: Sie erkennt sich zwar nicht in allen der genannten Charakterzüge wieder, aber doch in einigen. Um meinem kleinen Test zumindest einen pseudowissenschaftlichen Anstrich zu verleihen, unterbreite ich ihr zur Gegenprobe auch noch die Wesensmerkmale, die mit Sandwichkindern und Jüngsten assoziiert werden. Das Ergebnis wird Sie am Ende dieses Kapitels vielleicht nicht mehr überraschen: Heike fand sich in genauso vielen Merkmalen von Erstgeborenen wie Zweitgeborenen oder Nesthäkchen wieder.

Und was ist mit mir, der kleinen Ursi? Ich finde, ich war immer brav, wenn auch nicht so brav wie meine Schwestern, ich war in der Schule nur so mittelfleißig, bin es jetzt, seit ich machen darf, was mir Spaß macht, aber sehr. Ich habe, wie vermutlich alle Menschen auf diesem Globus, ein Bedürfnis nach Anerkennung und bin zuweilen unsicher. Ich habe ein Stück weit diese »Ich werd's ihnen schon zeigen«-Einstellung. Ich bin gesellig, aber doch manchmal ein wenig kompliziert (kommt wahrscheinlich drauf an, wen Sie fragen). Ich bin sehr ungeduldig, jedoch überhaupt nicht unüberlegt. Rampensau bin ich mitunter auch mal.

Ganz ehrlich? Die Geburtsreihenfolge-Theorie können Sie in der Pfeife rauchen!

Birth-Order-Forschung
Bis in die Achtzigerjahre hinein legte man großen Wert auf die sogenannte Birth-Order-Forschung, von deren Erkenntnissen ich gerade berichtet habe. Sie ging vom Wiener Psychotherapeuten Alfred Adler (1870–1937) aus. Mittlerweile stellt man ihre Thesen jedoch gern auf eine Stufe mit Astrologie (»Kann schon stimmen, aber was soll das Ganze?«). Der Psychologieprofessor und Geschwisterforscher Hartmut Kasten sagte 2009 in einem Interview: »Hin und wieder mag es das noch geben, dass man Menschen

aufgrund ihrer Position in der Geschwisterfolge bestimmte Eigenschaften zuschreiben kann.« Vor allem
in konservativen, patriarchalisch geprägten Famili-
en wird man da eher fündig. Sonst dürfe man solche
Theorien gern »auf dem Friedhof der Psychologie«
entsorgen.

Durchaus noch anerkannt ist aber das von Sigmund
Freud 1919 publizierte Konzept der Entthronung. Es
beschreibt die psychische Krise, die ein älteres Kind
erlebt, wenn ein jüngeres geboren wird.

Interessant ist auch das Prinzip der Divergenz, das
der amerikanische Psychologe Frank Sulloway be-
nannte. Es besagt, dass sich jedes Geschwisterkind
eine Nische sucht und dadurch eine unterschiedliche Entwicklung durchmacht. Dass ein zweites
Kind in einer Familie also nicht genauso wird wie
das erste, und das dritte wieder ganz anders, ist sehr
wahrscheinlich.

Unter dem Radar: Die Sandwich-position ist, was du draus machst

Heike

Auch wenn, wie Ursi gerade beschrieben hat, die Birth-Order-Forschung längst überholt ist, gewisse Vorurteile daraus halten sich hartnäckig. Zum Beispiel die zum Thema Mittelkinder, auch Sandwichkinder oder Dazwischenkinder genannt.

Sie seien zu bedauern, heißt es. Während die Erstgeborenen zumindest für eine Weile die Rolle des Kronprinzen oder der Kronprinzessin spielen dürfen und die jüngsten Kinder mitunter verhätschelt werden, widmen Väter und Mütter ihren mittleren Kindern oft weniger Aufmerksamkeit. Ganz einfach, weil ihnen dafür die Zeit fehlt.

Wenn ein Vierjähriger gerade einen Trotzanfall zelebriert und sich ein Neugeborenes mit Koliken die Seele aus dem winzigen Leib brüllt, freuen sich die überforderten Eltern über ein unkompliziertes mittleres Kind, das dankenswerterweise kaum Ansprüche stellt. Man drückt ihm einen Keks ins Patschhändchen und atmet durch.

Deswegen, sagt man, gibt es von Sandwichkindern auch meist am wenigsten Fotos. Sie laufen so mit in der Familie.

Muss man sie also wirklich bedauern? Leiden sie unter ihrer Position? Ich habe nachgefragt.

Wenn zwei konkurrieren, duckt sich die Dritte

Meine Freundin Rebecca ist ein typisches Sandwichkind: Ihr Bruder Jens ist zwei Jahre älter, Felix zwei Jahre jünger.

»Als Kind habe ich immer davon geträumt, ein Einzelkind zu sein. Ich stellte mir vor, wie herrlich es wäre, nach Strich und Faden verwöhnt zu werden und weder Geschenke noch Aufmerksamkeit mit meinen Brüdern teilen zu müssen«, erzählt sie. »Etwa im Alter von zehn Jahren begann ich allerdings umzudenken. Da wurde es für mich wichtiger, möglichst viele Freiheiten zu haben. Ab dann war ich sehr froh, eben nicht ständig im Mittelpunkt zu stehen.«

Dabei spielte es Rebecca in die Karten, dass ihre Brüder extrem gegensätzliche Charaktere hatten. Während Jens ein verschlossener und zurückhaltender Musterschüler war, der gerne las und nicht besonders viele Freunde hatte, war Felix ausgesprochen extrovertiert, sehr selbstbewusst, kontaktfreudig und praktisch veranlagt. Sein handwerkliches Geschick deutete sich schon im Kleinkindalter an, als er mit Lego spielend verkündete: »Mama, ich bau dir jetzt eine Geschirrspülmaschine.«

Der Vater konzentrierte sich jeweils auf die vermeintlichen Schwächen seiner so unterschiedlichen Söhne. »Das perfekte Kind wäre aus seiner Sicht eine Mischung aus beiden gewesen«, sagt Rebecca. »Aber statt jeden dafür zu loben, was er gut konnte, hat unser Vater Felix die guten Noten vorgehalten, die Jens in der Schule schrieb. Umgekehrt wünschte er sich, Jens wäre nicht so ein Stubenhocker, sondern ein bisschen mehr wie Felix – denn dessen zurückhaltendes, eher nachdenkliches als zupackendes Wesen entsprach nicht seiner Vorstellung von einem Sohn.«

Logisch, dass daraus eine Art Wettbewerb zwischen den

Brüdern entstand, bei dem keiner jemals als Sieger hervorgehen konnte.

Rebecca hielt sich bei diesem Konkurrenzkampf tunlichst heraus. »Ich befand mich in der Zuschauerposition«, erinnert sie sich, »was mir sehr gelegen kam, denn somit blieb ich selbst aus dem Schussfeld.«

Es gelang ihr, unauffällig zu bleiben, zumal sie ohnehin ein eher unproblematisches Kind war.

Doch zurück zu meiner Ausgangsfrage: Kommen Sandwichkinder zu kurz?

»Das Gefühl hatte ich eigentlich nie – nicht mal in der Zeit, in der ich mir das Einzelkinddasein so rosarot ausgemalt habe«, erklärt Rebecca. »Wahrscheinlich lag das auch daran, dass sich unsere Mutter immer eine Tochter gewünscht hatte. Von daher war meine Position als einziges Mädchen schon eine besondere. Wenn bei uns jemand zu kurz gekommen ist, dann war es Jens. Felix dagegen konnte schon als kleines Kind alle um den Finger wickeln.«

Rebecca hatte in ihrer Kindheit und Jugend ein besseres Verhältnis zu Felix als zu Jens. Sie waren sich mit ihren rötlichblonden Haaren auch rein optisch ähnlich, während der große dunkelhaarige Bruder von einer Nachbarin sogar einmal als »Kuckuckskind« bezeichnet wurde.

»Die Situation war für Jens bestimmt nicht schön. Damals habe ich das allerdings nicht begriffen«, sagt Rebecca. »Ich dachte früher, sein Anderssein würde ihm nichts ausmachen. Bei späteren Gesprächen wurde mir bewusst, dass er durchaus gelitten hat. Einmal warf er mir während eines Streits vor, ich hätte ja schon immer nur zu Felix gehalten, das hat mich ziemlich schockiert. Es war wohl kein Zufall, dass Jens direkt nach dem Abitur ausgezogen ist.«

Heute versteht sich Rebecca mit beiden Geschwistern richtig gut. Vielleicht ist genau das typisch Sandwichkind: Man ist sowohl den älteren als auch den jüngeren Geschwistern gleich nah. Und nicht selten näher, als diese jeweils zueinander stehen. Somit sind sie sozusagen prädestiniert für eine Vermittlerrolle. Man sollte einmal nachforschen, wie viele Diplomaten als Sandwichkinder aufgewachsen sind …

Supersandwich – und extrem tiefenentspannt

Ein Sandwichkind, das ebenfalls so gar nicht unter seiner Situation als mittleres Kind leidet, ist der sechzehnjährige Noah. Er ist sogar ein Supersandwich, denn er hat jeweils zwei ältere und zwei jüngere Geschwister. Die großen Brüder Paul und Timm, von denen ich bereits im Kapitel über die Ältesten berichtet habe, sind inzwischen erwachsen, der vierzehnjährige Ole und die zwölfjährige Mia wohnen – ebenso wie Noah – noch zu Hause.

»Ich habe ja schon erzählt, wie eifersüchtig Paul nach Timms Geburt war«, sagt Jette, die Mutter der Fünferbande. »Ganz anders war die Situation nach der Geburt von Noah – unserem Supersandwich.«

Paul kam damals gerade in die Schule, Timm war schon ein Kindergartenkind. Die großen Brüder waren also anderweitig beschäftigt und orientierten sich bereits an ihrer Peergroup. Das Buhlen um die Aufmerksamkeit der Mutter spielte keine so große Rolle mehr.

»Die Brüder sahen den neugeborenen Noah überhaupt nicht als Bedrohung an, fanden ihn allerdings auch nicht besonders süß – er war ihnen einfach ziemlich egal. Paul beschäftigte lediglich die spannende Frage, wessen Gehirn wohl größer sei: das eines Dinosauriers oder das von Noah …«

Erst als er im Krabbelalter war und sie etwas mit ihm anfangen konnten, wurde der neue Bruder für die beiden Großen interessant.

»Paul und Timm gingen recht wild mit ihm um. Zum Beispiel setzten sie sich zu ihm in den Laufstall und spielten mit ihm Tiger im Käfig … Noah war so etwas wie ihr lebendiges Spielzeug, eine lustige Attraktion – verwöhnt wurde er definitiv nicht. Manchmal zogen sie ihn auch hinterher wie einen Teddy. Er musste wirklich allerhand einstecken, zumal ich mittlerweile wieder ein Neugeborenes im Arm hatte und gar nicht immer einschreiten konnte«, berichtet Jette.

Das hat Noah allerdings nicht viel ausgemacht. Er ist ruhig, ausgeglichen, besonnen, zufrieden, genügsam. Früher hätte man ihn als »typisches Sandwichkind« bezeichnet. Heute vielleicht eher als geduldigen Strategen, der wartet, bis seine Zeit reif ist:

Seit seine großen Brüder ausgezogen sind, genießt er nämlich die neue Rolle. Als Jette neulich Besuch von einer Freundin bekam, begrüßte Noah sie mit den Worten: »Jetzt bin ich der Älteste hier!«

Sehr gerne gibt er seinen jüngeren Geschwistern kluge Ratschläge mit auf den Weg. Das kommt bei denen nur teilweise gut an. Während Mia den großen Bruder bewundert, beneidet Ole ihn um gewisse Freiheiten, die der Sechzehnjährige im Gegensatz zu ihm schon hat.

»Aus Oles Sicht ist Noah vor allem ein Klugscheißer«, erzählt Jette.

Zum Glück hat der Supersandwichbruder ein dickes Fell.

Bindeglied, auch über den Tod hinaus

Meine Freundin Gaby ist ebenfalls ein Sandwichkind. Bärbel war drei Jahre alt, als sie vom Einzelkind zur großen Schwester wurde, und auch sie reagierte sehr eifersüchtig.

»Während ich noch am Daumen lutschen durfte, wurde es Bärbel damals gerade mit Hilfe eines widerlich schmeckenden Mittels abgewöhnt. Das hat sie mir dann auch draufgeschmiert«, erinnert sich Gaby. »Einmal hat sie sogar den Kinderwagen die Treppe runtergestoßen – während ich drinlag. Als wir klein waren, hatte ich immer das Gefühl, Bärbel hasst mich.«

In der Pubertät gab es zwar keine Attentate auf Leib und Leben mehr, aber so richtig gut war das Verhältnis nach wie vor nicht. Vor allem, weil sich Gaby so gut mit Eva verstand, die zwei Jahre nach ihr geboren wurde.

»Wir waren immer ein Team, haben viel zusammen gespielt – mit Bärbel hingegen habe ich mich früher nicht besonders gut vertragen.«

Das hing vielleicht auch damit zusammen, dass die Schwestern so wahnsinnig unterschiedlich waren. Bärbel eine Träumerin, die Sissi-Filme und Freddy-Quinn-Schlager mochte, was Gaby mindestens so furchtbar fand wie Putzen und Kochen. Daran hat sich bis heute nichts geändert – Bärbel ist eine perfekte Hausfrau, Gaby dagegen geht in ihrem Beruf auf.

Eine Gemeinsamkeit jedoch hatten sie schon in der Kindheit: nämlich Eva, die sie beide liebten.

Und dann wurde Eva krank – sehr krank. Wie schlimm es um sie stand, wurde erst nach und nach klar.

»Bei einer Schuluntersuchung wurde festgestellt, dass bei Eva alle Organe spiegelverkehrt lagen. Der Arzt wurde ganz blass, als er sie abhörte und zunächst keinen Herzschlag fand«, erzählt Gaby.

Im Alter von achtzehn wurde bei Eva eine unheilbare Lungenkrankheit diagnostiziert. Gaby erinnert sich noch daran, wie ihre kleine Schwester auf der Treppe saß, den Brief des Krankenhauses in der Hand, den sie entsetzt anstarrte. »Darin stand, sie würde wohl keine dreißig werden. Das war für uns alle ein Schock.«

Tatsächlich starb Eva mit achtunddreißig. In ihren letzten Lebensjahren brauchte sie ein Sauerstoffgerät.

»Das Verhältnis zwischen Eva und mir hat sich in der Zeit ihrer Krankheit nicht grundsätzlich geändert, vielmehr ist es noch viel enger und intensiver geworden. Das ist wohl normal – wenn man sich sorgt und Angst hat, jemanden zu verlieren, dann steigert das die Liebe ins Unermessliche.«

Evas Tod, aber auch die anschließende Pflege der Eltern und der Abschied von ihnen hat das Wunder bewirkt, das vorher unmöglich erschien: Es brachte Gaby und Bärbel einander näher.

»Wir reden inzwischen über alles – die Seele, die Liebe, den Tod, sämtliche großen Themen. Auch über die Vergangenheit und die Frage, warum wir uns früher nicht gemocht haben«, sagt Gaby.

Heute haben die beiden Schwestern ein sehr enges, liebevolles Verhältnis. Obwohl es weiterhin kaum Gemeinsamkeiten gibt, wie Gaby zugeben muss.

»Aber eigentlich hatte ich auch keine Gemeinsamkeiten mit meiner Mutter und habe sie dennoch über alles geliebt. Inzwischen wird Bärbel unserer Mutter immer ähnlicher, bis hin zu den Weihnachtsmenüs, die sie kocht.«

Ohne Eva hätte es diese Annäherung vielleicht nie gegeben. Das wunderbare Verhältnis zur großen Schwester verdankt Gaby ihrer kleinen Schwester, die sie beide im Herzen
stets bei sich tragen. Ein Sandwichkind bleibt man eben für
immer, auch über den Tod hinaus.

Was all meine Sandwichkind-Beispiele vereint, ist ihre Frei-
heitsliebe, ihre Selbstständigkeit und ihre Fairness im Umgang mit anderen. Sie haben gelernt, dass es auch Vorteile
haben kann, »unter dem Radar« zu bleiben – und werden
vielleicht gerade dadurch zum idealen Bindeglied zwischen
den Geschwistern. Sicher kein Zufall, dass in »vermitteln«
das Wort »Mitte« steckt.

Ich bin das jüngste Kind –
für mich gelten keine Regeln

Ursi

Wie schon mehrmals erwähnt, bin ich ein jüngstes Kind. Und ja, was gern über die Nesthäkchen behauptet wird, trifft auf mich zu: Ich habe Familienregeln infrage gestellt und kräftig gedehnt.

Als wir im Laufe der Achtzigerjahre zum Beispiel einen Fernseher bekamen, gab es ziemlich strikte Nutzungseinschränkungen. Für mich, das einzige Grundschulkind, waren drei Stunden in der Woche vorgesehen. Meine Schwestern durften jeweils dem Alter entsprechend mehr Zeit vor der Glotze verbringen. Ich fand das einfach unmöglich. Drei Stunden! Das war entschieden zu wenig. Das Kontingent reichte nie bis zur Samstagabendshow. Wenn sich die vereinte Familie zu *Einer wird gewinnen*, *Dalli Dalli* oder *Wetten, dass ..?* niederließ, hieß es, es sei keine Fernsehzeit mehr übrig, weil ich unter der Woche *Heidi*, *Biene Maja*, *Flipper* und am Nachmittag schon *Sissi* angeschaut hätte. Es stimmte, ich war nicht gut darin, mir die Ration einzuteilen. Also musste eben eine andere Strategie her, um das wöchentliche TV-Highlight nicht zu verpassen. Immerhin sprachen am Montag in der Schule alle davon.

Kurz nach dem Abendessen gab es in unserer Familie immer einen Moment, in dem alle den Tisch verließen. Die Mutter räumte die Spülmaschine ein und der Vater drehte seine Runde durchs Haus, um zu prüfen, ob die Türen und Fenster geschlossen waren. Eine Schwester hing meist am Telefon. Die andere hatte sich auf ihr Zimmer zurückgezogen. Diesen unbeobachteten Augenblick der frühabendlichen Geschäftigkeit nutzte ich, um mich mit einem Kissen bewaffnet unter dem Tisch zu verstecken. Dort harrte ich mucksmäuschenstill aus, bis sich bei der Eurovisionsmelodie zu Beginn der Samstagabendshow alle wieder vor dem Fernseher einfanden. Von meinem Unterschlupf aus konnte ich zwar den oberen Rand des Bildschirmes nicht sehen, weil ihn das Tischtuch verdeckte, aber zumindest war ich live dabei. (Fragen Sie mich also nicht, welche Frisur Hans Rosenthal hatte. Ich weiß nur, wie seine Beine aussahen, wenn er etwas »Spitze!« fand.)

Dieser Trick funktionierte wochenlang, bis ich irgendwann entdeckt wurde, weil ein Familienmitglied seine Füße zu weit vorstreckte und gegen mich stieß.

Meine Mutter lachte über den »blinden Passagier« und ließ mich bis zum Ende der Sendung weiterschauen. Vermutlich grummelte meine mittlere Schwester etwas von »unfair«, aber das reichte nicht, um die Einhaltung der strengen Familienregel einzuklagen. Und bald darauf fielen die Fernsehzeitbeschränkungen dann endgültig wegen Undurchführbarkeit.

Fakt ist, als Jüngste:r hat man keine ungeübten, überbemühten Anfänger-Eltern – sie sind einfach mittlerweile cooler geworden. Vielleicht auch müder, das mag sein. Einige meiner Nesthäkchen-Gesprächspartner:innen haben mir erzählt, dass ihre Mütter nicht mehr wachgeblieben sind, wenn sie abends unterwegs waren. Einen strengen Zapfenstreich

gab es allein deshalb schon nicht, weil das elterliche Schlaf-
bedürfnis irgendwann über die Konsequenz gesiegt hatte.

Mein Freund Andreas berichtet mir, dass es für ihn, im
Gegensatz zu den älteren Brüdern, keine festgesetzten Zeiten mehr gab, zu denen er heimkommen musste. Seine Eltern hatten so etwas längst wegen Sinnlosigkeit aufgegeben.

Eine andere Bekannte sagt, dass sie zwar theoretisch um
Mitternacht zu Hause sein sollte, dies aber niemand wirklich kontrollierte. Ihr älterer Bruder zeigte ihr, wie man die
Haustür geräuschlos aufsperren konnte und welche Bretter
des Dielenbodens nicht knarrten.

Eltern sind also bei den Nesthäkchen nicht mehr so be-
harrlich und das kommt den Jüngsten zugute. Egal, ob es
ums Naschen, Aufbleiben oder um Barbesuche und Über-
nachtungen geht, Letztgeborene lernen von Anfang an, sich
geschickt an den Familienregeln vorbeizumogeln. Das ist
eine ideale Schule fürs Leben.

Allen, die nun zu glauben geneigt sind, die Jüngsten hätten
es in einer Familie am leichtesten, muss ich ein wenig Wind
aus den Segeln nehmen. Denn wie sagt meine Nichte Fiona,
ebenfalls drittes Kind, so treffend: »Die Jüngsten dürfen als
Letzte zum Futtertrog.«

Auch in den zivilisiertesten Sippen gibt es eine Hackordnung. Falls Sie mich jetzt auslachen, kann ich Ihnen dazu
folgende Geschichte erzählen:

Es muss in der ersten Hälfte der Achtzigerjahre gewesen
sein, als die Eltern mit uns drei Schwestern einmal einen
Ausflug in die Berge unternahmen. Damals hatte das noch
Landpartie-Charakter: Der Vater mit Rucksack und Wan-
derkarte ausgestattet vorneweg, die Mutter im Dirndl und

wir Mädchen in roten Walkjankern der Größe nach aufgefädelt hintendrein. In meiner Erinnerung gab es da Enzian und irgendein alpenländisch blökendes Getier am Wegesrand. Keine Ahnung, ob das wirklich stimmt, aber idyllisch war es ganz sicher.

Irgendwann machten wir Rast, und es gab belegte Brote. Mein Vater holte sein Fernglas heraus und schaute in die Landschaft.

»Murmeltiere!«, verkündete er.

Begeistert zog ich an seinem Ärmel, denn ich hatte solche Nager noch nie gesehen – aufgrund der zwar gedehnten, aber immerhin theoretisch aufrechten Fernsehzeitbeschränkungen kannte ich sie nicht einmal aus der Flimmerkiste.

Doch unser Vater gab das Fernglas zuerst an die Mutter weiter. Da sie eine andere Dioptrienzahl hat als er, dauerte es eine Weile, bis sie sich die Murmler scharfgestellt hatte.

Aufgeregt sprang ich auf und ab. »Lass mich auch schauen!«

Anschließend kam jedoch meine älteste Schwester dran, weil ihr nach dem Fernglas ausgestreckter Arm der längste war. Und dann – Sie ahnen es schon – die mittlere.

Als ich nach einer Ewigkeit endlich an den verfluchten Feldstecher kam, hatten sich die Murmeltiere in ihren Bau verzogen.

Meine Geschichte ist kein Einzelfall: Oben bereits erwähnter Andreas zum Beispiel hat sich als Kind angewöhnt, schnell und mit möglichst wenig Kauen zu essen, weil ihm seine älteren Brüder sonst alles weggefuttert hätten.

Liebe:r Leser:in, ich wurde in diesem Jahr siebenundvierzig und habe zum ersten Mal in meinem Leben ein Murmeltier in freier Wildbahn gesehen. Es war gerade dabei, genüsslich eine Karotte zu verspeisen, die ihm ein Wanderer hingeworfen hatte. Ich bin mir ziemlich sicher, dass es sich nicht um das letztgeborene Kind der Murmeltierfamilie gehandelt hat.

Das klingt jetzt sehr danach, als wären wir Jüngsten stets in der Position der Schwächsten. Bis zu einem gewissen Alter mag das auch tatsächlich stimmen. Ich erinnere mich noch daran, dass ich mir lange Zeit sehnlichst einen kleinen Bruder gewünscht habe. Ich hatte die Schnauze voll davon, immer die Jüngste und Dümmste zu sein. Die Vorstellung, sich um jemanden kümmern zu können, ihm alles beizubringen und von ihm bewundert zu werden, fand ich einfach himmlisch.

Unzählige Male bestürmte ich unsere Mutter mit diesem Wunsch, aber da sie bei meiner Geburt schon fast sechsunddreißig gewesen und mittlerweile Mitte vierzig war, kam die Idee nicht besonders gut bei ihr an.

Ich konnte gar nicht verstehen, warum sie da so stur blieb. Sie hätte mit dem Baby ja kaum Arbeit, das würde doch alles ich übernehmen!

Um ihr zu demonstrieren, wie ernst es mir war, entschied ich mich zu einer Protesthandlung: Ich wollte nur noch auf dem harten Boden vor dem Bett schlafen. So etwas konnte doch keine Mutter für ihr Kind wollen, oder? Also würde dieser Streik Wirkung zeigen!

Ich bin nicht sicher, ob meine Eltern im Trubel des Familienlebens überhaupt mitbekamen, dass ihr jüngstes Kind dreizehneinhalb Minuten frierend und mit schmerzenden Knochen auf dem Spannteppich lag. Ein Baby gab es auf jeden Fall nicht.

Die Familie McCallister bemerkt im Film *Kevin allein zu Haus* (*Home Alone*, 1990) übrigens nicht einmal, dass ihr Nesthäkchen daheim vergessen wurde. Finde ich gar nicht so unrealistisch!

Was das Aufwachsen der jüngsten Geschwister zusätzlich prägt, ist die Art, wie sie mit Materiellem konfrontiert werden. Zum einen spielen sie kaum mit altersadäquatem Spielzeug, weil sie durch die älteren Brüder und Schwestern Zugang zu Sachen haben, die eigentlich nicht für sie bestimmt sind. Und da ist es egal, ob es um kleinteiliges Lego oder um ein Handy geht. Zum anderen bekommen sie aber auch seltener Neues.

Meine alten Fotoalben zum Beispiel sind voll mit Bildern, auf denen ich abgelegte Kleidung trage, die nicht gut sitzt. Oft bin ich bei Tätigkeiten zu sehen, die ebenfalls nicht so richtig zu passen scheinen. Einmal hocke ich als Baby in einem winzigen Puppenbett, ein anderes Mal besuche ich dreijährig mit meiner zehnjährren Schwester ein Theaterstück. Auf einem weiteren Bild bin ich als zu junges Anhängsel mit Lutscher im Mund auf einer Teenieparty zu sehen. Die Parade der Unstimmigkeiten gipfelt in einem Schnappschuss von mir in einem weitergereichten, zu langen Kleid als wenig ausgebackener Teenager auf dem Maturaball (Matura = österreichisch für Abitur) meiner Schwester Julia. Auf dem Foto stehe ich neben unseren Eltern, einem angegrauten Bankmanager und dem Bürgermeister. Das Ganze sieht nach einer hoffnungslosen Fehlbesetzung aus.

Als Konsequenz der Mitläuferschaft hatte ich oft das Gefühl, die großen Schwestern würden mich nicht für voll nehmen. Diese Atmosphäre des Unterschätztwerdens hat meine Kindheit und Jugend sehr bestimmt, und ich hatte stets den Eindruck, mich beweisen zu müssen. Es dauerte lange, bis das endlich aufhörte.

Meine schlaue Nichte hat auch dazu einen treffenden Satz parat: »Je älter man wird, desto mehr wird man für seine größeren Geschwister zum Menschen. Die Abstände werden kleiner.«

Aber bis es so weit ist, hat man eines längst gelernt: Durchsetzungsvermögen. An uns Jüngsten kommen Sie nicht so schnell vorbei, und wir können unseren Willen so subtil durchsetzen, dass Sie es nicht einmal merken ...

Nesthäkchen bleibt man ein Leben lang

Heike

Dass sich Ursi ihren älteren Schwestern gegenüber unterlegen gefühlt hat, hätte ich nie vermutet. Auf mich wirkt sie immer sehr gelassen, entspannt und souverän. Wie mühsam sie sich diese Haltung erarbeiten musste, merkt man ihr echt nicht an – ebenso wenig wie anderen Nesthäkchen. Für mich als ältestes Kind ist das ein ganz neuer Gedanke. Auch bei Friedel, die ich seit fast zehn Jahren kenne, hätte ich mich in dieser Hinsicht total verschätzt.

Wenn man Friedel begegnet, sieht man eine gepflegte, attraktive Endsechzigerin, eine gestandene Geschäftsfrau, die weiß, was sie will – und was nicht. Man kann sich nur schwer vorstellen, dass irgendjemand sie als »die Kleine« betrachtet. Und doch gibt es zwei Menschen, die genau das tun – nämlich ihre Brüder Günther und Hartmut.

Als Friedel Anfang der Fünfzigerjahre auf die Welt kam, waren sie schon sieben und elf. Inzwischen sind beide über siebzig beziehungsweise gehen auf die achtzig zu. Und noch immer ist sie das Küken. Für Günther, den Ältesten, war Friedel sogar eine Art Maskottchen. Er hat sie jahrzehntelang Püppie genannt, und vermutlich hätte er nie damit aufgehört, wenn seine Frau es ihm nicht irgendwann verboten hätte.

Günther war auch derjenige, der sich über die Geburt der kleinen Schwester riesig freute, während der jüngere Hartmut eher gleichgültig auf die Ankunft des Nesthäkchens reagierte. Er konnte lange Zeit überhaupt nichts mit der kleinen Schwester anfangen. Als Spielkameradin kam sie jedoch für beide Brüder nicht infrage – dazu war der Altersabstand einfach viel zu groß.

Friedels Eltern gingen sehr nachsichtig mit der Nachzüglerin um, sie verwöhnten sie regelrecht. Die Mutter war etwas strenger, aber den Vater musste die kleine Friedel nur lieb angucken, schon erlaubte er ihr alles. Erzogen haben sie eigentlich die großen Brüder. Die sprachen durchaus auch Verbote aus und gaben der kleinen Schwester Anweisungen.

Darüber, dass sich Günther und Hartmut wie Erziehungsberechtigte aufspielten, hat sich Friedel immer aufgeregt. Doch das half ihr wenig. Sprach sie es den Eltern gegenüber an, sagten sie bloß: »Regelt das unter euch.«

Einmal tat Friedel das, indem sie einem der Brüder in den kleinen Finger biss. Irgendwie musste sie sich ja wehren, wenn die Brüder sie von oben herab behandelten und über sie bestimmen wollten!

Die Eltern waren erst kurz vor Friedels Geburt im Westen angekommen – sie waren gerade noch rechtzeitig über Berlin aus der DDR rausgekommen, bevor das nicht mehr möglich war. Nun waren sie damit beschäftigt, sich hier ein ganz neues Leben aufzubauen, quasi aus dem Nichts. Und das auf einem abgelegenen Hof außerhalb des Dorfes – ländlicher ging es nicht.

Auch für die Brüder bedeutete das Ganze eine große Veränderung. Friedel erinnert sich daran, dass Hartmut oft auf Entdeckungstour ging, um festzustellen, was hier alles anders war als in der alten Heimat. Und ob er es wollte oder nicht, hatte er dabei nicht selten eine neugierige Kleine im Schlepptau …

Friedel war vielleicht vier oder fünf, da hatte Günther schon die Schule beendet, zog aus und begann eine Lehre. Von da an musste Hartmut öfter auf die kleine Schwester aufpassen, was er gar nicht witzig fand.

Und doch fallen ihr so einige Abenteuer ein, die sie gemeinsam erlebten. So jagten sie zum Beispiel Hühner oder liefen im Winter auf dem zugefrorenen Bach Schlittschuh. Beziehungsweise versuchten sie es.

Hartmut sagte: »Du bist leichter. Probier mal, ob das Eis trägt.«

Das Ende vom Lied war, dass sie beide einbrachen. Als Friedel und Hartmut mit nassen, nach Bachwasser stinkenden Klamotten heimkamen, gab es ausnahmsweise mal wirklich Schimpfe.

Nachdem er seine Ausbildung abgeschlossen hatte, kehrte Günther wieder nach Hause zurück, machte das Abitur nach und studierte dann an der Fachhochschule.

Obwohl sich Friedel und Günther vom Wesen her näher waren, hatten sie in dieser Zeit nicht viel miteinander zu tun. Es gab kaum gemeinsame Interessen, was ja logisch ist – Friedel war vielleicht zehn und Günther bereits Anfang zwanzig.

Auch mit Hartmut gab es jetzt weniger Überschneidungen – als Friedel noch die Volksschule besuchte, war er schon mitten in der Pubertät und ging auf das Gymnasium in der Stadt. Genauer gesagt musste er mehrmals die Schule wechseln, weil er ständig Zoff mit Klassenkameraden oder sogar mit Lehrern hatte.

Während Günther ein sehr verträglicher, zurückhaltender Mensch ist, der auch mal einen Fehler zugeben kann, war Hartmut schon als Kind das exakte Gegenteil. Er verträgt überhaupt keine Kritik und ist an nichts schuld, kann wahnsinnig verletzend sein und will stets im Mittelpunkt stehen. Das war schon immer so – jedenfalls laut Friedels Beschreibung. In ihrer Erinnerung drehten sich die Gespräche am Esstisch fast ausnahmslos um Hartmut. Irgendwas hatte er fast täglich angestellt, und sei es nur, dass er das Gatter einer Kuhweide aufgemacht hatte und der Vater danach den Bauer beruhigen musste. Oder eben Ärger in der Schule …

Als Friedel dann selbst aufs Gymnasium kam, saßen sie morgens gemeinsam im Zug, was Hartmut ganz und gar nicht gut fand. Er hatte damals gerade seine erste Band gegründet und führte sich auf wie der King – mit der kleinen Schwester zusammen im Abteil zu sitzen, war da natürlich furchtbar uncool. Er ging auf Abstand.

Trotzdem sprach es sich herum, dass er Friedels Bruder war – was ihr wiederum nicht so recht behagte. Denn Hartmut galt als Mädchenschwarm und leider auch als echter Herzensbrecher. Sie fand das megaanstrengend. Erst kamen die Mädchen zu Friedel und schwärmten ihr vor, ihr Bruder sei sooo toll! Und drei Tage später tauchten sie dann heulend auf, um ihr mitzuteilen, was für ein Blödmann er sei. Als ob sie etwas dafürgekonnt hätte.

In solchen Situationen wusste Friedel nie, wie sie sich verhalten sollte. Deshalb ging sie auf Abstand zu Hartmut und hoffte, nicht alle erfuhren, dass dieser Casanova ihr Bruder war.

Es erwies sich als gar nicht so schwer, sich von ihm zu

distanzieren, denn er war ja fast nie da. Ständig hatte er Proben oder Auftritte – sie bekam gar nicht so richtig mit, was er da eigentlich machte. Friedel war bereits dreizehn oder vierzehn, als ihre Eltern beschlossen, eins von Hartmuts Konzerten zu besuchen. Friedel durfte mitkommen. Und war positiv überrascht. Wie sie ihn da auf der Bühne stehen sah, empfand sie durchaus Stolz.

Nach ein paar Jahren, Friedel war jetzt etwa sechzehn, wurde der Kontakt zu Günther wieder intensiver. Er hatte inzwischen sein Studium abgeschlossen, geheiratet, einen interessanten Job angetreten und lebte mit seiner Frau in Düsseldorf. Friedel war dort öfter zu Besuch und fand es toll, die große weite Welt zu entdecken.

Bei einem dieser Düsseldorf-Trips besuchte sie zum ersten Mal im Leben ein Musical, und zwar *Hair*. Als sie später zu Hause davon erzählte, gab es einen regelrechten Familienkrach. Die Eltern regten sich furchtbar darüber auf, dass Günther sie ausgerechnet in dieses Stück mitgenommen hatte, schließlich war doch bekannt, dass da ein nackter Mann auf der Bühne erschien …

Friedel gefiel, dass Günther und seine Frau sie fast wie eine Erwachsene behandelten, während sie für die Eltern immer noch als Kind galt.

Gleichzeitig blieb sie jedoch für die Brüder das Nesthäkchen, das sie nach wie vor herumkommandierten. »Tu dies, tu jenes, pass auf, stell dich nicht so an, mach das nicht«, lauteten die typischen Anweisungen.

Vor allem Hartmut spielte sich gern als großer Zampano auf – besonders dann, wenn er etwas von Friedel wollte.

Einmal – sie war gerade achtzehn und hatte den Führerschein neu – verlangte er von ihr, dass sie ein Auto für ihn nach Heidelberg chauffierte. Durch seine Bands – inzwischen spielte er in mehreren Formationen – hatte Hartmut für einen Studenten relativ viel Geld und besaß sogar zwei Autos, und mit einem davon fuhr er voraus. Friedel sollte ihm folgen, doch das war leichter gesagt als getan, denn er brauste von dannen und geriet bald außer Sicht, sodass sie allein zurechtkommen musste. Sie kannte sich mit der Gangschaltung an diesem Modell nicht aus, und den Weg wusste sie auch nicht. Irgendwie gelang es ihr, sich durchzufragen. Als sie dann endlich ankam, motzte Hartmut sie auch noch an: »Wo bleibst du denn?«

Für Friedel ein typisches Beispiel – immer fühlte sie sich herumgeschubst und nicht ernst genommen.

Die Zeit verging, und die drei Geschwister lebten jeweils ihr eigenes Leben: Günther in Düsseldorf, Hartmut hatte sich in Heidelberg niedergelassen, Friedel blieb in der Pfalz und lernte ihren Mann kennen.

Die Kommunikation untereinander fand im Grunde nur noch indirekt statt. Alle drei Geschwister hatten einen sehr intensiven Kontakt zu den Eltern, und die Informationen über die anderen bekamen sie jeweils aus zweiter Hand von ihnen.

Man traf sich höchstens drei- bis viermal im Jahr – an den Geburtstagen der Eltern, Weihnachten und so weiter, denn zum großen Altersunterschied kam jetzt auch noch die räumliche Trennung hinzu.

Weil Günther und Hartmut so weit weg wohnten, blieb es Friedel überlassen, sich in der letzten Lebenszeit der Eltern um sie zu kümmern. Das war den Brüdern zwar einerseits recht, doch andererseits waren sie nicht immer damit einverstanden, wie Friedel das tat.

Einmal rief Günther seine Schwester von einer Geschäftsreise aus an und machte ihr Vorwürfe. Er war der Meinung, Friedel würde alles falsch machen – die Eltern nicht zu den richtigen Ärzten bringen oder die verkehrte Therapie anwenden.

Wieder einmal wurde ihr bewusst, dass sie nach wie vor als »die Kleine« galt, dabei war sie damals schon Ende vierzig. Doch diesmal wehrte sie sich, auf die Gefahr hin, dass es richtig Zoff gab! »Komm her und kümmere dich selbst um sie, oder lass mich es tun und halt die Klappe!«, erwiderte sie.

Dieses Machtwort wirkte. Die Brüder akzeptierten, dass sie durchaus dazu in der Lage war, die richtigen Entscheidungen zu treffen. Nicht umsonst hatten die Eltern Friedel – und nur ihr – eine Generalvollmacht erteilt. Sie vertrauten ihrer Tochter hundertprozentig.

Auch als sie starben, regelte Friedel alle Details, und es kam dabei zu keinem weiteren Streit zwischen den Geschwistern. Im Gegenteil, ihre Brüder waren froh, dass sich »die Kleine« um alles kümmerte.

Das ungewöhnlich enge Verhältnis zu den Eltern ist auch heute noch das, was die drei verbindet. Wenn ein Elternteil Geburtstag hätte, kann es durchaus vorkommen, dass ausgerechnet Hartmut eine WhatsApp schreibt und die anderen daran erinnert, darauf anzustoßen.

Es ist also doch genauso gekommen, wie die Eltern es damals formuliert haben: Trotz aller Unterschiede, Altersabstände und Entfernungen – die drei regeln das allein unter sich. Und das Nesthäkchen hat sich den Respekt der Großen erkämpft.

Was heißt eigentlich Nesthäkchen?

Dieses Wort ist seit dem 17. Jahrhundert belegt. Während man heute das jüngste Kind der Familie so bezeichnet, bedeutete es ursprünglich den zuletzt ausgebrüteten Vogel eines Geleges.

Und was das nun mit einem Häkchen zu tun hat, fragen Sie sich? Nun – überhaupt nichts. Denn der zweite Wortteil kommt nicht vom Haken, sondern ist mit dem Verb hocken verwandt.

Anders als bei Vogelfamilien ist das Nesthäkchen bei Zweibeinern jedoch nicht unbedingt identisch mit dem Nesthocker.

Geschwisterkind und Einzelkind – ist auf der anderen Seite das Gras wirklich grüner?

Heike und Ursi

Für dieses Buch haben wir mit vielen Menschen gesprochen. Naturgemäß hauptsächlich mit Leuten, die Geschwister haben. Aber ein paar Einzelkinder waren auch dabei. Denn uns hat interessiert: Wie stellen sie sich eigentlich das Leben mit Geschwistern vor? Haben sie sich je Brüder und Schwestern gewünscht? Was sind die Vorteile daran, allein aufzuwachsen?

Hier ist eine Sammlung von Antworten, die wir erhalten haben.

Weiblich, 70⁺
Ich habe mir immer Geschwister gewünscht und denke, wenn du welche hast, konzentriert sich nicht alles auf dich. Die Eltern sind ein bisschen abgelenkt und nicht so auf dich fixiert.

Männlich, 10⁺
Meine Freunde streiten dauernd mit ihren Geschwistern. Das brauche ich echt nicht!

Weiblich, 20⁺

Meine beste Freundin war immer wie eine Schwester für mich. Sie durfte oft bei uns schlafen oder ich bei ihr. Können Geschwisterkinder je so enge Bindungen nach außen knüpfen?

Männlich, 50⁺

Als Einzelkind hast du im Erwachsenenleben sehr viel Verantwortung für deine Eltern. Da kann nichts auf mehrere Schultern aufgeteilt werden, und du kannst in Krisensituationen mit niemandem sprechen, der Vater und Mutter so sehr liebt wie du.

Weiblich, 30⁺

Ich wollte immer einen Bruder oder eine Schwester – als Kind vor allem zu Weihnachten. Jetzt als Erwachsene trifft mich in erster Linie die Erkenntnis, dass ich aus meiner Familie allein übrigbleibe, wenn die Eltern einmal tot sind.

Weiblich, 60⁺

Ich habe mir als Jugendliche einen großen Bruder gewünscht, denn in den Siebzigerjahren war es mit älterer Begleitung wesentlich wahrscheinlicher, ausgehen zu dürfen.

Männlich, 40⁺

Ganz ehrlich? Mir ist nie etwas abgegangen. Alles hat seine Vor- und Nachteile, klar. Aber dass wir Einzelkinder angeblich wenig empathische Egoisten sind, ist doch Bullshit!

Weiblich, 70⁺

Ich sehnte mich sehr nach Geschwistern, bekam aber keine, denn meine Geburt war sehr schwierig gewesen und eine weitere Schwangerschaft hätte meiner Mutter gefährlich werden können. Trotzdem war mein Wunsch übergroß. Als meine Freundin im Handarbeitsunterricht einen Waschlappen für ihr neugeborenes Brüderchen strickte, brach ich in Tränen aus und rief: »Und für wen soll mein Waschlappen sein?«

Weiblich 60⁺

In meinem Umfeld mussten viele als
Kinder auf ihre kleinen Geschwister
aufpassen. Ich war auch Babysitterin, habe aber eine Mark fünfzig dafür bekommen.

Weiblich, 50⁺

Ich habe mir immer einen großen
Bruder gewünscht, den habe ich
mir regelrecht herbeigeträumt – das
war quasi meine »Einschlafgeschich-
te«. Als meine Tante ein weiteres
Baby bekam, habe ich tagelang ge-
heult, weil ich auch ein Geschwisterchen wollte, so wie meine Cousinen. Zwar habe ich viel Zeit mit
ihnen verbracht, aber sie hatten eben
einander, und ich war allein. Erst
später wurde mir klar, dass die Cousinen umgekehrt auf meine Einzel-
kind-Privilegien eifersüchtig waren.

Männlich, 20⁺
Manchmal habe ich schon gedacht,
es wäre schön, Geschwister zu haben, aber ich habe es auch nicht
wirklich vermisst. Beides hat Vor-
und Nachteile, und rückblickend
denke ich, meine Kindheit war gut
so, wie sie war — ich hätte sie mir
nicht besser wünschen können.

Als kleines Gegenexperiment haben wir all unseren Ge-
sprächspartner:innen mit Geschwistern dieselben Fragen
gestellt: Wie stellst du dir das Leben eines Einzelkindes vor?
Hast du dir je gewünscht, eines zu sein? Was sind die Vorteile daran, Brüder und Schwestern zu haben?

Weiblich, 20⁺, zwei Geschwister
Geschwister sind viel ehrlicher zu
dir als Eltern. Ich stelle mir vor,
dass dir diese Schonungslosigkeit,
die manchmal wehtut, aber dich oft
eben auch weiterbringt, bei Einzelkindern fehlt.

Männlich, 50⁺, vier Geschwister
Schön für Einzelkinder ist sicher, dass sie mehr Zeit mit den Eltern verbringen können und ein engeres Verhältnis zu ihnen haben.

Weiblich, 20⁺, eine Schwester
Einzelkinder sind als Kinder schwieriger, denke ich. Aber im Erwachsenenalter kommen so viele andere Persönlichkeitsfaktoren dazu, dass es keine große Rolle mehr spielt.

Männlich, 40⁺, zwei Geschwister
Zu Geschwistern hat man ein ganz spezielles Gefühl, und das lernen Einzelkinder ihr Leben lang nie kennen.

Männlich, 10⁺, ein Bruder
Mit wem prügeln sich Einzelkinder eigentlich?

Weiblich, 80⁺, vier Geschwister
Durch Geschwister hat man automatisch einen starken Informationsfluss unter Gleichaltrigen, das haben Einzelkinder bestimmt nicht in dieser Form.

Männlich, 30⁺, eine Schwester
Einzelkinder sind sozialer, weil sie immer auf andere Leute zugehen müssen, um Gesellschaft zu haben. Zusätzlich können sie sich wesentlich besser mit sich selbst beschäftigen und werden schneller erwachsen.

Männlich, 70⁺, eine Schwester
Wir waren als Kinder den ganzen Tag im Hof. Da machte es kaum einen Unterschied, ob jemand Geschwister hatte oder nicht. Ich denke, das hat die Lage für die Einzelkinder sehr normalisiert.

Weiblich, 40⁺, ein Bruder
Einzelkinder suchen sich einfach
jemanden, der die Geschwisterrolle
für sie erfüllt.

Weiblich, 10⁺, ein Bruder
Ich glaube, als Einzelkind bekommst
du mehr Sachen. Die Eltern haben
ja doppelt so viel Geld für deine
Geschenke.

Weiblich, 20⁺, zwei Geschwister
Früher habe ich mir öfter gewünscht, ein Einzelkind zu sein,
weil ich mir mehr Aufmerksamkeit
von meinen Eltern ersehnt habe.

Weiblich 50⁺, zwei Brüder
Ich war zwar nie neidisch auf
Einzelkinder, aber ich bemitleide-
te sie auch nicht. Meine Freundinnen, die keine Geschwister hatten,
verbrachten genauso viel Zeit mit
anderen Kindern wie ich. Nur der
typische Geschwisterzoff fehlte
ihnen eben – aus meiner Sicht kein
großer Verlust.

Einzelkinder, die unentbehrlichen Retter?

Der Psychologe Kevin Leman, der schon im Kapitel *Geburtsreihenfolge – Schubladen mit unsinnigen Etiketten* zitiert wurde, schreibt in seinem Buch *Geschwisterkonstellationen* (*The Birth Order Book*), dass Einzelkinder oft Eigenschaften haben, die mit denen vergleichbar sind, die den Erstgeborenen zugeschrieben werden. Nur dass eben jene Charakterzüge bei Personen ohne Geschwister extremer ausgeprägt sind. Leman postuliert, Einzelkinder würden Menschen, die nicht ihren Maßstäben entsprechen, oft ungeduldig und intolerant behandeln. Sie seien überkritisch und gefühllos und könnten Fehler bei sich oder anderen nicht akzeptieren. Sie hielten sich selbst für »unentbehrliche Retter« und schrieben sich eine zentrale Position beim Lösen von Problemen ihrer Mitmenschen zu.

Wie bereits im Kapitel über die Geschwisterkonstellationen geschrieben: Kann schon sein. Muss aber nicht! Welche Menschen wir sind, wird durch viel mehr Faktoren bestimmt als nur die Geburtsreihenfolge.

Berühmte Einzelkinder waren/sind: Franklin D. Roosevelt, Sammy Davis Jr., Leonardo da Vinci, Indira Gandhi, Charles Lindbergh, Natalie Portman, Drew Barrymore, Erich Kästner, Annie Lennox und Albert Einstein.

Berühmte Geschwister – eine willkürliche Auswahl

Die Kelly Family
Daniel »Danny« jr. (1958–2017)
Caroline (*1962)
Patricia (1962–1964)
Kathleen Anne »Kathy« (*1963)
Paul Kelly (*1964)
John (*1967)
Maria Patricia (*1969)
Jimmy (*1971)
Joey (*1972)
Barby (1975–2021)
Michael Patrick »Paddy« (*1977)
Maite (*1979)
Angelo (*1981)

Die Eltern der Kellys kamen ursprünglich aus den USA, wo auch die ersten fünf Geschwister geboren wurden: Danny (mit einer geistigen Behinderung), Caroline, Patricia (erkrankte mit einem Jahr), Kathy (war lange die Produzentin und musikalische Leiterin der Gruppe) und Paul. Der Vater lehnte die konsumorientierte Lebensart der Amerikaner ab und zog deshalb mit seiner Familie nach Spanien, wo sie als Selbstversorger in einem spartanischen Haus lebten. In einer zweiten Ehe wurden John, Patricia (kümmerte sich um das Management), Jimmy, Joey, Barby, Paddy, Maite und

Angelo geboren. Elf Monate nach Angelos Geburt starb die Mutter an Brustkrebs. Die Kinder besuchten keine Schule und wuchsen ohne Fernsehen, Radio und Telefon auf. Vor allem auf ihre musikalische Ausbildung wurde viel Wert gelegt. Zuerst traten sie unter dem Namen »Kelly Kids«, etwas später als »The Kelly Family« in den USA und in Europa als Straßenmusiker auf. 1979 erhielten sie ihren ersten Plattenvertrag und bald darauf folgten Chart-Hits. Die erfolgreichste Zeit erlebten die Kellys in den Neunzigerjahren. Vor allem ihr Lebensstil (nomadisches Herumreisen, kein fester Wohnsitz, alternativer Kleidungsstil und Hippiefrisuren) war oft Thema in der Presse. Selbstverständlich gab es – wie bei dieser großen Anzahl an verschiedenen Charakteren in einer engen Interessensgemeinschaft unvermeidlich – auch Streitigkeiten und Kontaktabbrüche unter den Geschwistern (zum Beispiel zwischen Joey und Jimmy), die medial ausgeschlachtet wurden.

Die Schumacher-Brüder
Michael (*1969)
Ralf (*1975)

Als Ralf Schumacher die gleiche Karriere einschlagen wollte wie sein sechs Jahre älterer Bruder Michael, glaubte der Vater nicht daran, dass zwei aus einer Familie diesen Weg erfolgreich gehen könnten. Also beschwor er ihn, »etwas Anständiges« zu lernen. Aber Ralf ließ sich nicht beirren. Der ehemalige Formel-1-Rennfahrer findet heute, dass der berühmte Bruder für ihn nie ein Nachteil, sondern im Gegenteil ein Türöffner gewesen sei. Geneidet hätten die

Geschwister einander nie etwas. Ob es nervte, im Schatten Michaels gestanden zu haben, beantwortete Ralf einmal so: »Die Fragen darüber haben mehr genervt als der Zustand.« Zwischen 1997 und 2006 gingen die Brüder 157-mal gemeinsam an den Start. Sechzehnmal standen sie miteinander auf dem Siegespodest. Ralf beendete seine Rennfahrer-Karriere 2007, Michael erst 2012. Ein Jahr später erlitt Michael einen tragischen Skiunfall.

Insgesamt gab es in der Formel 1 übrigens bisher elf Brüderpaare.

Die Kardashian-Jenner-Familie
Kourtney (*1979)
Kim (*1980)
Khloe (*1984)
Rob (*1987)
Kendall (*1995)
Kylie (*1997)

Die berühmteste Patchwork-Familie der Welt sind wohl die Kardashians. Es gibt eine ganze Schar an Geschwistern: Kourtney, Kim, Khloe und Rob stammen aus der ersten Ehe der Mutter, Kendall und Kylie aus der darauffolgenden. Der zweite Mann ist mittlerweile eine Frau und hat vier Kinder aus einer früheren Beziehung. Lebensmittelpunkt aller hier namentlich Genannten ist die Selbstdarstellung sowie eine gezielte Vermarkung der Privatsphäre im Fernsehen und auf Social-Media-Kanälen. Das machte die Familie zu wichtigen Influencern. Ihre Reality-Show *Keeping Up with the Kardashians* wurde von 2007 bis 2021 ausgestrahlt und erreichte pro Folge bis zu 3,2 Millionen Zuschauer. Es gibt quasi keinen Skandal, den die Familie nicht schon öffentlich durchgemacht hätte, und man weiß nie, was echt und was inszeniert ist. Beeindruckend ist aber, wie viel Erfolg die Kardashians damit haben und wie mehr oder weniger unbeschadet sie alle offenbar bleiben – sowohl ihre Geschwisterbeziehung als auch ihre Psyche betreffend.

Die Hemsworth-Brüder
Luke (*1981)
Chris (*1983)
Liam (*1990)

Alle drei Hemsworth-Brüder sind Schauspieler und am Beginn ihrer jeweiligen Karriere in der australischen Serie *Neighbours* aufgetreten.

Chris kennt man inzwischen aus mehreren Hollywood-Produktionen (*Thor, Snow White and The Huntsman*). 2014 wurde er zum Sexiest Man Alive gekürt. Sein jüngerer Bruder Liam steht ihm an Bekanntheit mittlerweile in nichts mehr nach (*Tribute von Panem*). Auch er wurde für sexy befunden und von PETA zur Sexiest Vegeterian Celebrity gekürt. Der älteste der drei Brüder schaffte den Absprung vom Serienhelden in die Welt der Blockbuster jedoch nicht, und es heißt, Luke soll schon nahe dran gewesen sein, die Schauspielerei aufzugeben. In *Thor – Tag der Entscheidung* hatte er einen Kurzauftritt, in dem er einen Schauspieler gibt, der Thor verkörpert. Nach allem, was wir über den Konkurrenzkampf zwischen Brüdern gelernt haben, können wir über diesen Filmscherz nur verhalten lachen. Der Arme!

Billie Eilish und Finneas O'Connell

Finneas (*1997)
Billie (*2001)

Billie Eilish, eine der erfolgreichsten jungen Popkünstlerinnen unserer Zeit, wäre ohne ihren großen Bruder nicht da, wo sie jetzt ist. Mit seinem außergewöhnlichen Gespür für Songtexte, Komposition und Produktion verhalf Finneas ihr zu einer kometenhaften Karriere. Auch wenn die beiden noch vor nicht allzu langer Zeit zu Hause am Heim-PC begannen, an Songs zu basteln, haben sie mittlerweile zusammen fünf Grammys gewonnen. Billie meinte in einem Interview einmal: »Bei ihm kann ich ehrlich sein, weil er mein Bruder ist und ich mich wohl dabei fühle, ihm alles zu sagen.« Weniger bekannt ist Finneas' Laufbahn. Er wurde schon einige Male als Schauspieler gebucht (*Bad Teacher, Modern Family, Glee*) und verfolgt eine Solokarriere als Musiker, bei der große Erfolge aber bisher ausblieben. »Ich lege nur andere Maßstäbe als bei meiner Arbeit mit Billie an. Ich spiele vergleichsweise selten live und bin auch sonst sehr selektiv, was ich veröffentliche und wie ich mich nach außen hin präsentiere«, antwortete er auf die Frage, ob es ihn störe, nicht so massenkompatibel zu sein wie seine Schwester.

Die MacLaine-Beatty-Geschwister

Shirley (*1934)

Warren (*1937)

Shirley MacLaine und Warren Beatty sind die Sprösslinge eines Musikers und einer Schauspiellehrerin und standen schon als kleine Kinder auf der Bühne. Ihre eigentliche Karriere begannen die späteren Oscargewinner am Broadway. Während Shirley bis ins hohe Alter in einer riesigen Zahl an Filmen zu sehen ist, waren es bei ihrem Bruder nur dreiundzwanzig Rollen, ansonsten arbeitete er hinter der Kamera. Miteinander gearbeitet haben sie unseres Wissens nie, was wir schon erstaunlich finden. Das Schauspieler-Geschwisterpaar John und Joan Cusack zum Beispiel war insgesamt acht Mal zusammen auf der Leinwand zu sehen.

Die Von-Weizsäcker-Geschwister

Carl-Friedrich (1912–2007)

Ernst Viktor (1915–1915)

Adelheid (1916–2004)

Heinrich Viktor (1917–1939)

Richard (1920–2015)

Richard von Weizsäcker war in den Achtzigerjahren Berliner Bürgermeister und anschließend zehn Jahre lang Präsident der Bundesrepublik Deutschland. Sein älterer Bruder Carl-Friedrich arbeitete als Physiker und Philosoph. Auch wenn sie unterschiedliche Karrieren einschlugen, verband sie zeitlebens ein großes Thema: Sie mussten mit den Schrecken und persönlichen Auswirkungen des Zweiten Weltkrieges fertigwerden und sich mit ihrer eigenen ideologischen Vergangenheit auseinandersetzen. Richard kämpfte 1939 mit seinem mittleren Bruder Heinrich im Krieg und erlebte mit, wie dieser durch einen Halsschuss getötet wurde. Nachdem er ihn beerdigt hatte, kehrte er zurück an die Front, wo er bis Kriegsende Soldat blieb. Carl-Friedrich war als Wissenschaftler an der Entwicklung der Atombombe für die Nazis tätig. Später sagte er einmal, dass die Hoffnung auf politischen Einfluss ihn bewogen hätte, dabei mitzumachen. In den Nachkriegsjahren erlebten die Brüder, wie ihr Vater wegen der Mitwirkung an den Deportationen französischer Juden nach Auschwitz in Nürnberg als Kriegsverbrecher verurteilt wurde. Insgesamt gab es also einiges, an dem sie zu tragen hatten, und sie entwickelten unterschiedliche Strategien, um damit zurechtzukommen: Richard hielt am 8. Mai 1985 – dem vierzigsten Jahrestag des Kriegsendes – eine weltberühmte Rede, die zu einer Änderung des Blickwinkels in der deutschen Vergangenheitspolitik führte. Er erklärte den 8. Mai 1945 zum Tag der Befreiung Deutschlands vom Naziregime. Sein Bruder Carl-Friedrich wandelte sich im Laufe des Lebens zum »radikalen Pazifisten« und beschäftigte sich viel mit der philosophischen Frage um die Rolle von Wissenschaftlern in der Politik. Beide haben es also geschafft, ihre Vergangenheit zu verarbeiten und Position zu beziehen.

Die Mann-Kinder
Erika (1905–1969)
Klaus (1906–1949)
Golo (1909–1994)

Monika (1910–1992)
Elisabeth (1918–2002)
Michael (1919–1977)

Die Kinder des deutschen Schriftstellers Thomas Mann hatten es als Sprösslinge des berühmten Vaters mit übergroßem Ego bestimmt nicht leicht. Wie es bei Erstgeborenen öfter zu beobachten ist, blieb Erika den Eltern ihr ganzes Leben lang am engsten verbunden. Der älteste Sohn Klaus versuchte zeitlebens, die Anerkennung seines Vaters zu erreichen, was dem offen homosexuell Lebenden nie gelang. Er nahm sich mit zweiundvierzig Jahren das Leben. Golo blieb immer eher unauffällig und lieferte Top-Leistungen in Schule und Universität ab. Zwischen all den auffälligen Geschwister-Persönlichkeiten suchte er sich eine ruhige Nische und wurde gefeierter Autor von Geschichtsbüchern. Die mittlere Schwester Monika hingegen eckte so sehr an, dass sie innerhalb der Familie stets unbeliebt blieb. Ihr Glück fand sie erst, als sie sich auf Capri ein Leben fernab der übrigen Manns aufbaute. Die jüngste Tochter Elisabeth war der erklärte Liebling des Vaters. Auch wenn sie in ihren Teenagerjahren unter Bulimie litt, entwickelte sie sich zu einer stabilen Erwachsenen, die sich für Frauenrechte starkmachte. Gegen den jüngsten Sohn hegte Thomas Mann eine tiefe Abneigung. Michael brachte sich um, nachdem er die Tagebücher des verstorbenen Vaters studiert hatte und darin entdeckte, dass die Eltern überlegt hatten, ihn abtreiben zu lassen. Vor allem zwischen den beiden ältesten und den zwei jüngsten Mann-Kindern gab es enge Geschwisterbindungen. Aber wie die Ereignisse zeigen, vermochten diese Beziehungen den seelischen Schmerz aller nicht zu lindern.

Die Jonas-Brothers
Kevin (*1987)
Joe (*1989)
Nick (*1992)
Frankie (*2000)

Ab 2005 traten die drei älteren Brüder miteinander als Rock-Pop-Band Jonas Brothers auf. Den Anfang machten sie als Vorgruppe der Backstreet Boys, aber bald wurden sie richtig erfolgreich. Die Brüder stammen aus einer sehr religiösen Familie und trugen deshalb lange sogenannte Purity Rings, mit denen sie sich zu sexueller Enthaltsamkeit bis zur Ehe bekannten. Dafür belächelte man sie in den Medien vielfach. Als Beziehungen mit diversen Stars und Starletts bekannt wurden, stellte sich heraus, dass es den Brüdern mit dem Keuschheitsgelübde gar nicht so ernst war.

Da die drei schon in der Kindheit durch Heimunterricht eng zusammengeschweißt waren, konnten sie mit kreativen Unstimmigkeiten nur schwer umgehen. 2010 legten sie als Band eine Pause ein und 2013 zerstritten sie sich so sehr, dass sie die Trennung verkündeten. »Die Art und Weise, wie wir miteinander kommuniziert haben, war nicht mehr gesund«, erklärte Joe Jonas dem *Billboard*-Magazin, als sich die Brüder 2019 wieder als Band zusammentaten. Uns wundert das nicht besonders. Geschwister brauchen die Loslösung voneinander genauso dringend wie die von den Eltern. Irgendwann war das daher wohl überfällig. Übrigens gibt es in der Jonas-Familie noch einen Nachzügler namens Frankie, der gern »The Bonus« genannt wird und ebenfalls Musik macht.

Die Geschwister Brontë

Maria (1814–1825)

Elisabeth (1815–1825)

Charlotte (1816–1855)

Patrick Branwell (1817–1848)

Emily Jane (1818–1848)

Anne (1820–1849)

Alle Brontës, die Kinder eines englischen Pfarrers, starben jung. Charlotte erreichte mit nur neununddreißig Jahren das höchste Alter. Schon früh beschäftigten sich die Geschwister mit dem Verfassen von Texten, wobei Charlotte, Emily und Anne zunächst unter männlichen Pseudonymen veröffentlichten. Erst 1899 erschienen ihre Werke unter den echten Namen.

Ihr Bruder Branwell arbeitete nicht nur als Schriftsteller und Privatlehrer, sondern auch als Kunstmaler. Seine bekannteste Arbeit ist das Porträt seiner drei Schwestern. Ursprünglich war er in der Mitte ebenfalls zu sehen, doch sein eigenes Abbild erschien ihm nicht gelungen, und so wischte er es nachträglich weg.

Zu den berühmtesten Romanen der Schwestern zählen *Sturmhöhe* (Emily), *Jane Eyre* (Charlotte) und *Die Herrin von Wildfell Hall* (Anne). Neben Jane Austen werden sie als wichtigste weibliche Autorinnen der englischen Literatur jener Zeit gefeiert.

Die Marx Brothers

Leonard »Chico« (1887–1961)

Adolph Arthur »Harpo« (1888–1964)

Julius Henry »Groucho« (1890–1977)
Milton »Grummo« (1892–1977)
Herbert »Zeppo« (1901–1979)

Die US-amerikanischen Komiker Chico, Harpo, Groucho, Grummo und Zeppo Marx waren die Söhne einer Einwandererfamilie – ihre Mutter stammte aus Ostfriesland, ihr Vater aus dem Elsass. Die Familie war bitterarm, und die Mutter forcierte eine Karriere ihrer Söhne im Showbusiness, die ihnen eine bessere Zukunft verschaffen sollte. Möglicherweise hat diese Herkunft zum engen Zusammenhalt der Brüder geführt.

Zunächst starteten sie in Varietés durch, später feierten sie Erfolge mit Radioshows, im Fernsehen und vor allem im Kino. Zu ihren bekanntesten Filmen gehören *The Cocoanuts* (1929) mit Musik von Irving Berlin, die Antikriegssatire *Die Marx Brothers im Krieg (Duck Soup*, 1933) oder *Skandal in der Oper (A Night at the Opera*, 1935), dessen Titel die Gruppe Queen in ihrem gleichnamigen Album zitiert.

Während Zeppo nur in den ersten Filmen mitspielte und – wie Grummo – meist hinter den Kulissen tätig war, bestand der vor Publikum aktive Teil der Truppe aus Groucho (in seiner Rolle als Zyniker), Chico (dem klavierspielenden »Italiener«) und Harpo (dem stummen Harfenisten).

Typisch für die Auftritte der Marx Brothers war die Kombination aus Wortwitz, Pantomime und Musik. Sie zählen zu den wichtigsten US-amerikanischen Comedians ihrer Zeit und übten großen Einfluss auf nachfolgende Generationen aus. Ihr Humor gilt als skurril und anarchisch.

Nach dem Zweiten Weltkrieg zogen sich alle Marx Brothers außer Groucho ins Rentnerleben zurück – er trat noch im hohen Alter auf und wurde mit seiner TV- und Radioshow *You Bet Your Life* einer der bekanntesten Showmaster der Fünfzigerjahre.

Die Mittermaier-Schwestern

Heidi (*1941)

Rosa Katharina »Rosi« (*1950)

Evi (*1953)

Nachdem die damals fünfundzwanzigjährige Rosi bei den Olympischen Winterspielen 1976 zwei Goldmedaillen (im Abfahrtslauf und Slalom) sowie eine Silbermedaille (im Riesenslalom) gewonnen hatte, galt sie in den Medien und im Volksmund fortan als »Gold-Rosi«. Obwohl sie noch im gleichen Jahr – nach dem Gewinn des Gesamtweltcups – ihre aktive Karriere beendete, blieb ihre Popularität ungebrochen. Bis heute ist sie in den Medien präsent und wird vor allem wegen ihrer Bodenständigkeit, ihres sozialen Engagements und ihres natürlichen Charmes gemocht. Sie und ihr Ehemann, der frühere Skirennläufer Christian Neureuther, gelten als skandalfreies, sympathisches Vorzeigepaar.

Nicht ganz so bekannt sind ihre Schwestern Heidi und Evi, obwohl diese ebenfalls erfolgreiche Skiläuferinnen waren und, genau wie Rosi, mehrmals an Olympischen Spielen und Weltmeisterschaften teilnahmen. Alle drei lernten das Skifahren von ihrem Vater Heinrich, der eine eigene Skischule betrieb. Sie sind seit ihrer Kindheit eng verbunden und waren sich gegenseitig Vorbilder.

Was kaum jemand weiß: Rosi hatte eine Zwillingsschwester namens Helene, die allerdings bei der Geburt starb.

»Meine Schwester hat nur eine Stunde gelebt«, sagte Rosi in einem Interview mit der Bild-Zeitung anlässlich ihres sechzigsten Geburtstags. »Sie wurde aber trotzdem getauft und hat einen Namen bekommen.«

Die Gebrüder Grimm

Friedrich Hermann Georg (1783–1784)
Jacob Ludwig Karl (1785–1863)
Wilhelm Carl (1786–1859)
Carl Friedrich (1787–1852)
Ferdinand Philipp (1788–1845)
Ludwig Emil (1790–1863)
Friedrich (1791–1792)
Charlotte Amalie »Lotte«, »Malchen« (1793–1833)
Georg Eduard (1794–1795)

Bei diesem Namen denken Sie vermutlich sofort an Grimms Märchen, oder? Doch ihre Sammlung von »Kinder- und Hausmärchen« war nicht das Einzige, was Jacob und Wilhelm der Nachwelt hinterließen. Denn außerdem starteten sie 1838 mit dem »Deutschen Wörterbuch« ein Mammutprojekt, das erst 1961, lange nach ihrer Zeit, abgeschlossen wurde. »Der Grimm« gilt als umfangreichstes Wörterbuch zur Deutschen Sprache überhaupt. Die Brüder, die im hessischen Hanau aufwuchsen, in Kassel das Gymnasium besuchten, in Marburg Jura studierten und später gemeinsam nach Göttingen zogen, begeisterten sich nicht nur für Märchen und Sagen, sondern auch für Etymologie, Namenkunde und Grammatik. Sie gehören zu den Gründervätern der Germanistik.

Übrigens gab es neben Jacob und Wilhelm noch sieben weitere Geschwister, von denen einige früh starben. Ludwig Emil war Maler, Radierer und Kupferstecher.

Ferdinand Philipp wird oft als der unbekannte Bruder oder »vergessener Ferdinand« beziehungsweise »fremder Ferdinand« bezeichnet, denn er war ebenfalls Sagensammler, Korrektor, Korrespondent und Schriftsteller, auch wenn das nur wenige wissen. Sein Stil gilt als ausgesprochen unterhaltsam und auf schaurige Art romantisch – manche bezeichnen ihn auch aus literaturwissenschaftlicher Sicht als den interessantesten der Grimm-Brüder. Obwohl er also mit Jacob und Wilhelm die Leidenschaft für Märchen teilte, schlossen diese ihn geradezu aus und bezeichneten ihn in Briefen als »Faulpelz« und »Fensterpfeifer«. Dass er gerne Vögel beobachtete und schauspielerische Ambitionen hegte, erschien ihnen wohl als unseriös.

Die einzige Schwester der Gebrüder Grimm hieß Charlotte Amalie. Die Geschwister verstanden sich so gut, dass Charlotte, Jacob, Wilhelm und Ludwig Emil lange Zeit in einer Art WG zusammenlebten, bis Charlotte 1822 den kurhessischen Staatsminister Ludwig Hassenpflug heiratete.

Bereits 1818 war es zu einem Zerwürfnis der Geschwister mit ihrem Bruder Ferdinand gekommen. Als Ursache wird vermutet, er habe sich an Weihnachten 1810 als homosexuell geoutet. Wilhelm brach daraufhin den Kontakt zu Ferdinand komplett ab, während Jacob ihn immerhin am Sterbebett besuchte.

Man fragt sich, warum sich der Fantasyfilm *Brothers Grimm* aus dem Jahr 2005 nicht stärker an den echten Gebrüdern Grimm orientiert, denn ihr Leben hätte nun wirklich genug Stoff für eine Verfilmung geliefert.

Teil 2

Kombinationen

Reden, kichern und heulen –
Schwestern unter sich

Ursi

Was beim Aufwachsen mein Alltag war, scheint viele total zu faszinieren. *Betty und ihre Schwestern*, ein Roman von Louisa Mary Alcott, *Drei Tage Weihnachten*, eine spanische Netflixserie, *Das Dreimäderlhaus*, eine Operette von Heinrich Berté … Man könnte diese Reihe beinahe unendlich fortsetzen, denn die geballte Frauenpower, die von einer rein weiblichen Geschwisterschar ausgeht, ist Grundmotiv vieler Werke. In diesen Erzählungen wird geschnattert und gelacht, Kleider werden anprobiert und nicht selten getauscht, oft liegt man sich auch in den Armen und weint.

Gestern lag ich lange wach und habe darüber nachgedacht, ob meine Schwestern und ich in dieses Bild passen. Hätten auch wir als Vorlage für die Autor:innen dienen können?

Geplappert wurde bei uns viel – das stimmt.

Ich höre noch deutlich, wie mein Vater einmal beim Mittagstisch meinte: »Es muss nicht immer was geredet werden, einfach damit etwas gesagt wird.«

Ich weiß bis heute nicht, was das heißen soll. Auch wenn ich natürlich sein Ruhebedürfnis rückwirkend verstehen kann. Aber Gespräche auf Sinnvolles eindampfen? *What the hell?*

Gelacht haben wir genauso viel. In unserem Familienuniversum gab es all diese herrlichen kleinen Insiderwitze – Heike hat den Kichermomenten, mit denen Außenstehende so gar nichts anfangen können, ein ganzes Kapitel gewidmet. Wie es bei heranwachsenden Mädchen des Öfteren vorkommt, drehte es sich bei uns vielfach um die Männerwelt. Meine Schwester Julia ruft mir eben in einem WhatsApp-Chat in Erinnerung, dass wir Typen, die sich selbst für besonders cool hielten, als »Lass« bezeichnet haben. Den Refrain des Liedes *Codo … düse im Sauseschritt* der Band DÖF dichteten wir von »Hässlich, ich bin so hässlich, so grässlich hässlich! Ich bin der Hass!« um in »Lässig, ich bin so lässig, so grässlich lässig! Ich bin der Lass!« Sie würden gar nicht glauben, auf wie viele junge Männer der Achtzigerjahre dieser Song passte. Und auch wenn ich beim Erscheinen des ursprünglichen Songs erst acht Jahre alt war, sang und lachte ich natürlich kräftig mit.

Wir konnten uns aber durchaus auch über uns selbst amüsieren.

Seit Susi im Gymnasium das Wahlfach Kochen belegt hatte, betätigte sie sich ab und zu in der Küche. Ich weiß noch von einer aromatischen Apfelmarmelade und einem schmucken, nach dem zweiten Backversuch tatsächlich stabilen Lebkuchenhaus.

Irgendwann beschloss meine mittlere Schwester Julia ebenfalls, ihr Glück zu versuchen und Haselnusskekse zu backen. Wir anderen wurden aus dem Raum verbannt, denn sie wollte das ganz allein schaffen. Ich war in einem Alter, in dem man sich kulinarisch noch nicht unbeaufsichtigt entfalten durfte, also beeindruckte mich ihr Vorhaben. Was die großen Schwestern nicht alles konnten!

Als Julia nach ewiger Zeit noch immer nicht wieder aufgetaucht war, wurde der Rest der Familie neugierig. Sie war gerade dabei, eine Haselnuss nach der nächsten vorsichtig mit spitzen Fingern an der Käsereibe auf und ab zu hobeln. Unsere Mutter zeigte Julia kichernd die elektrische Reibe, dann wurden wir wieder verscheucht.

Nach einer weiteren Ewigkeit fanden wir Julia Tränen lachend vor dem Ofen, in der sich die zu kunstvollen Kringeln geformte Backware in eine blubbernde Masse verwandelt hatte. Das bereitgestellte Mehl hatte es nicht in den Teig geschafft. Die Geschichte hat uns noch ewig erheitert.

Kleider wurden bei uns eher nicht getauscht. In den Neunzigern, Susi war schon Studentin, ich so in etwa dreizehn, fragte ich sie, ob sie mir einmal ihre tolle bunte Lederjacke leihen würde. »Sicher nicht!«, war die Antwort.

Und in den Armen liegen und weinen? Da kann ich mich nur an ein einziges Mal erinnern. Da gab es mit den Eltern Streit, weil ich mich nicht an Ausgehzeiten halten wollte. Die Fronten hatten sich schon ein wenig verhärtet und so kam es zu einer Eskalation, bei der ich unsere Mutter mitten in der Stadt einfach stehen ließ. Julia folgte mir und hinter der übernächsten Ecke umarmten wir uns heulend. Aber operettenhaft war das nicht gerade.

Viele Filme, Bücher und Theaterstücke über Schwestern sind ganz schön stereotyp. Bei uns zu Hause war es weder rosa, noch kann ich mich an ein vermehrtes Aufkommen von Schleifchen erinnern. Gut gerochen hat es in unseren Teenagerjahren bestimmt auch nicht.

Aber was prägte unseren Haushalt besonders? Was war denn unser Ding?

Wenn ich darüber nachdenke, wird mir bewusst, dass da ganz schön viel Musik war.

Unsere Mutter hörte während der Arbeit gern Klassik im Radio. Das lief bereits beim Frühstück und dann bis in die Nachmittagsstunden hinein in der Küche. Dort saß sie am Tisch und erledigte Büroarbeiten. Wir Mädchen gesellten uns dazu und machten Hausaufgaben. Diese kollektive Geschäftigkeit, das Hinüberlugen, was die anderen gerade schrieben, geht mir heute, da ich immer allein im Schreibzimmer sitze, sehr ab.

Als wir etwas älter wurden, schallte Popmusik aus den Zimmern. Susi nahm mit einem Kassettenrekorder Mixtapes aus dem Radio auf, die Julia und ich uns dann als Untermalung zum Barbiespielen ausliehen. Ich wusste schon sehr früh, welche Songs gerade in der Hitparade waren. Und es dauerte Jahre, bis ich dahinterkam, dass das vom Radiomoderator eingesprochene Wort »Toto« nicht zu den Schlussakkorden des Liedes *Africa* gehörte. Auf jeden Fall rufen von Männern in Kopfstimme geträllerte Refrains, so wie es in den Achtzigerjahren üblich war, das Geborgenheitsgefühl der Kindheit in mir hervor.

Vom ersten durch Nachhilfestunden verdienten Geld kaufte ich mir eine HiFi-Anlage und dann von jedem Taschengeld CDs. Mein Aufwachsen war sehr glücklich, also steht Musik für mich insgesamt für gute Gefühle, Entspannung und Geborgenheit. Und damit ist das, was unseren Mädchenhaushalt am meisten geprägt hat, überhaupt nicht typisch weiblich, sondern sehr universell.

Meine mittlere Schwester Julia wollte übrigens eine Zeit lang ein Junge sein. Sie trug die Haare kurz und nur Hosen, spielte Fußball, interessierte sich für Fischertechnik und identifizierte sich mit den Jungs aus *Fünf Freunde* oder *Die drei Fragezeichen*. Das war für mich interessant und horizonterweiternd.

Meine eigene Nische fand ich jedoch in voll ausgelebtem Girlietum. Serien und Filme wie *Anna*, *Sissi* und *Das Nesthäkchen* sah ich besonders gern. Ich liebte Modeschmuck, Glitzernagellack und bunte Haarspangen. Im Badezimmer verbrachte ich von klein auf viel Zeit.

Das war bei uns überhaupt ein Ort der Frauen. Unser Vater hatte nur einen winzigen Ablagebereich mit einer Bürste, einem Kamm, seinem Rasierer, einer Zahnbürste und Mundwasser. Sonst gab es da eine Flut von Cremes, Schminkutensilien, Nagellacken, Parfums und Wattepads. Ich schaute zu, wenn sich Susi zurechtmachte, und freute mich auf den Tag, an dem ich das endlich ebenfalls tun konnte. Zum Geburtstag wünschte ich mir einen Schminkkopf, an dem ich das alles ausprobierte. Schon relativ früh besaß ich auch meine eigene Palette Lidschatten, um zumindest zu Hause hübsch und erwachsen auszusehen.

Meine Schwestern haben mir dann *Zimmer mit Aussicht* (*A Room With a View*, 1985) nahegebracht, und ich muss bis heute an die beiden denken, wenn ich über diesen Film stolpere. Wir verehrten alles Britische. Und wie die Protagonistin und ihr Bruder Klavier spielten, fühlte sich familiär an. Natürlich fanden wir Cecil zum Abgewöhnen und George einfach nur toll. Und wir liebten, wie Cousine Charlotte und ihre Freundin Eleanor Florenz erkundeten, denn auch unsere Familie besichtigte zumindest einmal jeden Sommer italienische Kirchen.

Zimmer mit Aussicht – das waren so wir!

Ich besuche meine Freundin Ute, die ebenfalls zwei ältere Schwestern hat, um zu hören, wie das Zusammenleben bei ihr so lief.

Sie erzählt mir, dass sie sich mit ihrer mittleren Schwester Hella ein Zimmer geteilt hat und sie sich beim Umzug in ein Haus die Tapete aussuchen durften. Einen Nachmittag lang saßen sie zusammen vor den Musterbüchern. Ute wollte unbedingt eine mit Bärchen, Hella plädierte für Blümchen. Auch nach ewiger Diskussion konnte keine Einigung erzielt werden, also wurden zwei Zimmerwände mit Bärchen und die anderen beiden mit Blümchen tapeziert. Das Ergebnis war schaurig – insbesondere die Bärchenseite. Ute bereute ihre Wahl schnell. Warum hatte sie nicht auf Hella gehört? Aber sie wollte einfach nicht immer alles so haben wie ihre Schwestern. Ute reichte es schon, jahrelang das gleiche Kleid tragen zu müssen, weil ihre Mutter, eine Schneiderin, stets ganz viel Stoff kaufte, um die Mädchen hübsch auszustaffieren. Als Jüngste trug Ute zuerst ihr eigenes, dann wuchs sie in Hellas und zum Schluss noch in Gudruns Kleid. Wer konnte ihr daher verdenken, dass sie auch mal etwas selbst aussuchen wollte?

Vermutlich ist es viel naheliegender, sich als selbstbestimmtes Individuum wahrzunehmen, wenn man gemischtgeschlechtliche Geschwister hat. Als Mädchen unter lauter Schwestern musst du dich entscheiden, in welchen Bereichen du nacheifern und in welchen du Eigenständigkeit finden willst.

Ute erinnert sich an einen größeren Konflikt, der entstand, als ihre Schwestern auszugehen begannen. Auf einer Party gefiel den beiden Mädchen derselbe junge Mann, der nicht einmal mitbekam, dass es sich um Geschwister handelte. Er verguckte sich in Gudrun, und als er Erkundigungen über sie einzog, erfuhr er nur den Nachnamen. Das reichte ihm auch völlig, denn so konnte er im Telefonbuch die Nummer nachschlagen und sie um ein Rendezvous bitten.

Den Anruf beantwortete Hella und der Verehrer lud sie zum Eisessen ein.

Ute erinnert sich an die Aufregung: der Ärger Gudruns, dass nicht sie von dem süßen Kerl angerufen worden war, und die stundenlangen Vorbereitungen Hellas vor dem Spiegel. Das ganze Haus brummte vor weiblicher Energie.

Noch bevor Hella wieder zu Hause war, läutete das Telefon erneut. Der junge Mann wollte Gudrun sprechen und sich mit ihr verabreden. Es hätte eine Verwechslung gegeben und die falsche Schwester sei beim Treffpunkt erschienen.

Hella, die ultimative Dramaqueen, brauchte lange, um sich von dieser Enttäuschung zu erholen, auch wenn Gudrun sich dann nie mit dem Kerl traf.

Heute wohnen Ute, Hella und Gudrun weit voneinander entfernt, aber sie treffen sich regelmäßig. Die Wiedersehen sind stets sehr laut, es gibt Unmengen zu essen und noch mehr Umarmungen. Abends liegen sie zusammen auf dem Bett und reden.

Und so schließt sich der Kreis: Wer mit einer Schwesternschar zusammenlebt, muss damit leben, dass viel geredet wird. Es wird definitiv eine große Menge an Worten geben – nicht alle immer wohlüberlegt und sinngeschwängert, aber durchdrungen von Emotion.

Wild, laut, verfressen – und höchst unterschiedlich: Brüder unter sich

Heike

Natürlich habe ich mir als Kind oft gewünscht, Schwestern zu haben, so wie Ursi. Ich stellte es mir so vor, dass wir beste Freundinnen wären, gleiche Interessen hätten und immer wunderbar harmonisch miteinander spielen würden. Ja, ich weiß, wie naiv das war. Aber träumen darf man ja.

Erst später wurde mir klar, dass man auch trotz identischen Geschlechts höchst unterschiedlich sein kann. Sogar noch unterschiedlicher als meine Brüder und ich. Denn wir hatten immerhin ein paar gemeinsame Interessen. Zum Beispiel spielten Holger und ich oft zusammen mit Lego oder verbrachten jede Menge Zeit draußen auf den Rädern. Und mit Björn teile ich die Liebe zu Büchern.

Ich fragte mich, wie es wohl in einer reinen Brüderschar zugeht. Sind dort alle fußballverrückt? Wird ständig gerauft? Ist das Leben unter Jungs ein permanenter Konkurrenzkampf?

Oder ist diese Vorstellung ebenso klischeehaft wie die eines Schwesternhaushalts, in dem permanent nur gekichert, geplappert und geweint wird?

Die Kinderschar in der tunesischen Ursprungsfamilie meines Mannes bestand aus *drei Mädchen und drei Jungen*, so wie in der gleichnamigen amerikanischen Fernsehserie, die ich so liebte und die im Original *The Brady Bunch* heißt. Allerdings war es in seinem Fall keine Patchworkfamilie.

Trotzdem bedeuteten fünf Geschwister nicht automatisch fünf Spielkameraden, denn als er zur Schule ging, waren die drei ältesten schon aus dem Haus – ein Bruder arbeitete im Ausland, während zwei der Schwestern bereits geheiratet und eigene Familien gegründet hatten.

Ohnehin spielten Mädchen in seiner Kindheit eher mit Mädchen und Jungs mit Jungs. So kam es, dass er die meiste Zeit mit seinem Bruder Salah verbrachte.

»Salah war zwar zweieinhalb Jahre älter als ich, aber er hatte immer Quatsch im Kopf. Er machte dauernd Dummheiten und dachte nie darüber nach, ob etwas gefährlich werden könnte«, erzählt mein Mann.

Natürlich frage ich sofort nach Beispielen, und da muss er nicht lange überlegen:

»Einmal – wir waren vielleicht so elf und dreizehn – gingen wir zu einem befreundeten Bauer, um Kaktusfrüchte zu holen. Salah wollte unbedingt auf dessen Esel reiten und hat das Tier dabei so sehr geärgert, dass es ihn schließlich abgeworfen hat – mitten in den baumhohen Kaktus hinein. Da war dann das Geheule groß! Salah sah aus wie ein Igel, und ich musste die Stacheln einzeln rauspicken ...«

Natürlich haben die beiden auch viel Sport getrieben. Sie liebten Leichtathletik und spielten mit den anderen Jungs aus dem Dorf Fußball.

Aber trotz der zahlreichen Gemeinsamkeiten war es nicht immer harmonisch zwischen den Brüdern.

»Einmal bin ich Salah so auf die Nerven gegangen, dass er richtig sauer wurde. Ich merkte, dass es wohl besser war, ihm aus dem Weg zu gehen, lief davon und schloss mich in einer Abstellkammer ein. Doch der Zufluchtsort war nicht sehr gut gewählt, denn Salah wusste genau, wo ich steckte, und lauerte vor der Tür. Irgendwann öffnete ich sie vorsichtig, um zu schauen, ob die Luft rein war. Da warf Salah mir ein Bügeleisen auf den Fuß – so ein altmodisches, schweres.«

Ich kenne die Stelle, an der das Teil ihn getroffen hat – denn da ist heute noch ein Höcker auf dem Fußrücken.

Das klingt ziemlich brutal, gar nicht typisch für meinen Schwager.

»Er ist ein lieber Kerl, wir haben uns immer sehr gemocht«, erklärt mein Mann. »Außer wenn er austickte. Na ja, er war eben manchmal ein bisschen verrückt.«

Vor allem, wenn es um Futterneid ging! »Genau wie ich hat Salah schon als Jugendlicher gerne gekocht. Er nahm sich viel Zeit für seine Essenskreationen. Sie waren auch sehr lecker – uns lief das Wasser im Mund zusammen, wenn wir ihm dabei zuschauten. Aber manchmal wollte Salah nichts davon abgeben, und dann spuckte er einfach in den Topf, damit wir freiwillig verzichteten.«

Bei Mike, der mit drei älteren Brüdern aufgewachsen ist, musste man sich ums Essen zwar nicht gerade streiten, aber nur deshalb, weil es ihnen in Massen aufgetischt wurde.

»Wir haben gefressen wie die Scheunendrescher«, erinnert er sich. »Samstags hat unsere Mutter immer Sandwiches gemacht – aus echtem amerikanischem Toastbrot, das mit Käse, Salat und Senf belegt und in Dreiecke geschnitten wurde. Die servierte sie uns auf einer Platte, aufgetürmt in mehreren Lagen. Ein ganzer Sandwich-Berg – den wir im Nullkommanix vernichteten.«

Abgesehen davon hatten die vier Brüder wenig gemeinsam.

Roland, der Älteste, wollte stets der Chef sein, kommandierte die jüngeren Brüder gerne herum und behandelte sie von oben herab. Wolfgang, der Zweitälteste, war das genaue Gegenteil – immer nett und hilfsbereit, und wenn es einmal Krach gab, schlichtete er.

Und es gab durchaus oft Streit, besonders zwischen Mike und Bodo. »Sport war unsere einzige Gemeinsamkeit. Meistens Fußball, aber auch Paddeln oder Tischtennis. Wir haben die unterschiedlichsten Sportarten ausprobiert. Ansonsten hatten wir alle vier unsere eigenen Freundeskreise.«

Bodo erwies sich in vielen Bereichen als der Bessere – sei es in der Schule, sei es im Sport, wo er fast eine Profikarriere gestartet hätte, wenn ihm nicht eine Verletzung dazwischengekommen wäre. Mike dagegen war beliebter, geselliger, hatte viel mehr Freunde. Was natürlich jeweils den Neid anstachelte …

Während andere junge Männer bei Festen (und manchmal auch ganz ohne Anlass) sehr gern dem Alkohol zusprachen, verzichtete Bodo konsequent darauf – schließlich wollte er ja Profifußballer werden. Auch Mike trank eher wenig.

»Als Bodo mit seiner Mannschaft Stadtmeister wurde, hat man das natürlich groß gefeiert«, erzählt Mike. »Er meinte großspurig zu Wolfgang und mir, wir bräuchten nicht nüchtern zu bleiben, er würde ja sowieso nichts trinken und könne uns später nach Hause fahren.«

Doch daraus wurde nichts. Denn Bodo saß an diesem Abend ausgerechnet neben dem größten Trunkenbold der Gegend, und der füllte ihn nach allen Regeln der Kunst ab.

Vermutlich war das auch nicht weiter schwer, denn Bodo war ja keinen Alkohol gewohnt und vertrug entsprechend wenig.

»Nicht er brachte uns nach Hause, sondern wir ihn – wir zogen Bodo aus, legten ihn in die Badewanne, wuschen ihn, steckten ihn in einen Schlafanzug, verfrachteten ihn ins Bett und halfen ihm die ganze Nacht hindurch, wenn er sich übergeben musste.« Natürlich war vor allem Wolfgang, der Samariter, bei dieser Aktion ganz in seinem Element.

Im Erwachsenenalter spielen die Differenzen, die in der Kindheit und Jugend oft für Streit gesorgt haben, auf einmal keine große Rolle mehr.

»Wir akzeptieren einander so, wie wir eben sind«, sagt Mike. »Ich bin durchaus stolz auf meine Brüder und auf das, was sie im Leben erreicht haben.«

Roland, der schon früher gern den Boss gespielt hat, wurde Geschäftsführer eines großen Unternehmens. Dass er immer noch gerne stichelt, macht den anderen inzwischen nichts mehr aus. Er ist nun mal so.

Wolfgang, der mit der sozialen Ader, leitete ein Altenheim. »Seinen Renteneintritt hat er um drei Monate verschoben, bis ein Nachfolger zur Verfügung stand«, erzählt Mike. »Er musste eben mal wieder aushelfen. Das ist typisch für ihn.«

Und Bodo ist für Mike heute ein ganz enger Vertrauter. »Wir wissen fast alles voneinander, reden viel, auch über Probleme.« Die Streithähne von einst haben zueinander gefunden!

Während bei Mike und seinen Brüdern der Sport das verbindende Element darstellte, war es bei Martin und Thomas genau umgekehrt.

»Als kleine Kinder haben wir zwar oft miteinander gespielt, aber spätestens als Teenager war damit Schluss«, erinnert sich Martin. »Thomas war eher ein Womanizer, ein sportlicher Typ mit entsprechendem Freundeskreis, der viel Zeit beim Tennis oder Fußball verbrachte. Das lag mir alles total fern. Ich mochte überhaupt keine Ballspiele – stattdessen half ich meiner Oma gern im Garten, wo ich mein eigenes Beet hatte, oder spielte Teestunde. Das wiederum fand Thomas saublöd. Es gab einfach kaum Berührungspunkte.« Und das, obwohl sich die beiden wahnsinnig gleichen. Allerdings wohl nur äußerlich.

Entsprechend gab es zwischen den Brüdern nur selten Streit – worüber auch? Dazu hätte man ja gemeinsame Themen gebraucht. Man ging insgesamt eher getrennte Wege.

Martin gibt zu, dass er immer ein bisschen eifersüchtig auf Thomas war. Nicht weil er gern so wie sein großer Bruder gewesen wäre, sondern weil er begriff, dass der in vielen Dingen den Eltern ähnlicher war.

»Ich wusste, dass sie seine Zielstrebigkeit und Sportlichkeit gut fanden«, erinnert er sich. »Und irgendwie dachte ich, unsere Mutter mag ihn deswegen lieber als mich. Ohne bestimmten Anlass. Das war einfach nur so ein Gefühl.«

Dieses Gefühl kam möglicherweise daher, dass die Eltern ihn immer wieder dazu motivieren wollten, ebenfalls Tennis zu spielen.

»Und eine Zeit lang haben sie Thomas und mich in Winterfreizeiten geschickt, wo ich dann Ski fahren sollte«, erzählt Martin. »Für mich war das total fürchterlich, und ich hatte großes Heimweh, während Thomas ganz in seinem Element war.«

Ich hake nach, ob ihm nicht doch eine Gemeinsamkeit einfällt. Und tatsächlich, da gibt es etwas: »Wir hatten so eine Phase, in der wir zusammen wahnsinnig viel Zeit mit einem Computerspiel verbrachten – ein Adventure Game, bei dem es darum ging, irgendwelche Rätsel zu lösen. Wir waren regelrecht besessen davon!«

Allerdings musste sich Martin das Recht, den PC zu benutzen, erst verdienen.

»Der Computer, ein C64, gehörte Thomas, der ja ein Jahr älter war als ich. Der Deal lautete, dass ich zuerst sein Zimmer aufräumen musste, bevor ich an den Rechner durfte. Aber alles rächt sich im Leben – Thomas hat es einfach nicht gelernt, vernünftig aufzuräumen, und das ist bis heute so geblieben.«

Und dann fällt Martin sogar noch eine weitere Gemeinsamkeit ein – und zwar eine, die für unsere Brüdergeschichten ganz typisch ist: »Wir waren wahnsinnig verfressen«, berichtet er. »Wenn unsere Eltern mit uns in ein Restaurant gingen, haben Thomas und ich grundsätzlich je zwei Hauptspeisen bestellt. Und ratzeputz aufgefuttert. Wenn es ums Essen geht, können wir auch heute noch tüchtig zulangen – da stellen wir alle in den Schatten.«

Mittlerweile – mit Ende vierzig – gibt es deutlich mehr Berührungspunkte als früher. Zum Beispiel hat Thomas inzwischen auch das Heimwerken für sich entdeckt – eine von Martins Leidenschaften, über die sie sich oft austauschen.

Und seit Martin seine chronische Flugangst überwunden hat, teilen sie auch die Liebe zu Fernreisen und zur Fliegerei. Thomas hat sogar einen Flugschein.

»Einmal haben wir spontan einen Trip nach Doha – die Hauptstadt von Katar – gebucht. Freitags hin und sonntags wieder zurück. Total verrückt! Und das nur wegen des Flugzeugtyps: Die Maschine war ganz neu herausgekommen, und wir wollten beide unbedingt mal damit fliegen.«

Das Adventure Game von damals hat sozusagen den Sprung ins Real Life geschafft.

Brüder unter sich sind eben manchmal erbitterte Konkurrenten, manchmal aber auch beste Freunde, die die verrücktesten und wildesten Abenteuer miteinander erleben. Und wenn es sonst keine gemeinsame Ebene zwischen ihnen gibt, dann bildet der Esstisch auf jeden Fall eine. Mahlzeit!

Brüder-Schwestern-Mix: Aufwachsen gemeinsam mit dem anderen Geschlecht

Ursi

Da ich nur Schwestern habe, hat sich in meinem jugendlichen Ich ein ziemlich romantisches Bild manifestiert, wie es wohl ist, einen Bruder zu haben. Ich stellte mir damals vor, dass er mich beschützt und die blöden Hänseler:innen an der Schule verscheucht. Außerdem malte ich mir aus, er habe gutaussehende Freunde, die sich total für mich interessieren.

Seit ich erwachsen bin, denke ich darüber nicht mehr viel nach. Es sind mittlerweile genug Männer in meinem Leben, mit denen mich Liebe oder Freundschaft verbindet.

Für dieses Buch jedoch kehre ich zurück zu der Überlegung, wie das ist, wenn Brüder und Schwestern zusammen aufwachsen. Um Antworten auf diese Frage zu erhalten, lade ich mir ein paar Leute, die gegengeschlechtliche Geschwister haben, zur Gesprächsrunde ein.

Ich: Wir waren drei Schwestern. Also gab es jede Menge Barbiepuppen bei uns zu Hause. Wie sah denn das gemeinsame Spiel bei euch aus?

Marion (48, zwei ältere Brüder): Für mich war es ganz selbstverständlich, das mitzumachen, was meine Brüder spielten. Meistens räuberten wir im Garten herum. Dabei waren wir laut und wurden schmutzig. Einmal kam eine Bekannte der Eltern zu Besuch, die dachte, da würden drei Söhne herumtollen. Mit Barbies habe ich auch gespielt, aber allein.

Laura (57, ein jüngerer Bruder): Bei uns war das anders. Mein Bruder und ich haben immer verhandelt, was gemacht wird. Wenn ich mit ihm zum Beispiel mit Actionfiguren spielte, kamen anschließend genauso lange die Barbiepuppen dran.

Klaus (80, eine jüngere Schwester): Ich habe mit meiner Schwester überhaupt nicht gespielt. Dafür ging ich in den Hof oder zu meinem besten Freund. Und sie besuchte ihre Freundinnen. Ich konnte nicht viel mit ihr anfangen, obwohl wir nur zwei Jahre auseinander sind. Sie erzählt heute, dass sie sich gewünscht hätte, öfters mitspielen zu dürfen, aber das wäre mir gar nicht in den Sinn gekommen.

Ich: War das damals so? Dass Mädchen und Jungen stärker getrennt wurden?

Klaus: Ab dem Schulalter bestimmt, denn es gab ja nicht einmal gemischtgeschlechtliche Klassen. Das hat sich natürlich auch in der Freizeit widergespiegelt. Im Sommer marschierten wir zusammen ins Freibad. An viel mehr Gemeinsames kann ich mich nicht erinnern.

Ich: Hat sich diese Trennung auf eure Geschwisterbeziehung im Erwachsenenalter ausgewirkt?

Klaus: Ich fürchte, ja. Sehr eng miteinander verbunden waren wir nie. Und heute muss meine Frau mich daran erinnern, dass ich meine Schwester wieder einmal anrufen sollte. Aber ich weiß natürlich nicht, ob das bei einem Bruder anders gewesen wäre.

Dennis (25, zwei jüngere Schwestern): Ich bin eng mit meinen Schwestern aufgewachsen und wir haben auch immer viel gemeinsam gemacht. Aber trotzdem habe ich mir Brüder gewünscht, damit ich mit ihnen Fußball spielen kann. Das hat meine Schwestern nie so richtig interessiert. Also waren oft Freunde zu Besuch. Die Mädchen fanden uns dann manchmal zu wild.

Ich: Aber sind Schwestern untereinander nicht auch oft sehr wild? Ich kann mich an schreckliche Raufereien mit meiner Schwester erinnern.

Meine Mutter (81, zwei Brüder und zwei Schwestern): Unser ältester Bruder hat uns Schwestern immer so geboxt, dass die Oberarme grün und blau waren. Eines Tages haben wir gesagt, wir lassen uns das nicht mehr gefallen, und haben uns zusammengetan. In einem günstigen Moment haben wir uns zu zweit auf ihn gestürzt. Dann lag er auf dem Boden und schrie: »Ich sterbe! Ich sterbe!« Da haben wir erschrocken von ihm abgelassen.

Ich (muss lachen): Und als ihr dann älter wart? Wie hat sich das Verhältnis entwickelt? Er wird euch ja nicht bis ins Erwachsenenalter hinein so traktiert haben? Irgendwann in den Teenagerjahren hört das doch meistens auf, oder?

Meine Mutter: Als junger Mann wollte er absolut nicht mit uns Schwestern gesehen werden. Wir mussten auf der Straße immer Abstand zu ihm halten, damit auf keinen Fall jemand merkte, dass wir in irgendeiner Form zu ihm gehören. Eines Tages stand ein Lehrer an der Ecke. Da hat er sich hinter irgendwelchen Büschen vorbeigeschlichen. Dann marschierte er noch einmal ohne mich um den ganzen Häuserblock, damit er den Lehrer grüßen konnte. So war das ständig. Als er mich in die Tanzstunde begleiten sollte, ist er so gerannt, dass ich mit meinen Absätzen auf dem Kopfsteinpflaster nicht Schritt halten konnte.

Ich: War das vielleicht ein Phänomen der früheren Zeit? Klaus sagte auch schon, er hat mit seiner Schwester nicht viel anfangen können. Wie war denn das in unserer Generation? In den Achtziger- und Neunzigerjahren?

Jenny (39, ein älterer Bruder): Also mein Bruder und ich haben uns eigentlich immer ziemlich gut miteinander verstanden. Als ich ins Gymnasium kam, hat er trotzdem zu mir gesagt: »Wenn einer fragt, wir kennen uns nicht! Und sprich mich in der Schule auf keinen Fall an!«

Ich: Als ich mit zehn aufs Gymnasium kam, habe ich meine älteste Schwester, die schon im letzten Schuljahr war, ab und zu in ihrem Klassenraum besucht. Dann ging ein »Gott, wie süß!«-Raunen durch die Bänke. Bei meiner mittleren Schwester habe ich das nicht gemacht, glaube ich. Das hätte ihr nicht gefallen. Vielleicht hat das also gar nicht so viel mit dem Geschlecht, sondern mit dem Altersabstand zu tun?

Annette (62, zwei ältere Brüder): Das mag sein. Dennoch war diese Distanz früher häufiger. Die fünf Freunde meines Bruders, die am Nachmittag oft bei uns herumlungerten, wussten nie recht, was sie mit mir reden sollten. Und das Lustige ist: Wenn ich heute einen von ihnen auf der Straße treffe, ist es noch genauso. Wir finden kaum Gesprächsstoff, und ich bin sofort wieder das vierzehnjährige Mädchen, das den Mund nicht aufbekommt.

Ich: Also keine Verehrer unter den Freunden des Bruders?

Annette: Um Gottes willen, nein!

Jenny: Ich bin mit dem Jugendfreund meines Bruders verheiratet. Das war aber damals, als wir ein Paar wurden, nicht ganz unproblematisch.

Ich: Warum? Weil dein Bruder dich beschützen wollte? So wie man es in Filmen manchmal sieht? Die Brüder wollen nicht, dass sich ihre Weiberheld-Freunde an die kleine Schwester heranmachen.

Jenny (lacht): Nein, so lief das nicht. Mein Bruder war eifersüchtig, weil sein bester Freund plötzlich mehr Zeit mit mir verbrachte als mit ihm.

Ich: Und was ist dann mit dem Beschützen? Passen Brüder denn gar nicht auf ihre Schwestern auf? Diese Vorstellung fußt zwar bestimmt auf den mittlerweile überholten Rollenbildern, aber wir sind nun einmal in einer Zeit aufgewachsen, wo diese noch recht unumstößlich in unseren

Köpfen etabliert waren. Außerdem haben mir meine großen Schwestern, wenn es hart auf hart kam, schon auch ein Sicherheitsgefühl gegeben. Das müsste doch bei Brüdern genauso gewesen sein, oder?

Klaus: Ich kann mich an keine konkrete Situation erinnern, in der ich meine Schwester hätte beschützen müssen. Höchstens im Straßenverkehr, wenn wir als kleinere Kinder zu zweit zusammen unterwegs waren.

Celine (19, ein Bruder, eine Schwester): Mein Bruder und ich waren einmal auf einer politischen Veranstaltung. Eindringlinge haben den Saal gestürmt und für Wirbel gesorgt. Es war sehr beängstigend, weil wir nicht wussten, ob es zu Gewalt kommt. Mein Bruder hat sich ihnen in den Weg gestellt und sie zum Gehen aufgefordert, was sie dann auch tatsächlich gemacht haben. Da habe ich mich wahnsinnig beschützt gefühlt.

Elias (30, eine ältere Schwester): Ich habe mich von meiner älteren Schwester eigentlich nie beschützt gefühlt. Aber sie hat sich immer sehr dafür interessiert, was ich mache. Und das kommentiert (lacht).

Celine: Das ist bei meinen beiden Geschwistern auch so. Wobei ich sagen muss, dass wir schon unterschiedliche Gesprächsthemen haben. Mein Bruder fragt: »Was machst du?« und »Wie geht es dir?« Meine Schwester ist neugierig auf Details und bohrt nach. Das sind viel längere, ausführlichere Gespräche.

Elias: Mich nervt es total, wenn meine Schwester alles so elendslang erzählt. Mir fließt da oft zu wenig Information.

Klaus: Das ist bei meiner Schwester auch so. Unglaublich, wie ausschmückend man berichten kann.

Ich: Was ist für euch der größte Vorteil daran, in einer Brüder-Schwestern-Kombination aufzuwachsen?

Dennis: Gerade in der Pubertät bekommt man vom anderen einiges mit, auch wenn man sich in diesem Lebensabschnitt eigentlich zurückzieht und nicht mehr so viel Zeit mit den Geschwistern verbringt. Aber der Alltag wird ja immer noch gemeinsam verbracht. Alles ist dann normaler und das andere Geschlecht kein großes Mysterium.

Annette: Das ist wahr. Man denkt nicht über die Unterschiede zwischen Mann und Frau nach. Man kennt das alles einfach. Meine Tochter zum Beispiel führt mit ihrem Vater einen Krieg um die hochgeklappte Klobrille. Auf so etwas wäre ich nie gekommen. Männer pinkeln eben anders. Punkt.

Meine Mutter: In gewisser Weise ist es horizonterweiternd. Das Themenspektrum ist einfach größer, wenn es in der Familie Brüder und Schwestern gibt. Ganz egal, ob es dabei um Spiele, Gesprächsthemen oder um die körperliche Entwicklung geht.

Liebe Ursi,

bei diesem Gespräch wäre ich gern dabei gewesen! Dazu hätte ich allerhand beitragen können ...

Im Vorwort habe ich ja bereits von dem Gummitwist-Fußball-Deal mit meinem Bruder Holger erzählt. Für mich war das Torfrauendasein mindestens so frustrierend und langweilig wie für ihn das Strammstehen als Gegenüber der Mülltonne, während ich fröhlich hüpfte. Zumal ich wirklich superschlecht im Ballfangen war! Was man nicht gut kann, macht schließlich keinen Spaß.

Einmal — wir waren beide als Betreuer mit einer Jugendfreizeit im Schwarzwald unterwegs — bat ich ihn, mit mir Fangen zu üben. Denn ich spielte wahnsinnig gern Völkerball, war jedoch leider nur im Ausweichen gut. Immer, wenn ich versuchte, den Ball aus der Luft zu pflücken, glitt er mir aus den Händen, und ich schied aus.

»Kein Problem, dann machen wir eben Torwarttraining«, erwiderte Holger. Und das machten wir. Mit einem Lederball. Den er mir nicht locker zuwarf, sondern mit aller Kraft schoss. Erschrocken wich ich aus.

»So fängst du ihn ja nie. Du musst schon die Hand hinhalten«, sagte mein Bruder.

Also hielt ich die Hand hin. Der Ball donnerte mit voller Wucht dagegen. Resultat: glatter Bruch!

Holger musste das übrigens büßen. Denn dank seines Schusses fiel ich als Gitarrenspielerin im sonntäglichen Gottesdienst aus, den unsere Jugendgruppe mit einem Liedbeitrag bereichern sollte. Also musste Holger einspringen — er übte die halbe Nacht an den vier Griffen, die man für Laudato si' *braucht. Der Auftritt gelang. Danach hängte er die Gitarre für immer an den Nagel — und ich beendete meine Torhüterinnenkarriere.*

Danke, liebe Ursi, dass du diese Erinnerung geweckt hast!

Heike

Das Geschwisterduo –
die alternativlose Kombination

Heike

Das Duo ist aktuell die häufigste Geschwistervariante von allen. Das wird wohl auch in Zukunft so bleiben, denn die meisten jungen Paare wünschen sich zwei Kinder. Die Idealvorstellung vieler ist ein Pärchen, Sohn und Tochter, am besten im Abstand von höchstens drei Jahren, damit sie miteinander aufwachsen und schön zusammen spielen können.

Doch grau ist alle Theorie – in der Praxis ist jedes Geschwisterduo anders, und wie gut sie sich tatsächlich vertragen, hat nicht immer mit dem Geschlecht oder dem Altersunterschied zu tun.

Die Rebellin und die Traditionalistin

Sonjas Schwester Edith war nicht nur älter, sondern auch angepasster. »Ihr Fokus war voll auf ein traditionelles Familienmodell ausgerichtet. Haushalt und Kinder, das war ihre Welt. Edith hat ganz jung geheiratet und ist früh Mutter geworden«, erzählt Sonja. Sie selbst dagegen hatte überhaupt kein Interesse an einer festen Partnerschaft, schon gar nicht in ihrer Sturm-und-Drang-Zeit. »Mir war meine Unabhängigkeit am allerwichtigsten!« Während ihre vier Jahre ältere Schwester zu Hause Babys hütete, ging Sonja lieber tanzen.

Auch in der Kindheit war ihr Verhältnis nicht sehr eng. »Ich muss eine ziemlich nervige kleine Schwester gewesen sein«, sagt Sonja rückblickend. Ihr fällt eine typische Episode ein: »Einmal wollte Edith eine Freundin besuchen. Ich beschloss mitzukommen und stellte eilig mein Fahrrad bereit. Edith wollte das zwar nicht, aber ich quengelte so lange, bis unsere Mutter sie aufforderte: ›Nun nimm sie schon mit.‹ Da bekam Edith einen ihrer legendären Wutanfälle, rüttelte an meinem Fahrrad und schrie: ›Du bleibst hier!‹ Doch mich beeindruckte das wenig. Statt nachzugeben, sagte ich nur: ›Okay, ich fahre dann schon mal vor‹ und radelte davon.«

Wie eng die Bindung der beiden Schwestern trotz allem war, zeigte sich, als Edith krank wurde. Im Alter von gerade mal fünfundvierzig Jahren bekam sie die Diagnose Bauchspeicheldrüsenkrebs. Sie wurde operiert, erhielt Chemo und Bestrahlung und wurde vor Weihnachten mit guten Prognosen entlassen. Doch dann bildeten sich Metastasen, und Sonja wurde bald klar, dass es keine Hoffnung für Edith gab.

»Weil ich relativ weit entfernt wohnte, konnte ich sie nicht so oft besuchen, wie ich es gewollt hätte, aber wir haben sehr viel telefoniert«, erinnert sich Sonja. »Meistens haben wir über ihren jeweiligen Zustand und mögliche Therapien gesprochen. Edith war unglaublich optimistisch. Sie hat sogar Pläne für die Zeit nach der Krankheit geschmiedet und sprach davon, wieder arbeiten zu gehen.«

Sonja widersprach ihr nie. Obwohl sie wusste, dass es anders kommen würde, tat sie so, als glaubte auch sie an eine mögliche Genesung. »Ich dachte mir: Hauptsache, es hilft ihr, das alles leichter zu ertragen.«

Während Ediths Krankheit wuchs das ungleiche Geschwisterduo enger zusammen, als sie sich das jemals hätten vorstellen können. Als überlegt wurde, ob eine Lebertransplantation Edith helfen könnte, zögerte Sonja keine Sekunde, sich als Spenderin anzubieten. Doch dazu kam es nicht mehr – Edith war bereits zu krank für diesen Eingriff, und dann ging es unglaublich schnell: Sie starb kein Jahr nach der Diagnose, und damit wurde das Schwesternduo auseinandergerissen, kaum dass sie sich einander so sehr angenähert hatten.

»Edith selbst hat erst ganz spät realisiert, dass sie den Krebs nicht besiegen würde«, erinnert sich Sonja. »Das hat sie zwar nicht ausgesprochen, doch als sie mich am Telefon darum bat, sie am kommenden Wochenende zu besuchen, wusste ich Bescheid. So einen Wunsch hatte sie nämlich nie zuvor geäußert. Edith muss gespürt haben, dass es zu Ende ging, und wollte uns alle noch mal sehen.«

Auch Sonja wusste genau, dass es die letzte Begegnung war. Edith fiel wenige Tage nach diesem Besuch ins Koma. »Ich konnte mich zwar darauf vorbereiten, aber als dann der Anruf mit der Todesnachricht kam, war es dennoch ein Schock. Der Tod ist so endgültig.« Doch Erinnerungen bleiben für immer.

Die Bodenständige und die Lebenskünstlerin

Antje und Karen ähneln einander so sehr, dass sie schon oft für Zwillinge gehalten oder verwechselt wurden. Sie sprechen sogar ähnlich und haben denselben Humor.

»Allerdings ist meine Schwester viel bodenständiger und ordentlicher als ich«, sagt Antje und lacht. »Bei ihr sieht immer alles picobello aus – ich bin da relaxter.«

Als junge Frauen haben sich die beiden zwei Jahre lang in Berlin eine Wohnung geteilt. Daran denkt Antje gerne zurück. »Unsere Schwestern-WG war eine besonders schöne

Zeit. Wir haben unheimlich viel zusammen unternommen und uns bei Liebeskummer gegenseitig getröstet. Das hat unsere Verbundenheit noch verstärkt.«

Doch dann verlobte sich Karen, heiratete und zog zu ihrem Mann nach Bayern. »Das hat eine große Lücke hinterlassen«, sagt Antje. Ihre Schwester und beste Freundin wohnte jetzt nicht nur siebenhundert Kilometer entfernt, sondern schlug auch einen ganz anderen Lebensweg ein als sie. Mann, Haus, drei Kinder – Karen hat sich für eine traditionelle Rolle entschieden, während Antje in der Künstlerszene zu Hause ist und ganz in ihrem Beruf aufgeht. Ihre enge Verbindung bleibt dennoch bestehen.

»Wir telefonieren oder facetimen fast täglich«, erzählt Antje. »Dabei lachen wir nicht nur unglaublich viel, sondern können uns auch wirklich alles erzählen – wir vertrauen einander mehr an als einer Freundin. Und wir spüren immer, wenn es der anderen schlecht geht. Meine Schwester kennt mich besser als jeder andere Mensch – und ich sie.«

Was Antje bedauert, ist, dass sie noch nie zusammen verreist sind. »Das hat sich einfach nicht ergeben«, sagt sie. »Aber wenn Karens Kinder groß sind, würde ich das sehr gerne nachholen.«

Der Tierfreund und die Materialistin

Ich habe Arne gebeten, seine Schwester zu charakterisieren. Spontan beschreibt er sie als egoistisch, materialistisch, habgierig, penetrant, aufdringlich.

»Statussymbole sind ihr wahnsinnig wichtig. Sie ist auch extrem ambitioniert, sogar in Bezug auf andere. So kann sie es beispielsweise bis heute nicht akzeptieren, dass mein Sohn eine Ausbildung gemacht hat, statt zu studieren. Bei

Kritik oder Widerspruch verliert sie schnell die Fassung, gerät regelrecht außer sich. Dann ist sie nicht ansprechbar«, erzählt Arne. »Außerdem hält sie sich für unwiderstehlich und absolut fehlerlos. Immer sind andere schuld, und sobald etwas kompliziert wird, ist die Welt gemein.«

Als ich ihn bitte, sich selbst zu charakterisieren, sagt Arne spontan: »Ich bin vor allem ausgesprochen tierlieb. Etwas, was man von Nathalie nicht gerade behaupten kann. Und mir sind Äußerlichkeiten unwichtig – auch hier sind Nathalie und ich echte Gegensätze.«

Er beschreibt seine Schwester als »sehr etepetete«. Bei ihr muss alles fein sein. »Und das Allerwichtigste ist, den schönen Schein zu wahren.«

Arne dagegen hat sich noch nie verdreht, um irgendwem zu gefallen, obwohl er ausgesprochen hilfsbereit ist. Die Meinung anderer ist ihm nicht wichtig, auch materielle Dinge lassen ihn kalt. Wenn seine Mutter ihm teure Designerhemden kauft, packt er sie oft nicht mal aus. In Jeans und T-Shirt fühlt er sich eh am wohlsten, und Markennamen haben ihn noch nie beeindruckt. Nathalie dagegen ist sehr gerne bereit, ihre Mutter beim Shopping zu begleiten – stets in der Hoffnung, dass sie dabei etwas geschenkt bekommt, am liebsten etwas Kostspieliges.

»Obwohl ich auf Besitztümer keinen großen Wert lege, hatte Nathalie schon immer Angst, benachteiligt zu werden«, erzählt Arne. Als seine Eltern ihm und seiner Frau zur Hochzeit eine gemeinsame Reise schenkten, platzte sie schier vor Eifersucht. »Unsere Kinder waren damals bereits auf der Welt, und meine Mutter hatte angeboten zu babysitten, damit wir wenigstens ab und zu ein bisschen Zeit für uns hatten. Nathalie nahm nur wahr, dass die Eltern mit uns verreisten und sie außen vor blieb. Also bestand sie darauf, mitzufahren, um bloß nichts zu verpassen. Das Ganze hatte dann allerdings wenig von einer Hochzeitsreise …«

Ich frage ihn, ob ihm nicht wenigstens ein positiver Charakterzug seiner Schwester einfällt. »Unserer Mutter gegenüber ist sie sehr hilfsbereit«, sagt er. »Und sie ist zuverlässig: Was Nathalie zusagt, das erledigt sie auch. Und zwar perfekt! Wenn sie einen Kuchen backt, sieht er aus wie vom Konditor.«

Gäbe es einen Preis für die unterschiedlichsten Geschwister, hätten Arne und Nathalie echt gute Chancen darauf.

»Doch wenn sie anrufen würde, weil es ihr schlecht geht, würde ich direkt losfahren«, sagt Arne. Und das hat er auch getan, als Nathalies Ehe in die Brüche ging. Er holte sie in München ab und half ihr beim Umzug.

»Klar ist meine Schwester wahnsinnig anstrengend. Und ich bin oft schon genervt, wenn ich nur ihren Namen höre. Aber sobald sie mich braucht, bin ich für sie da, obwohl wir ansonsten wie Fremde sind. Das macht man eben so unter Geschwistern, vor allem, wenn man nur zu zweit ist.«

Und das gilt auch umgekehrt: Als Arne vor einigen Jahren einen Herzinfarkt erlitt, nahm Nathalie Urlaub und fuhr sofort zu ihm. Das Band zwischen Geschwistern ist manchmal extrem elastisch – aber dennoch stabil.

Die Vernünftige und der Störfaktor

Als Saskia geboren wurde, war Isabell schon sieben Jahre alt. Einerseits war sie stolz auf die kleine Schwester, besonders dann, wenn sie sie selbst halten durfte, andererseits war sie überhaupt nicht begeistert davon, dass sich auf einmal alles um das Baby drehte.

»Vermutlich hätten meine Eltern mich besser auf die neue Situation vorbereiten und auch ein bisschen geschickter vorgehen können – dann hätte ich mich vielleicht weniger zurückgesetzt gefühlt«, erzählt Isabell. »Heute verstehe ich natürlich, dass ein Säugling nun mal mehr Betreuung braucht als eine Grundschülerin. Aber damals empfand ich es anders. Zumal der Unterschied so extrem war: Jahrelang steht man im Mittelpunkt und bekommt hundert Prozent Aufmerksamkeit, und plötzlich sind es gefühlte null Prozent. Saskia hatte mich entthront. Ich empfand sie als Störfaktor. Meine Eltern sahen nicht, wie ich mich fühlte. Vermutlich aus reiner Gedankenlosigkeit.«

Eine Begebenheit ist ihr bis heute im Gedächtnis geblieben. »Ich begleitete meine Mutter ins Dorf. Unterwegs trafen wir eine Frau, die unbedingt einen Blick in den Kinderwagen werfen wollte. Sie schob mich regelrecht beiseite und sagte: ›Geh mal weg, ich will da jetzt gucken.‹ Das hat mich wohl nachhaltig beeindruckt. Ein Schlüsselmoment.«

Wenig später besuchte die Mutter eine gute Bekannte, und wieder waren die beiden Schwestern mit von der Partie. Als sich die Frau hochentzückt über das goldige Baby äußerte, platzte Isabell der Kragen. »Ich verkauf sie dir und will auch gar kein Geld dafür!«, rief sie entnervt.

Zum Schein ging die Bekannte auf den Deal ein, und die Mutter der Mädchen spielte ebenfalls mit, denn die Kleine war ja in guten Händen.

»Auf dem Nachhauseweg fühlte ich mich wie befreit und total erleichtert. Saskia war aus dem Weg, nun würde ich wieder im Mittelpunkt stehen, dachte ich.«

Doch das Glück währte nur kurz. Zunächst hoffte die Mutter noch auf Einsicht. »Meinst du nicht, wir sollen

Saskia lieber abholen?«, fragte sie ein ums andere Mal, aber Isabell lehnte das kategorisch ab.

»Ich war total sauer, als meine Mutter Saskia etwa eine Stunde später doch nach Hause brachte. Da hatte ich diesen super Deal eingefädelt, und sie machte ihn einfach rückgängig!«

Die Geschichte wurde in der Familie immer wieder erzählt, und immer wieder hat man darüber gelacht.

»Doch gleichzeitig hat sie Saskia sensibilisiert. Als sie selbst Mutter wurde und erst einen Sohn und dann ein Zwillingspärchen bekam, achtete sie sehr darauf, dass der Große sich nicht zurückgesetzt fühlte. Sie wollte nicht denselben Fehler machen wie unsere Eltern.«

Übrigens stehen sich Isabell und Saskia inzwischen extrem nah. Mit ihren langen, dunklen Haaren sind sie sich auch rein optisch sehr ähnlich.

»Manchmal fallen mir alte Fotos in die Hände, bei denen ich spontan gar nicht sagen kann, ob sie Saskia oder mich zeigen«, sagt Isabell.

Sie berichtet auch von Übereinstimmungen, wie man sie sonst nur von Zwillingen hört. »Einmal bekamen wir zufällig am selben Tag schlimme Zahnschmerzen. Und das an unterschiedlichen Enden der Welt – Saskia arbeitete zu der Zeit in New York.«

Auch charakterlich sind sie sich ähnlich, wenngleich Saskia schon immer viel Selbstbewusstsein hatte, während Isabell das mühsam lernen musste.

»Ich war früher eher schüchtern und habe mir vieles nicht zugetraut. Kein Wunder, wenn man in den prägenden Jahren Zurückweisung erlebt«, sagt Isabell. »Saskia hatte es da etwas leichter.«

Würde ich hundert Geschwisterduos interviewen, bekäme ich ebenso viele verschiedene Statements und Geschichten. Manche Geschwisterpaare sind unzertrennlich, andere regelrecht entfremdet. Einige ähneln einander auf verblüffende Weise, und dann wieder gibt es Geschwisterduos, die so unterschiedlich sind, als kämen sie von verschiedenen Planeten. Zuweilen ist es gerade die Ähnlichkeit, die zusammenschweißt, manchmal sorgt sie aber auch für Zerwürfnisse und Streit – weil es nervt, vom geschwisterlichen Gegenüber permanent den Spiegel vorgehalten zu bekommen. Andererseits können extreme Unterschiede nicht nur Ursache für Differenzen sein, sondern auch als Trainingslager in Sachen Toleranz dienen.

Diese Vielfalt macht die Sache ja so spannend. Denn langweilig wird es mit Brüdern und Schwestern definitiv nie! Doch eines gilt für alle Geschwisterduos: Sie haben nur einander. Es gibt keine weiteren Schwestern oder Brüder, mit denen sie sich verbünden könnten. Und das macht ihre Beziehung so besonders.

Geschwister im Doppelpack –
Faszinosum Zwillinge

Ursi

Ein ganz spezielles Geschwisterduo sind Zwillinge. Das Wort kommt aus dem Althochdeutschen und bedeutet »doppelt«, »zweifach«.

Bis weit in die Sechzigerjahre interessierte man sich in der Geschwisterforschung hauptsächlich für Zwillinge. Daher hat man viel über sie herausgefunden. Hier eine kleine Zusammenfassung der wichtigsten Informationen:

Statistische Daten
Die weltweite Statistik zeigt, dass die Wahrscheinlichkeit für Zwillinge von Region zu Region sehr unterschiedlich ist. Im westafrikanischen Volk der Yoruba (Nigeria, Benin) ist jede zwanzigste Geburt eine Zwillingsgeburt, in Japan nur jede hundertste. In Europa gibt es im Norden mehr Zwillingsgeburten als im Süden. Das Statistische Bundesamt veröffentlichte, dass in Deutschland 2019 und 2020 jede siebenundzwanzigste Geburt eine Mehrlingsgeburt war (davon 98,5 Prozent Zwillinge). Vor allem in der westlichen Welt steigt der Anteil an Zwillingsgeburten. Zum Vergleich: 1977 war jede sechsundfünf-

zigste Geburt eine Mehrlingsgeburt. Dieser Anstieg erklärt sich durch eine wachsende Zahl an Fruchtbarkeitsbehandlungen, bei der oft mehrere befruchtete Eizellen in den Uterus eingesetzt werden, oder durch den Eisprung stimulierende Hormonbehandlungen. Zusätzlich steigt die Neigung zur Zwillingsschwangerschaft mit dem Alter, und Frauen entschließen sich immer später zur Mutterschaft.

Während die Neigung zu zweieiigen Zwillingen erblich veranlagt ist, nimmt man an, dass eineiige eher zufällig entstehen. Jede zweihundertfünfzigste Geburt bringt eineiige Zwillinge zur Welt. Und diese Rate scheint sich nicht durch gesellschaftliche Trends zu verändern.

Zwillinge in der Antike
In der Antike glaubte man, Zwillinge hätten immer verschiedene Väter. Das ist allerdings nur bei der sehr seltenen »Überschwängerung« möglich. In diesem Fall reift innerhalb eines Zyklus eine zweite Eizelle heran, die dann von einem anderen Mann befruchtet werden kann.

Interessant für die Wissenschaft
Eineiige Zwillinge waren und sind für die Forschung deshalb so spannend, weil ihre identischen Gene erlauben, Fragen der Vererbungslehre auf den Grund zu gehen. Interessiert hat man sich zum Beispiel

dafür, ob der Intelligenzquotient von den Genen oder der Sozialisierung bestimmt wird. Ein neuerer Wissenschaftszweig ist die Epigenetik. Sie beschäftigt sich damit, wie Umweltfaktoren (Hormone, chemische Substanzen, Erfahrungen usw.) unsere Gene verändern. In den epigenetischen Veränderungen liegt auch die Erklärung dafür, warum eineiige Zwillinge nie völlig gleich sind. In einer Studie wurde festgestellt, dass Zwillinge im Alter von drei Jahren epigenetisch stärker übereinstimmen als mit fünfzig – vor allem dann, wenn sie wenig Lebenszeit zusammen verbracht haben.

Launen der Natur

Bei sogenannten Spiegelbildzwillingen trennt sich die befruchtete Eizelle etwas später (normalerweise binnen zehn Tagen, in diesem Fall bis zum zwölften). Ein Zwilling bildet den anderen dann seitenverkehrt ab, mitunter sind sogar die Organe auf der falschen Seite.

Eines von dreihundert eineiigen Zwillingspärchen kommt mit einer Doppelfehlbildung zur Welt – im Volksmund siamesische Zwillinge genannt. Hat jeder der beiden alle lebenswichtigen Organe, kann eine operative Trennung versucht werden.

Ich, Du und Wir

Eineiige Zwillinge verstehen als Kleinkinder wesentlich länger nicht, dass sie sich im Spiegel oder auf

Fotos selbst sehen. Sie denken, es wäre ihr Geschwisterkind, das sie da vor sich haben.

Eltern konzentrieren sich so stark auf die Unterschiede zwischen ihren Zwillingskindern, dass sie kleine Andersartigkeiten oftmals überbewerten. Nicht selten bezweifeln Eltern deshalb, dass ihre Zwillinge überhaupt eineiig sind.

Fun-Facts

- Eineiige Zwillinge haben unterschiedliche Fingerabdrücke.
- Zweiundzwanzig Prozent aller Zwillinge sind angeblich Linkshänder, während bei den Einlingen nur zehn Prozent mit der Linken geschickter sind. Bei eineiigen Zwillingen haben zwanzig Prozent nicht die gleiche Händigkeit.
- Eineiige Zwillinge unterscheiden sich im Durchschnitt um zwei Zentimeter Körpergröße, zweieiige um fünf.
- In der Zwillingsstudie *Twinlife* gaben achtzehn Prozent der Eltern an, ihre Kinder schon verwechselt zu haben (Väter öfter als Mütter).
- Der Londoner Fotograf Peter Zelewski (siehe Instagram) arbeitet für seine Bilderserie *Alike but not alike* mit Zwillingen.
- Seit der zweiten Hälfte des 20. Jahrhunderts werden Zwillingstreffen veranstaltet. Eines der ersten fand 1958 in Essen statt.

- Der internationale Tag der Zwillinge ist der 18. Dezember.
- Natürlich gibt es auch unter den Stars Zwillinge: Scarlett und Hunter Johansson (Schauspielerin und Gründer einer Non-Profit-Organisation), Ashton und Michael Kutcher (Schauspieler und Redner), Rami und Sami Malek (Schauspieler und Lehrer), Mary Kate und Ashley Olsen (Schauspielerinnen, teilten sich in *Full House* eine Rolle), Bill und Tom Kaulitz (Musiker, Band Tokio Hotel), James und Oliver Phelps (Schauspieler, Darsteller der Weasley-Zwillinge in *Harry Potter*), Jenna und Barbara Bush (Präsidententöchter), Tasha und Sidra Smith (Schauspielerin und Model), Lars und Sven Bender (beide Fußballer). Elvis Presleys Zwillingsbruder Jess(i)e kam tot zur Welt. Der Name »Elvis« ist ein Anagramm von »lives« (lebt).

Auf Zwillinge reagieren die Menschen immer mit Faszination. Wir idealisieren das Verhältnis und projizieren unsere eigenen Wünsche nach uneingeschränkter Kameradschaft in sie. Dieses Interesse spiegelt sich in der Literatur wider, wo Zwillinge (oder abgewandelt das Motiv des Doppelgängers) schon jahrhundertelang behandelt werden. Gleichheit und Unterschied spielen dabei eine genauso große Rolle wie ein gewisser Faktor der Mystik. Was hat es zum Beispiel mit dem »unsichtbaren Band« auf sich, das Zwillinge angeblich verbindet?

Ein eindrucksvolles Literaturbeispiel ist Audrey Niffeneggers Roman *Die Zwillinge von Highgate* (*Hear Fearful Symmetry*, 2009). Die Autorin macht erlebbar, wie es sich anfühlt, wenn jemand immer präsent ist – nicht nur im Denken der nächsten Umwelt, sondern auch im eigenen Bewusstsein. Und wie deshalb der Kampf um vollständige Getrenntheit und Eigenständigkeit lebensbestimmend wird.

Valentina spürte Dankbarkeit in sich aufsteigen. Er würde sie nicht darauf ansprechen, dass sie Zwillinge waren. Vielleicht hielt er es für zu persönlich. Aber vielleicht war es ihm auch nicht aufgefallen. Sie fand es schön, wenn Leute es nicht bemerkten.

»Findest du nicht, es ist langsam an der Zeit, dass wir unser eigenes Leben führen?«
»Tun wir doch! Wir führen unser eigenes Leben zusammen.«
»Das meine ich nicht! Du weißt, was ich meine, ich will mein eigenes Leben, ich will Privatsphäre! Ich bin es leid, ein halber Mensch zu sein.«

Über eineiige Zwillinge wurde schon viel geschrieben. Deshalb habe ich mich bei der Arbeit an diesem Buch besonders für zweieiige Geschwister interessiert:

»Die Vitalfunktionen meiner Zwillinge waren direkt nach der Geburt sehr schlecht«, schildert Zwillingsmama Yvonne – ihre Kinder sind mittlerweile vierzehn. »Erst als man die beiden eng nebeneinanderlegte, erholten sie sich. Bis heute ist es so, dass sie in ihrer eigenen Blase leben und schwierige Situationen um sie herum nicht mitzubekommen scheinen. Insgesamt sind sie nicht sehr sozial. Sie sehen keine Notwendigkeit, sich um andere Kinder zu bemühen, sich neue Spielgefährten zu suchen, weil sie ja einander haben.« Sie erzählt mir, dass man ihr und ihrem Mann im Kindergarten und in der Grundschule nahelegte, die Kinder zu trennen, damit sie ihre eigenen Lebensbereiche entwickeln könnten. Dagegen haben die Geschwister sich aber strikt gewehrt.

Neugierig geworden, befrage ich meine Freundin, die Lehrerin ist, wie sie das handhabt: »Die Frage, ob man Zwillinge in der Schule trennen soll oder nicht, ist schwierig zu beantworten. Klar ist es für die Entwicklung der Kinder gut, wenn sie den Alltag auch einmal getrennt voneinander bewältigen müssen. Aber auf der anderen Seite brauchen sie sich so sehr und kommen nur schlecht ohneeinander aus.

In Elterngesprächen ist es für mich auf jeden Fall fast unmöglich, bei einem Kind zu bleiben, weil sowohl ich als auch die Eltern das Geschwisterpaar wie eine Einheit wahrnehmen. Da vergleicht man dann ständig.

Insgesamt überlassen wir an unserer Schule die Entscheidung, ob die Kinder zusammenbleiben oder nicht, den Familien. Besuchen die Zwillinge gemeinsam eine Klasse, achte ich aber darauf, sie zumindest in Gruppenarbeiten zu trennen, damit die Teams von der Dynamik zwischen den Geschwistern nicht beeinflusst werden.«

Mein Freund Robert ist Vater eines achtzehnjährigen, gegengeschlechtlichen Zwillingspaares.

»Wir Eltern haben immer alles mit den Kindern gemeinsam gemacht«, erzählt er mir. »Das ist sicherlich einer der großen Unterschiede zu ›normalen‹ Geschwistern. Aber mir war bald klar, wie verschieden die beiden sind. Beim Vorlesen zum Beispiel hat ein Kind jedes Mal nah bei mir gesessen, während das andere sich nebenbei mit irgendetwas beschäftigt hat. Zweieiige Zwillinge sind sich halt tatsächlich nur so ähnlich wie Geschwister sonst auch.«

Robert erzählt mir davon, dass sein Sohn in der Sprachentwicklung langsamer war. Die Schwester übersetzte dann ständig für alle, was er mit seinem Kauderwelsch meinte. Und die beiden hatten eine Geheimsprache, die nicht einmal die Eltern verstanden.

Zwillinge weisen übrigens im Kleinkindalter allgemein Entwicklungsverzögerungen auf. Der Spracherwerb ist nur ein Beispiel. Forscher erklären diesen Umstand damit, dass sie in keinem Entwicklungsstadium die volle Aufmerksamkeit der Eltern erhalten. Studien belegen, dass Mütter auf Zwillingsbabys weniger fokussiert reagieren und dass die jeweilige Dauer der Ansprache kürzer ist.

Auch in anderen Bereichen können sich Zwillinge in der Problemlösung immer aneinander wenden, was der Entwicklung und Reifung nicht unbedingt zuträglich ist.

»Bis sie etwa dreizehn waren, haben die beiden alles zusammen gemacht, und es herrschte absolute Harmonie«, berichtet Robert weiter. »Sie stritten sich nie. Dann begann mein Sohn plötzlich, seine Schwester sehr ekelhaft zu behandeln. Er trat und beschimpfte sie, was uns Eltern wahnsinnig irritiert hat. Wir konnten damit nur schwer umgehen.«

Zwillinge müssen sich in der Pubertät nicht nur von ihren Eltern lösen, sondern auch von ihrem Geschwisterkind. Das ist ein wichtiger Prozess, der aufgrund der großen Nähe zuvor mitunter schwieriger abläuft als bei unterschiedlich alten Geschwistern.

Dorothee Adam-Lauterbach schreibt in ihrem Buch *Geschwisterbeziehung und seelische Krankheit*, dass Zwillinge mitunter noch im Erwachsenenalter mit Konflikten bezüglich Abhängigkeit und Autonomie zu kämpfen haben. Sie identifizieren sich nach wie vor so sehr miteinander, dass jegliche Art der Trennung zum Problem werden kann.

Eine Geschichte, bei der die konfliktreiche Loslösung eine Rolle spielt, erzählt mir Alina. In ihrer Klasse gab es ein Zwillingsbrüderpaar, das auch während der Pubertät und als junge Erwachsene immer alle Aktivitäten zusammen unternahm. Irgendwann verliebte sich der eine. Als er mit fünfundzwanzig mit seiner Freundin zusammenziehen wollte, brach für den anderen eine Welt zusammen. Das Paar hat sich als Kompromisslösung dann eine Wohnung in der Nähe des Bruders gesucht, und sie verbringen überdimensional viel Zeit zu dritt.

Wie trennend sie die Liebe empfand, erzählt mir auch Marie. Gegen Ende der Schule hatte sie ihren ersten Freund, in den sie unglaublich verschossen war. Der junge Mann verließ sie jedoch bald, um mit ihrer Zwillingsschwester zusammen zu sein. Dieser Vertrauensbruch hätte zwischen den Schwestern beinahe zum Zerwürfnis geführt. »Es war sehr schwer, ihr das zu verzeihen. Aber im Endeffekt hat es mir geholfen, mich ein wenig von ihr zu lösen.«

In Forschungsberichten lese ich, dass Zwillinge dazu tendieren, in einer Partnerschaft ein zwillingsähnliches Verhältnis zu suchen. Für Nichtzwillinge kann die gewünschte Nähe und intensive Symbiose dann natürlich zu viel werden. Daran muss ich denken, als Soraya mir von einem eineiigen Zwillingspärchen an ihrer Schule erzählt: »Die Schwestern waren nie getrennt anzutreffen und haben sich auch immer gleich anzogen. Das fand ich komisch. Bei einem Zwillingstreffen haben sie zwei Brüder kennengelernt, die sie schließlich heirateten. Als die vier aus der Kirche heraustraten – Bräutigam – Braut – Braut – Bräutigam – sah es aus, als hätte man in der Mitte einen Spiegel aufgestellt, der das Paar optisch verdoppelte.«

Mehr als zwei

Wie selten Drillings- und Vierlingsgeburten sind, wurde schon kurz erwähnt. Um das noch ein wenig besser zu veranschaulichen: 2014 wurden in Deutschland 700 000 Kinder geboren, davon waren 846 Drillinge und 44 Vierlinge.

Die Dionne-Fünflinge kamen 1934 in Kanada zur Welt und waren die ersten bekannten überlebenden Fünflinge. Die Geburt fand in einer zugigen Hütte ohne Wasser- und Stromversorgung statt. Obwohl sie mit einer Lösung aus Maissirup, Kuhmilch und Rum gefüttert wurden, überlebten alle fünf. Aufgrund ihrer Armut entschieden sich die Eltern, die Mädchen als Säuglinge auf der Weltausstellung in Chicago zu präsentieren, woraufhin ihnen das Sorgerecht entzogen wurde. Danach verbesserte sich die Situation der Fünflinge allerdings kein bisschen, denn sie dienten der Wissenschaft als Studienobjekt und wurden von der zuständigen Erziehungsbehörde ebenfalls zweimal täglich ausgestellt.

Nadya Suleman brachte 2009 in Amerika Achtlinge zur Welt, was zu einem Eintrag ins Guinnessbuch der Rekorde führte. Zuvor hatte sie schon sechs Kinder geboren, die ebenfalls alle per künstlicher Befruchtung gezeugt wurden. Die Alleinerziehende ist in den Medien als Octomom bekannt.

Ihr seid aber ganz schön viele!

Heike

Als ich 1965 geboren wurde, lag die durchschnittliche Kinderzahl pro Frau in Deutschland bei 2,4. Wir sind die Boomer! Acht Jahre später, als mein jüngster Bruder zur Welt kam, hatte der »Pillenknick« bereits für einen Geburtenrückgang gesorgt, denn jetzt waren es nur noch rund 1,5 Kinder, und nach einigen Schwankungen und Ost-West-Differenzen hat sich die Zahl ungefähr dort eingependelt.

Mit drei Kindern lagen wir also bereits in den Siebzigern über dem Durchschnitt. Und das ganz offiziell, denn wir bekamen die fünfzigprozentige Fahrpreisermäßigung der Bahn für kinderreiche Familien – den sogenannten Karnickelausweis! Eigentlich hieß er übrigens Wuermeling-Pass, nach einem früheren Familienminister, und wurde leider inzwischen wieder abgeschafft, aber für uns hat sich das Angebot allemal gelohnt.

Ich glaube, dieser Karnickelausweis hat mir erst bewusst gemacht, dass viele Gleichaltrige mit weniger als zwei Geschwistern zusammenlebten. Ich selbst hätte uns nämlich nicht gerade als Großfamilie bezeichnet. Schließlich passten wir noch alle in einen normalen Pkw und brauchtet keinen Kleinbus, so wie die Nachbarn, die eine Tochter und vier Söhne plus ein Pflegekind hatten.

Ganz zu schweigen von der kinderreichsten Familie im Dorf: In Koproduktion mit zwei Ehefrauen hatte es ein

Vater auf insgesamt dreiundzwanzig Nachkommen ersten Grades gebracht, wobei der Altersunterschied zwischen dem Erstgeborenen und der Jüngsten rund drei Jahrzehnte betrug.

Einige davon kannte ich gut, weil wir zusammen in der Grundschule waren. Einmal fragte ich einen der Jungs, ob er denn die Namen all seiner Geschwister aufsagen könne, und konnte es kaum fassen, als er dies verneinte.

Das kam vielleicht auch daher, dass diese große Kinderschar nie zusammen unter einem Dach lebte. Die Ältesten waren ja längst ausgezogen und hatten eigene Familien gegründet, als die Kleinsten noch in die Schule gingen. Die Jungs in der Pubertät wurden ausgelagert – sie wohnten zeitweilig bei Bauern im Dorf, wo sie für Kost und Logis im Stall mithalfen.

Das waren natürlich völlig andere Dimensionen als bei uns ...

Doch während meine Mutter gar keine Geschwister hatte und mein Vater nur einen Bruder, stammte meine Uroma aus einer wirklich kinderreichen Familie, so wie es damals eben üblich war. Jahrelang dachte ich, sie sei die Älteste von zwölf Geschwistern gewesen. Als wir irgendwann einmal alte Dokumente sichteten, stellten wir allerdings fest, dass die Kinderschar noch größer gewesen sein muss.

Mir war immer erzählt worden, dass eine Katharina als Zwölfjährige an einem Blinddarmdurchbruch gestorben war. Doch erst den Unterlagen entnahmen wir, dass es eine weitere Katharina gab, die das Säuglingsalter nicht überlebt hatte.

Heute kann man sich nicht mehr vorstellen, den Namen

eines toten Kindes in derselben Generation erneut zu verwenden, aber es waren einfach andere Zeiten.

Es gibt ein Foto der Großfamilie, da steht meine Uroma als junge Erwachsene hinten links, während ihre kleinste, etwa dreijährige Schwester auf dem Schoß der Mutter sitzt. Wenn ich nicht wüsste, dass sie damals wohl Ende vierzig gewesen sein muss, hätte ich sie auf achtzig geschätzt. Das Leben war hart seinerzeit, und man bekam Kinder, bis eben keine mehr kamen oder man starb.

Während die Kindersterblichkeit hierzulande zum Glück schon zu Beginn des 20. Jahrhunderts zu sinken begann, liegt sie in Nordafrika noch heute dreieinhalb mal so hoch wie bei uns. In der Mitte des vorigen Jahrhunderts war sie dort also keine Seltenheit – so auch in der Familie meines Mannes. Er ist 1963 in Tunesien als zweitjüngster von sechs Geschwistern aufgewachsen – doch eigentlich wären sie zehn Kinder gewesen. Vier ältere Geschwister sind bereits vor seiner Geburt gestorben. Ich frage ihn nach Geschlecht, Namen, Todesursachen, aber da muss er passen. »Darüber wurde bei uns nicht geredet«, sagt er.

Geschwister zu haben, war für ihn normal. Alle hatten welche, die meisten viele. Das Dorf war voller Kinder, und er hatte immer massenhaft Spielkameraden.

»Keiner hat uns kontrolliert, wir sind sehr frei aufgewachsen«, erzählt er. »Wenn man von der Schule kam, wurden Hausaufgaben gemacht, danach durfte man spielen gehen. Hauptsache, man war pünktlich zum Abendessen wieder daheim.«

Auf den Gedanken, statt mit Freunden oder Geschwistern die Freizeit mit den Eltern zu verbringen, wäre er nie gekommen. »Wenn meine Mutter jemals mit uns gespielt hätte, dann hätten wir wohl gedacht, sie wäre verrückt geworden«, sagt er.

Auch Josefine, die Älteste von vier Geschwistern, hat es positiv in Erinnerung, dass sie nie alleine war. »Ich fand es schön, dass immer jemand zum Spielen da war. Draußen war Cowboy und Indianer angesagt, drinnen beschäftigten wir uns mit der Lego-Eisenbahn oder dem Playmobil-Bauernhof.«

Dass sie ständig auf die Kleinen aufpassen musste, ging ihr dagegen auf die Nerven.

»Meine Eltern waren total überfordert. Aber das ist ja klar – wer wäre das nicht mit vier Kindern?«

Diesen Aspekt erwähnen einige meiner Interviewpartner, ebenso das Thema Gerechtigkeit.

»Einerseits hatten wir liebevolle Eltern, andererseits waren sie auch manchmal unfair«, erzählt Josefine. »Zwar haben sie versucht, alles gerecht durch vier zu teilen, sowohl Zuwendung als auch alles andere, aber natürlich gelingt das nicht immer. Als beispielsweise mein kleiner Bruder sehr krank wurde, stand er im Mittelpunkt, und sie kümmerten sich intensiver um ihn als um uns. Ich verstand das, denn ich war ja bereits vierzehn, aber meine jüngeren Schwestern konnten das nur schwer akzeptieren.«

Rebecca, die als Sandwichschwester zwischen zwei Brüdern aufgewachsen ist, hat den Eindruck, dass der Konkurrenzkampf früh anfängt. Daran, wie der kleine Bruder ihr die Nikolausschokolade geräubert hat, erinnert sie sich noch genau. »Damals war er nicht mal drei«, erzählt sie.

Ihrer Meinung nach prägen solche Erlebnisse sehr für das weitere Leben. »Man lernt früh, den Claim abzustecken. Mit Geschwistern am Mittagstisch ist es ein bisschen wie in der Tierwelt: Wer am lautesten redet, wird gehört und bekommt einen Wurm in den Schnabel.«

Ihrer Erfahrung nach wird, wenn man Geschwister hat, das Gerechtigkeitsgefühl auf eine harte Probe gestellt.

»Es geht nicht nur darum, Besitz zu verteidigen, sondern man beobachtet auch ständig, ob Eltern Liebe, Schokolade und alles Sonstige fair verteilen – nicht zuletzt Aufmerksamkeit.«

Davon kann Bea ebenfalls ein Lied singen. Sie war die Jüngste einer gemischten Viererbande, bestehend aus Siegfried, Carola, Sascha und ihr selbst – alle dicht aufeinander geboren. Nicht mal ihre älteren Geschwister erinnern sich an die Zeit, bevor sie zu viert waren, weil die Abstände so kurz sind. Ein neues Baby in der Familie war da nichts Ungewöhnliches.

»Als meine Mutter mit Sascha aus dem Krankenhaus kam und ihn präsentierte, sagte mein ältester Bruder Siegfried bloß: ›Ach, so was?‹«

Ich frage Bea nach den Stichworten Überforderung und Gerechtigkeit, und sie bestätigt das, was Josefine und Rebecca berichten.

»Ich denke da an ein Foto, das uns bei der Oma vor unseren Osternestern zeigt. Man sieht schön, wie wir jeweils auf die Nester der anderen schielen, um zu prüfen, ob da vielleicht mehr drin ist«, fällt ihr sofort ein Beispiel ein. »Süßigkeiten wurden exakt abgezählt, sogar Smarties. Man passte auf, dass man nicht zu kurz kam.«

Einziger Unsicherheitsfaktor waren die jeweiligen Paten-tanten und -onkel. »Das war wie ein Glücksspiel – und ich hatte den Hauptgewinn gezogen, denn meine machten die tollsten und einfallsreichsten Geschenke.«

Die Eltern dagegen versuchten, alle vier Kinder gleich zu behandeln.

»Gleich in dem Sinne, dass sie uns im selben Maß unter-drückt haben«, sagt Bea. »Unsere Eltern waren rigide, da wurde nicht groß diskutiert. Im Nachhinein ist das ver-ständlich: Mein Vater arbeitete nach Feierabend jahrelang am Innenausbau unseres neuen Hauses, meine Mutter hatte eine Vollzeitstelle als Grundschullehrerin, und das alles mit vier kleinen Kindern. Obwohl sich ein Kindermädchen um uns kümmerte, waren die beiden permanent überfordert.«

Im Rückblick kann Bea ihre Eltern verstehen. Sie hatten selbst eine sehr strenge Erziehung erlebt. Der Vater wuchs als Halbwaise auf, weil sein Vater im Krieg gefallen war. Durch die Flucht in den Osten verlor die Familie alles. Sein Ziel war, »niemals mehr ein Niemand« zu sein. Er wollte für seine Familie etwas aufbauen, und damit das gelang, musste man funktionieren.

Über Gefühle wurde nicht gesprochen. Auch nicht über Dinge, die andere ausführlich von allen Seiten beleuchten würden, wie etwa Trennungen. Wenn eines der vier Kin-der eine Beziehung beendet oder sich scheiden lässt, besteht meist der einzige elterliche Kommentar darin, dass die Mut-ter wortlos ins Wohnzimmer geht, das entsprechende Pär-chenfoto abhängt und in die Schublade legt.

Als Bea mir davon erzählt, pruste ich spontan los, weil ich mir das Ganze sofort als herrlich schrullige Filmszene vor-stelle.

»In unserer Familie war man eher zynisch als emotional«, erklärt Bea. »Auch unter uns Geschwistern herrschte ein flapsiger Ton. Wir kommunizierten im Grunde nur mit Sprüchen – so richtig unterhalten haben wir uns erst im Erwachsenenalter.«

Dennoch fand Bea es immer toll, viele Geschwister zu haben.

»Wir wohnten in der Lehrerwohnung, eine Etage über uns eine weitere Lehrerfamilie, ebenfalls mit vier Kindern – da war ganz schön was los«, berichtet sie. »Hinterm Haus gab es eine Bleiche, da wurden Fußballspiele veranstaltet. Nicht nur zu acht, sondern auch mit Freunden der Geschwister und weiteren Nachbarskindern. Wo viele sind, kommen immer noch viele dazu«, weiß sie aus Erfahrung.

Jette kennt das leider nicht aus eigenem Erleben, denn sie war ein Einzelkind und hat sich als Heranwachsende sehr nach Geschwistern gesehnt. Zumal sie mit ihren Eltern oft in Marokko Urlaub machte und dort erlebte, wie abwechslungsreich es in einer Großfamilie zugeht. Daher reifte in ihr schon sehr früh der Wunsch, mindestens drei oder vier Kinder zu bekommen. Es wurden fünf daraus.

»Ich denke nach wie vor, dass es schön ist, so viele Geschwister zu haben. Allerdings erlebe ich diesen wunderbaren Kinderreichtum leider nur aus der Mutterperspektive. Das heißt, ich habe zwar die Massen an Wäsche, jedoch nicht die vielen Spielkameraden«, sagt sie und lacht. Dann erzählt sie, dass das Zusammenleben der fünf Kinder genauso ist, wie sie es sich für sich selbst gewünscht hätte. Dass sie sich gegenseitig haben, aber gleichzeitig lernen, miteinander

Auseinandersetzungen auszutragen. »Somit sind sie gut aufs Leben vorbereitet«, findet Jette.

Als besonders positiv erachtet sie auch, dass keiner zu stark im Fokus steht. Bei ihr war es genau umgekehrt: »Ich war ein Kind, das mit drei Erwachsenen aufwuchs – den Eltern und der Oma. Alle waren ständig um mich besorgt und wollten, dass es mir gut geht. Ich kam mir nicht verhätschelt vor, sondern überwacht. Das hat mich ziemlich genervt.«

Darüber dürften sich Jettes Kinder wohl kaum beklagen, denn hier ist das Verhältnis genau andersherum: ein bis zwei Erwachsene – je nachdem, ob beide Eltern da sind – kommen auf fünf Kinder. »Das finde ich einfach natürlicher, und sie haben automatisch mehr Freiräume«, sagt Jette.

Fragt man ihre Sprösslinge, ob sie denn selbst auch mal Kinder wollen, antworten sie alle mit Ja. Und zwar kein Einzelkind. Aber auch nicht unbedingt so viele. »Zwei bis drei genügen«, lautet die einhellige Meinung.

Und vielleicht bekommen die dann wieder Einzelkinder, wer weiß? Denn wie unser Kapitel zu den Menschen ohne Geschwister zeigt, hat das nicht nur Nachteile, sondern kann durchaus auch schön sein.

Eindeutig aus dem gleichen Nest ... oder vielleicht doch aus einer anderen Galaxie?

Ursi

Meine Mutter sagt immer, sie hätte schon sehr früh gelernt, dass jeder Mensch anders ist.

Ihr jüngerer Bruder verdiente sich als Kind in einem Kegelclub ein wenig Taschengeld. Automatische Anlagen, die selbstständig die umgefallenen Kegel für den nächsten Wurf positionieren, gab es in den Fünfzigerjahren noch nicht. Also huschte er von Bahn zu Bahn und stellte die Kegel auf. Dafür gab es lediglich ein paar Groschen, aber immerhin.

Als er endlich ein wenig Finanzkraft aufgebaut hatte, zog er los. Meine Mutter war mächtig gespannt, in was er das hart verdiente Geld investieren würde. Vielleicht kaufte er sich einen Fußball? Oder Comics? Eventuell Süßigkeiten?

Ihre Verblüffung war groß, als er zurückkehrte. Er hatte sich eine Trommel mit kleiner Kurbel besorgt, auf die man eine Angelschnur aufwickeln kann – ohne Angler zu sein, werden zu wollen oder eine Angelrute zu besitzen, wohlgemerkt.

Seine Schwester verstand die Welt nicht mehr. Wie konnte man das schöne Geld nur für so etwas Sinnloses ausgeben?

Aber er hatte seine helle Freude mit dem Ding. Da wurde meiner Mutter klar, wie verschieden die Menschen sind. Sogar ihr eigener Bruder schien eine ganz andere Innenwelt zu haben als sie selbst.

Über Gleichheit und Unterschiede macht man sich, wenn man Geschwister hat, automatisch Gedanken. Ob man einander ähnlich sieht oder nicht, ist schon früh Thema. Von meiner um drei Jahre älteren Schwester Julia und mir gibt es Kinderfotos, auf denen wir wie Zwillinge aussehen. Ich kann das jetzt auch wahrnehmen, aber als Kind wunderte ich mich, wenn jemand meinte, wir wären praktisch Doppelgängerinnen.

Wo bitte schauen die hin?, dachte ich mir.

Der kanadische Fotograf Ulric Collette spielt mit der Frage »Ähnlich oder nicht?«. In seinen *Genetic Portraits* verschmilzt er die Gesichter von Geschwistern zu einem, indem er sie an einer senkrechten Achse durch die Gesichtsmitte gekonnt verbindet. Die Ergebnisse, die man im Internet anschauen kann, sind verblüffend. Auch dann, wenn weder Geschlecht noch Augen- oder Haarfarbe sowie Alter übereinstimmen, kann man doch erkennen, wie sehr sich die Grundstrukturen der Gesichter gleichen.

Man selbst kann diese Ähnlichkeiten jedoch nicht richtig ausmachen. Der Blick scheint mit zunehmender emotionaler Nähe ein anderer zu werden. Menschen, die einen nicht gut kennen, achten wohl mehr auf den Gesamteindruck als auf Details.

Wenn ich heutzutage durch unsere Kleinstadt spaziere, passiert es immer wieder, dass mich völlig fremde ältere Leute freudestrahlend begrüßen und mir auf offener Straße

Einzelheiten über ihre Körperfunktionen mitteilen. Früher habe ich sie stets rasch unterbrochen und darauf hingewiesen, dass sie mich mit meiner Schwester verwechseln. Susi ist nämlich Apothekerin und kann die Geschichten über harten Stuhl, sausende Ohren und gelbe Zungenbeläge besser einordnen.

Mittlerweile gehe ich bei diesen Richtigstellungen etwas selektiver vor, denn die Zufallsbegegnungen reagierten oft enttäuscht. Sie wollten ja im Grunde nur ein wenig Konversation machen, um im eintönigen Alltag eine zwischenmenschliche Interaktion herzustellen. Werden sie also nicht anamnestisch, sondern bleiben beim Smalltalk, kläre ich den Irrtum heutzutage nicht mehr auf. Ich wechsle ein paar Worte über das schöne Wetter oder die Renovierungsarbeiten an einer Fassade und verabschiede mich anschließend mit lieben Wünschen.

Und dann freue ich mich jedes Mal. Denn so merkwürdig ich es als Kind und Teenager fand, mit meinen Schwestern verwechselt zu werden, so sehr mag ich es heute. Sie sind tolle Frauen. Wer wäre da nicht gern wie sie?

Es gibt ein Foto, auf dem sind mein Vater und seine Schwester in Lederhosen zu sehen. Total entzückend, aber er erzählt, dass er das schrecklich fand. Warum musste seine zwei Jahre jüngere Schwester ausstaffiert werden wie er? Konnte er nicht seinen Stil haben und sie den ihren?

Ich denke, es ist ein typisches Phänomen für ältere Geschwister, dass sie es nicht gern sehen, wenn die jüngeren ihnen nacheifern. Mein Neffe mochte es auch nicht, als seine Schwester eines Tages mit der gleichen Frisur heimkam.

»Was soll das? Warum kopiert sie mich?«, fragte er damals. Rückblickend sagt er, dass er es nicht als Kompliment auffasste, sondern als Diebstahl.

Vermutlich war das mit dem Lederhosenlook meines dreizehnjährigen Vaters ähnlich. Er fand es auch nicht schmeichelhaft, dass seine kleine Schwester unbedingt das gleiche Teil haben wollte.

Mein jüngerer Sohn schaut mir gerade über die Schulter und liest, was ich geschrieben habe.

»Also, ich will mich nicht anziehen wie mein Bruder. Ich finde es nicht gut, wenn die Leute sagen, ich schaue aus wie er«, sagt er. »Ich möchte nicht nur der Kleine sein, der nachkommt.«

Es stimmt, am ersten Tag im Gymnasium wurde er dort von den Lehrkräften als Nachfolger seines Bruders begrüßt. Dass er die Klamotten auftrug, in denen unser Großer schon die Schule besucht hatte, half da nicht gerade. Er war also immer damit beschäftigt, klarzustellen, dass er keine zweite Version des Prototyps sei, sondern eigene Stärken und Schwächen mitbrachte.

Ich persönlich fand es damals sehr angenehm, am Gymnasium mit meinen Überflieger-Schwestern in Verbindung gebracht zu werden. Bis weit in die Oberstufe hinein gelang es mir, mich auf den Vorschusslorbeeren auszuruhen. Es kommt wohl immer darauf an, welchen Eindruck die Großen hinterlassen haben.

Erinnern Sie sich an meine Nichte Fiona? Die, die immer so kluge Sachen beisteuert?

Auch zum Thema gemeinsame Merkmale verwöhnt sie

mich mit einer Weisheit, die ich Ihnen unmöglich vorent-
halten kann:

»Vielleicht wäre man sich als Geschwister noch ähnlicher,
wenn man sich nicht so intensiv abgrenzen müsste.«

Ich glaube, da hat sie wieder einmal recht. Um beim Beispiel der Schullaufbahn zu bleiben: Vermutlich war es für
mich deshalb notwendig, eine eher mittelmäßige Schülerin zu werden, weil ich mich sonst nicht genug von meinen
Einser-Schwestern distanziert hätte. Schade, dass mir Fionas
Argument damals nicht selbst eingefallen ist.

Aber was, wenn sich Geschwister ganz und gar nicht ähneln?

Dennis – Sie sind ihm schon in der Gesprächsrunde im
Kapitel über die Brüder-Schwestern-Mischung begegnet – erzählt mir, dass seine Schwester ihm überhaupt nicht
gleicht.

»Ich bin ein sehr extrovertierter Mensch, gehe ständig unter Leute und liebe es, neue Bekanntschaften zu schließen.
Sie ist das genaue Gegenteil. Ihre Verschlossenheit Frem-
den gegenüber erschreckt mich manchmal. Ich kann einfach
nicht verstehen, warum sie es nicht schafft, ein wenig auf-
zumachen. Egal, wie sehr ich versuche, mich da einzu-
fühlen – es ist für mich nicht nachvollziehbar. Und das
macht es dann schon schwierig, denn ich werde ungeduldig, wenn wir zusammen unterwegs sind. Ich beginne für
sie zu antworten, sobald sie auf eine Frage nicht schnell genug reagiert.«

Als er mir das berichtet, fällt mir ein, dass meine Schwestern mich auch in mancherlei Hinsicht komisch fanden,
weil ich anders gestrickt war. Dass ich über die Oster- oder
Nikolaussüßigkeiten wie eine Fräse im Turbogang herfiel,

wohingegen Julia noch Wochen danach von ihren sparsam eingeteilten Rationen naschte, ist nur ein Beispiel.

Erich Kästner ließ eine seiner Figuren einmal zu einer anderen sagen: »Sie haben so etwas erschreckend Plötzliches an sich.« (*Drei Männer im Schnee*, 1934)

Ich denke, ungefähr so empfanden mich meine Schwestern auch. Während sie sich immer in nobler Zurückhaltung übten, war mir behutsame Interaktion mit anderen Menschen fremd.

Als ich mit dreizehn zum ersten Mal meine Periode bekam, fand ich das toll. Und erzählenswert. Was heute von Feminist:innen gefeiert werden würde, erschien der Allgemeinheit damals noch als ungebührlich offen. Meine Schwestern schüttelten heftig die Köpfe, als mir ein Klassenkollege zum einjährigen Blutungsjubiläum eine Packung Tampons schenkte. Dass man das Bedürfnis verspüren konnte, so etwas in der Schule zu verkünden, war ihnen unfassbar fremd.

Zum Schluss noch eine kleine Anekdote, die, wie ich meine, ziemlich viel aussagt: Über geschwisterliche (Un-)Ähnlichkeiten und wie man diese selbst empfindet.

Es muss 1981 gewesen sein, denn ich besuchte seit einigen Wochen die erste Klasse. In Österreich ist am 26. Oktober der Nationalfeiertag und im Zuge dessen wird in der Grundschule gern eine Fahne gebastelt. Ein Blatt weißes Papier mit zwei roten Balken zu bemalen und das Ganze dann auf ein Holzstäbchen zu kleben, schaffen auch schon die Kleinsten. Also konnte ich am 25. Oktober stolz die Standarte schwingend nach Hause spazieren. Ich war guter Dinge, denn ich fand mein Werk besonders gelungen.

Wahrscheinlich leuchteten meine Bäckchen mit der staatsbürgerkundlichen Bastelarbeit um die Wette. Doch die Freude währte nicht lange. Ich musste den Busbahnhof überqueren, wo oft ein paar Tunichtgute aus der vierten Klasse herumlungerten. Meist waren sie laut und wild, womit sie mir ziemlich große Angst einjagten.

An diesem Tag hatten die Rabauken besonders Übles im Sinn.

Als ich an ihnen vorbeikam, packte mich einer an der Schultasche, ein anderer fasste meinen Arm und der dritte griff sich das Fähnchen. In seiner Hand befand sich ein Feuerzeug.

Schnipp, versuchte er es anzuzünden.

Nichts.

Schnipp.

Der Bursche hinter mir wurde ungeduldig. »Jetzt mach schon! Steck den Lappen in Brand. Da vorn kommt das nächste Kind.«

Die Angst war mir so sehr in die Knochen gefahren, dass ich mich nicht rühren konnte.

Schnipp.

Gleich würde die wunderschöne rot-weiß-rote Fahne in Flammen stehen, und ich konnte sie dann nicht mehr meiner Mama zeigen. Ich spürte schon das Brennen in den Augen, das Tränen ankündigt.

»He, wartet mal!«, rief da der Junge, der meinen Arm umklammert hielt. »Die kommt mir bekannt vor.«

Unter seinem prüfenden Blick traute ich mich kaum zu atmen.

Der Rotzlöffel mit dem Feuerzeug sah zuerst mich an und anschließend die Fahne. Dort stand in ungelenken

Blockbuchstaben mein Nachname. »Die nicht! Das ist die Schwester von der Julia.«

Wie auf Kommando ließen mich die Peiniger los und wandten sich ab.

Auf wackeligen Beinen lief ich nach Hause. Dort stellte ich mich vor den Spiegel und betrachtete mein Gesicht.

Dann zuckte ich die Schultern. »Ich kapier's einfach nicht. Ich schau null so aus wie Julia!«

Wie ist das eigentlich mit den Genen?
Geschwister haben im Durchschnitt fünfzig Prozent gleiche Gene. Das ist aber wirklich nur das arithmetische Mittel, denn de facto kann der Wert sehr variieren. Die tatsächlichen Unterschiede dürften zwischen fünfundzwanzig und fünfundsiebzig Prozent liegen, so der Berliner Geschwisterforscher Franz Josef Neyer.
Die Variation erklärt sich aus der Mischung der Erbinformationen, die auch aus den Generationen vor den Eltern stammen.

Stief-, Bonus- oder Patchwork-geschwister: Wenn sich Eltern neu verlieben, wird's kompliziert

Heike

Die Statistik ist eindeutig: Seit den Sechziger- und Siebzigerjahren, in denen ich aufgewachsen bin, haben sich die Scheidungen in Deutschland prozentual mehr als verdoppelt. Kein Wunder, dass es in meinem Umfeld damals kaum Patchworkfamilien gab, und wenn, dann empfand ich sie als etwas ganz Besonderes und Spannendes. So wie bei meiner Grundschulfreundin Tanja, deren Vater in zweiter Ehe eine dreifache Mutter heiratete, sodass aus dem ehemaligen »Zweimäderlhaus« auf einen Streich der reinste Taubenschlag wurde, in dem ich sehr gern ein und aus ging, weil immer so viel los war (und weil vier der insgesamt fünf Kinder Mädchen waren).

Das Konzept Patchworkfamilie war schon damals nicht neu, nur wurde es noch nicht so bezeichnet. Überhaupt entstanden zusammengewürfelte Familien früher seltener nach der Trennung der Eltern, sondern wenn Mutter oder Vater gestorben war und der überlebende Elternteil wieder heiratete, meist zur finanziellen oder sozialen Absicherung. Aus Sicht der Kinder hieß das, sie bekamen eine Stiefmutter oder einen Stiefvater sowie Stiefgeschwister.

»Stief« – das bedeutet ursprünglich »beraubt, verwaist« und klingt längst nicht so lustig und bunt wie Patchwork, sondern vielmehr nach traurigem Schicksal und bösen Märchenfiguren. Was wohl auch damit zu tun hat, dass man sich früher nicht so sehr um das Seelenheil der trauernden Kinder kümmerte. Man dachte wohl einfach, wenn sie versorgt seien, ginge es ihnen automatisch gut.

Ganz so veraltet ist diese Denkweise nicht, wie Kerstins Lebensgeschichte zeigt.

Ich lernte sie am ersten Tag im Gymnasium kennen. Zusammen mit rund hundert weiteren Zehnjährigen standen wir in der Aula und warteten darauf, in welche der fünften Klassen wir jeweils gesteckt würden.

Was ich damals nicht ahnte: Gerade mal eine Woche zuvor war Kerstins Mutter gestorben. Den Krebs hatten die Ärzte erst drei Monate vor ihrem Tod festgestellt, und da war es schon zu spät für eine Therapie.

Wie traumatisiert Kerstin gewesen sein muss, wurde mir erst als Erwachsene bewusst.

»Da standen vier Klassenleiter auf der Bühne, drei Lehrer und eine Lehrerin. Im Stillen betete ich: Lieber Gott, lass es die Frau sein! Und es klappte«, erzählt sie mir in unserem Gespräch. »Ich klammerte mich in dieser Phase unheimlich an Menschen, die für mich da waren und denen ich vertraute.«

Kerstin und ich kamen in dieselbe Klasse und freundeten uns an. Natürlich erzählte sie mir nach einiger Zeit, was passiert war, und das tat mir furchtbar leid, aber wie sie sich wirklich fühlte, begriff ich damals noch nicht. Auch nicht, wie schwierig ihr Alltag in der neuen Patchworkfamilie war, denn ihr Vater hatte sich recht bald mit einer befreundeten Witwe zusammengetan.

»Ich bezweifele, dass sie große Gefühle füreinander hatten. Beide haben ihre ersten Partner sehr geliebt und einfach versucht, das Beste aus der Situation zu machen.«

Kerstin kannte ihre neue Familie schon ein Leben lang. »Meine leibliche Mutter war die Patin meiner Stiefgeschwister, die Stiefmutter meine eigene. Unsere Väter waren beste Freunde gewesen.«

Eigentlich ideale Voraussetzungen für eine harmonische neue Familie, sollte man glauben. Doch Kerstin empfand es anders.

»Ich war zwar froh, wieder eine ›Mama‹ zu haben«, erzählt sie. »Aber meine Hoffnungen, die daran geknüpft waren, haben sich nicht erfüllt. Meine Stiefmutter hatte mich bestimmt gern und sie hat auch alles getan, damit es mir gut ging. Trotzdem habe ich den Unterschied gespürt. Sie ist vom Typ her einfach nicht dazu in der Lage, jemanden von Herzen anzunehmen. Ich habe mich stets wie ein Fremdkörper gefühlt.«

Das lag zum Großteil am Verhältnis zu den leiblichen Kindern der Stiefmutter, die Kerstin auch ohne Worte zu verstehen gaben, dass sie nicht dazugehörte.

»Ariane, meine sechs Jahre ältere Stiefschwester, hat mich abgelehnt. Der Kontakt zu ihr war immer schwierig und distanziert. Sie und mein Stiefbruder Ingo haben mich beide regelmäßig verleugnet. Wenn er zum Beispiel Geburtstag feierte, musste ich in meinem Zimmer bleiben.«

Ingo untersagte es Kerstin sogar »unter Androhung der Höchststrafe«, in der Schule irgendwem zu erzählen, sie sei seine Schwester. Worin genau diese Höchststrafe bestanden hätte, blieb unklar, aber es klang auf jeden Fall ernst.

Einmal jedoch hat sich Kerstin nicht an dieses Verbot

gehalten. Als eine Mitschülerin erwähnte, Ingo sei der Abschlussballpartner ihrer Schwester, platzte Kerstin heraus: »Oh, sie tanzt mit meinem Bruder?« Als Ingo das erfuhr, wurde er fuchsteufelswild.

Solche teils rigorosen Abgrenzungen gibt es natürlich auch unter leiblichen Geschwistern. Aber für Kerstin muss das ganz besonders verletzend gewesen sein – schließlich war sie nicht nur traumatisiert, sondern versuchte auch verzweifelt, in der neuen Familie ihren Platz zu finden.

Mit dem ältesten Stiefbruder Ralf dagegen gab es nie solche Auseinandersetzungen. Er war wohl schon zu erwachsen für so einen Kinderkram und verhielt sich Kerstin gegenüber immer ausgesprochen nett.

»Dennoch fühlte ich mich oft furchtbar einsam«, sagt sie. »Umso glücklicher war ich, wenn mein leiblicher Bruder Wilfried nach Hause kam, was leider selten der Fall war. Ich liebte ihn sehr, doch er war bereits erwachsen und lebte sein eigenes Leben.«

Als Kind verstand Kerstin nicht, warum ihr Vater ihre Not nicht bemerkte. Heute begreift sie, dass er selbst traumatisiert war – nicht nur durch den Verlust der geliebten Ehefrau, sondern auch vom Krieg, in den er als Siebzehnjähriger ziehen musste, und von der langen Gefangenschaft.

»Er wollte eben unbedingt, dass das neue Familienkonstrukt funktionierte«, sagt Kerstin. »Für ihn war das Ganze nicht nur eine praktische Lösung, sondern auch ein Neuanfang, eine Chance auf Normalität. Wenn ich ihm meine Not klagte, wollte er das einfach nicht wahrhaben. Rückblickend wird mir klar, dass wir beide eine heile Welt gesucht, jedoch nicht gefunden haben – aus verschiedenen Gründen.«

Ihr Leben lang hat sich Kerstin nach Liebe und Anerkennung gesehnt, führte aber stets problematische Beziehungen.

»Irgendwie bin ich immer an Männer geraten, die ich mehr geliebt habe als sie mich. Nie bekam ich emotional das, was ich brauchte.«

Eine Ausnahme war ihr erster fester Freund, zu dem sie mit gerade mal neunzehn regelrecht flüchtete.

»Bei ihm habe ich die Liebe und Nähe gefunden, die ich in der Familie stets vergeblich gesucht hatte. Zum ersten Mal seit dem Tod meiner Mutter gab mir jemand das Gefühl, liebenswert zu sein. Die Beziehung hielt aus diversen Gründen nicht. Trotzdem bin ich ihm heute noch dankbar für diese Zeit.«

Kerstin ist nach unserem Gespräch emotional sehr aufgewühlt. Auch ich bin betroffen, denn ich weiß zwar um die zahlreichen Schicksalsschläge, die sie erlebt hat, doch Kerstin strahlt überhaupt keine Verbitterung aus, sondern eine unglaubliche Herzlichkeit.

»Bevor meine Mutter starb, wuchs ich sehr behütet auf. Ich fühlte mich bedingungslos geliebt und lebte in einer heilen Welt. Umso schlimmer war das, was dann passierte. Aber vielleicht haben mir diese ersten zehn Jahre auch die Kraft gegeben, die ich brauchte, um im Leben immer wieder aufzustehen.«

Rebecca hat das Konzept Patchworkfamilie aus einer völlig anderen Perspektive kennengelernt, dennoch war es auch für sie nicht unproblematisch. Ihre Eltern ließen sich scheiden, als sie schon studierte. Sie heirateten jeweils erneut, und aus der zweiten Ehe des Vaters entstand ein weiteres Kind.

»Dass dann plötzlich ein Halbbruder da war, fand ich an sich nicht schlimm, denn ich war ja schon fünfundzwanzig und erwachsen«, erinnert sich Rebecca. »Aber mit anzusehen, wie liebevoll mein Vater mit ihm umging, das hat mich doch sehr verletzt und auch eifersüchtig auf den kleinen Christopher gemacht, der ja gar nichts dafürkonnte.«

Als Rebecca und ihre beiden Brüder Kinder waren, hatte der Vater nie Zeit für sie. Er arbeitete viel, kam müde nach Hause und wollte dann einfach nur seine Ruhe haben. Das Thema Erziehung überließ er komplett der Mutter. Sein Beitrag beschränkte sich darauf, Geld zu verdienen, um die Familie zu ernähren und ein Haus bauen zu können.

Jahrelang hatte Rebecca das als unveränderliche Tatsache hingenommen. Ihr Vater war nun mal so.

»Als er sich im Opaalter plötzlich in einen altersmilden, hingebungsvollen Vater für meinen Halbbruder verwandelte, wurde mir erst klar, wie lieblos er im Grunde mit uns umgegangen war. Das hat mich gefuchst«, erzählt sie. »Denn so einen Vater hätte ich auch gern gehabt.« Sie bedauert, ihm das nie gesagt zu haben.

Zu ihrem Halbbruder Christopher hat sie inzwischen ein gutes Verhältnis. »Er ist jetzt Mitte dreißig – ein richtig netter und lustiger Typ. Und von oben bis unten tätowiert!« Was sie cool findet, den gemeinsamen Vater aber vermutlich ziemlich entsetzt hätte.

Auch Gina wurde erst mit Mitte zwanzig zur Halbschwester. Sie wuchs als Einzelkind auf und hat sich immer Geschwister gewünscht.

»Am liebsten hätte ich einen großen Bruder und eine kleine Schwester gehabt«, erzählt sie.

Als Gina ungefähr zehn Jahre alt war, hatte ihre Mutter eine Fehlgeburt. »Danach gab ich den Traum von einem Geschwisterchen auf.«

Bei der Scheidung ihrer Eltern war Gina schon zweiundzwanzig.

»Ich dachte nur: endlich«, erzählt sie. »Die Trennung zog sich über mehrere Jahre hin. Sie haben es immer wieder miteinander versucht, allerdings ohne Erfolg. Für mich stand längst fest, dass die Sache hoffnungslos war, deshalb wäre es aus meiner Sicht besser und für alle Beteiligten weniger schmerzhaft gewesen, wenn sie den endgültigen Schlussstrich früher gezogen hätten.«

Nach der Trennung herrschte erst einmal Funkstille mit dem Vater. Zumal in seinem Leben längst eine neue Frau die Hauptrolle spielte, die gerade mal zehn Jahre älter war als Gina.

»Meine Mutter fand das ganz schlimm, und ich fühlte mich dafür verantwortlich, sie emotional aufzubauen.«

Und so wurde Gina nicht einmal zur Hochzeit eingeladen, die bereits eine Woche nach der Scheidung stattfand.

Damit, dass die zweite Ehefrau ihres Vaters – Gina würde sie nie als Stiefmutter bezeichnen – schwanger werden könnte, hat sie nicht gerechnet.

»Mein Vater hat es mir am Telefon gesagt: ›Bald wirst du nicht mehr mein einziges Kind sein.‹ Er erwartete von mir wohl Begeisterungsstürme, aber ich antwortete nur: ›Okay, wenn's sein muss.‹«

Sie empfand weder Freude noch Entsetzen, sondern eher Mitleid. Immerhin war ihr Vater zu diesem Zeitpunkt schon achtundvierzig – aus Ginas damaliger Sicht uralt.

Beide Elternteile waren gekränkt – Ginas Mutter, weil die

junge Frau, die ihr den Mann ausgespannt hatte, jetzt auch noch sein Kind bekam, und ihr Vater, weil die große Tochter nicht so reagierte, wie er es sich erhofft hatte.

»Ich hatte mir zwar immer ein Geschwisterchen gewünscht, aber doch nicht so spät und nicht von einer anderen Mutter!«, erklärt Gina. »Liebe gute Fee, so war das nicht gemeint.«

Das Verhältnis zu ihrem kleinen Bruder Niklas ist heute gar nicht so sehr von der Patchworksituation oder von dem großen Altersunterschied geprägt, sondern vor allem von dessen Beeinträchtigung.

»Seine Geburt war so lang und schwierig, dass ein Sauerstoffmangel auftrat«, erklärt Gina.

Niklas ist inzwischen selbst erwachsen, befindet sich kognitiv aber auf der Entwicklungsstufe eines Grundschulkindes.

»Wer weiß, wie unser Verhältnis ohne diese Einschränkung wäre«, sagt Gina. »So ist es eher eine Art Fürsorge. Wobei die Eltern in der Hinsicht mehr als genug leisten, er wird meiner Meinung nach überbehütet.«

Ab und zu unternimmt sie etwas mit Niklas, besucht mit ihm Freizeitparks oder Jahrmärkte. Dann lässt sie ihm deutlich mehr Freiraum als seine Eltern, und sie merkt, wie gut ihm das tut.

»Ich vermeide es, ihn ständig zu bevormunden, sondern lasse ihn einfach seinen Spaß haben.«

Bei Philipp waren es nur vierzehn Jahre, die er als Einzelkind aufwuchs, bevor er zum großen Bruder wurde. Genauer gesagt zum Halbbruder, doch so würde er sich selbst nie bezeichnen.

»Für mich macht das keinen Unterschied, Sophie ist meine richtige Schwester, auch wenn sie einen anderen Vater hat.«

Vielleicht spielt dabei die besondere Wohnsituation der Patchworkfamilie eine Rolle: Ein paar Jahre nach der Trennung zogen alle zusammen in ein großes Haus – Philipp, sein Vater, seine Mutter mit ihrem neuen Mann und Sophie.

»Nach der Trennung lebten meine Eltern zunächst in verschiedenen Orten. Für mich war das doof – ich wohnte mal hier, mal dort, musste ständig Sachen packen und so. Wie das eben bei Scheidungskindern normal ist«, erzählt Philipp.

Als dann alle zusammengezogen sind, war dieses Problem gelöst. Die Wohnungen sind zwar weiterhin getrennt, liegen jedoch in einem Haus. Philipp musste nun also nicht mehr pendeln, vor allem aber konnte er jederzeit beide Eltern sehen, wann immer er wollte – und natürlich auch die kleine Sophie.

»Dadurch war ich ihr viel näher, als ich es sonst hätte sein können. Ich konnte täglich ihre Entwicklung beobachten und feststellen, worin wir uns ähnlich sind und worin weniger. Im Gegensatz zu mir ist Sophie zum Beispiel enorm willensstark und hat eine ausgeprägte Fantasie. Andererseits sind wir beide sehr wissbegierig. Sie liebt Sendungen wie *Wissen macht Ah!* – die mochte ich auch immer gern.«

Ungewöhnlich ist hier übrigens nicht nur die Wohnsituation, sondern auch die gemeinsame Freizeitgestaltung.

»Wir waren neulich alle zusammen im Schwarzwald zum Wandern – das war toll, besonders für Sophie und mich, weil wir mal wieder so richtig viel Zeit miteinander verbringen konnten.«

Pauline war erst neun, als sich ihre Eltern scheiden ließen, weil ihr Vater sich in eine andere Frau verliebt hatte. Kaum war dieser Schock verdaut, kam der nächste – auch ihre Mutter hatte einen neuen Partner. Dass das ausgerechnet der Vater ihrer Schulfreundin Sarah war, machte die Sache ein bisschen besser.

»Aber Sarahs jüngerer Bruder Oscar war einfach nur eine Nervensäge. Und Zoé, die Tochter von Papas neuer Freundin, war noch ganz klein und schrie ständig. Ich sehnte mich danach, meine Ruhe zu haben, wenigstens ab und zu«, erzählt Pauline.

Doch das funktionierte nicht, denn die Eltern organisierten die Betreuung so, dass ihre Wochenenden abwechselnd komplett kinderfrei waren.

»Ich hatte meine Mutter niemals für mich allein, und auch meinen Vater nicht. Sie schoben mich so hin und her, dass ich immer mit den neuen Geschwistern zusammen war, und dachten, ich müsste total froh darüber sein, endlich kein Einzelkind mehr zu sein.«

Pauline ist inzwischen Anfang zwanzig und versteht, dass sich ihre Eltern mit ihren jeweils neuen Partnern nach Zeit zu zweit sehnten, die sie als frisch verliebtes Paar genießen konnten.

»Sie haben sich eingeredet, ich sei genauso glücklich wie sie selbst. Und da ich kein Theater machte, sondern still vor mich hin litt, konnten sie diese Illusion aufrechterhalten. Ich hätte mir nur gewünscht, sie hätten sich mehr Gedanken darüber gemacht, wie es mir bei alldem wirklich geht.«

Patchwork ist eben nicht nur im ursprünglichen, sondern auch im übertragenen Sinne des Wortes eine hohe Kunst.

Damit es gelingt, ist viel Arbeit und noch mehr Geduld erforderlich, und dabei kommt es auf die Details an. Jedes Element ist wichtig und darf nicht zu kurz kommen. Aber wenn es funktioniert, ist das Resultat bunt und schön – eine wahre Bereicherung.

Serientipp: Die Patchworkfamilie
Wir schreiben zwar an anderer Stelle ganz ausführlich über fiktive Geschwister aus Literatur, Kino und Fernsehen, aber dieser Tipp passt hier einfach perfekt: Kennen Sie *Die Patchworkfamilie?* Diese schwedische Dramedy-Serie aus den Jahren 2017 bis 2019 (Originaltitel: *Bonusfamiljen*) handelt von Lisa und Patrik, ihrem Ex-Ehemann und seiner geschiedenen Frau sowie ihren Kindern – sowohl denen aus den gescheiterten Ehen als auch gemeinsamen. Was sich nicht nur in emotionaler Hinsicht schwierig gestaltet, sondern auch in logistischer. Die höchst unterschiedlichen Persönlichkeiten und das komplizierte Beziehungsgeflecht, das sich daraus ergibt, sorgen für allerhand Krisen, Konflikte und Katastrophen. Vor allem für die zusammengewürfelten Patchworkgeschwister wird das Zusammenleben in wechselnden Konstellationen zu einer enormen Herausforderung. Sehenswert!

Bullshit-Bingo:
Typische Geschwistersätze

Wer Geschwister hat, kennt vielleicht auch die folgenden Sätze. Ganz ehrlich: Welche davon haben Sie selbst schon gesagt? Oder zu hören bekommen?

Ich will aber auch!	Petze!	Du bist so peinlich!	Kann ich deinen Pulli haben?	Ich war's nicht!
Du hast geschummelt!	Er/sie hat aber angefangen.	Raus aus meinem Zimmer!	Wehe, du fasst meine Sachen an!	Mach dich hier nicht so breit!
Wehe, du verrätst, dass wir verwandt sind!	Warum darf er/sie das und ich nicht?	Flossen weg, das ist meine Schokolade!	Hast du meine Jeans gesehen?	Waaas? Das weißt du nicht?
Du hast schon ein Muttertagsgeschenk? Kann ich mitmachen?	Ich komm mit!	Igitt, dein Zimmer stinkt!	Lass mich bloß in Ruhe!	Du bist ja so ein Baby!
Warum gibt's von mir überhaupt keine Fotos?	Das ist voll unfair!	Autsch!	Wenn du nicht aufhörst, sag ich's der Mama!	Weißt du noch, damals, als wir …

Kreuzen Sie jede Äußerung an, die Ihnen bekannt vorkommt. Wenn eine Reihe vollständig ist, ganz gleich ob waagerecht, senkrecht oder diagonal, dürfen Sie »Bingo!« rufen und sich eine Tüte Gummibärchen gönnen. Viel Spaß!

Teil 3

Emotionen

Eifersucht – der Kampf um Liebe und Aufmerksamkeit

Ursi

Als ich zum zweiten Mal schwanger war, machten wir uns viele Gedanken darüber, wie wir unseren Erstgeborenen Leo auf die Ankunft des Geschwisterkindes vorbereiten könnten. Wir wollten verhindern, dass er sich zurückgesetzt fühlt und eifersüchtig wird. Wir kauften themenbezogene Bilderbücher und redeten viel mit ihm, wie das Leben mit einem Baby abläuft. Auch das Geschlecht des Embryos ließen wir uns verraten, weil wir der Meinung waren, Leo könne sich mit diesem Wissen noch besser in die neue Situation hineindenken. Wir haben entzückende Fotos, auf denen der zweidreivierteljährige Leo meinen riesigen Bauch und damit seinen Bruder küsst.

Und dann kam der Tag, an dem Nils geboren wurde.

Ganz allgemein dürfte dieses Ereignis schon irritierend für die Großen sein: Zuerst werden sie zu Oma und Opa gebracht und Stunden später treffen sie wieder auf ihre Mama, die plötzlich geschlaucht und mental verändert im Krankenhausbett liegt. Bei mir musste ein Kaiserschnitt vorgenommen werden, also konnte ich nicht einmal aufstehen und hatte außerdem eine Kanüle im Handrücken stecken.

Ich erinnere mich, dass Leo bei diesem ersten Besuch ungewöhnlich still war. Wenn man auf YouTube Filmchen von Kindern anschaut, die gerade Bruder oder Schwester geworden sind, reagieren viele so. Manche freuen sich extrem – die sind dann meist schon älter –, andere agieren offen feindselig. Aber die meisten wirken wie zur Salzsäule erstarrt.

Als wir Leo seinen kleinen Bruder in den Arm legten, leckte er an Nils' Wange. Auf meine Frage, warum er das mache, antwortete er: »Alle sagen, er ist süß.«

Nach dem Kaiserschnitt ging es mir ziemlich lange nicht besonders gut. Bis ich wieder so richtig auf den Beinen war, vergingen Wochen. Kein Wunder also, dass unser Erstgeborener die Ankunft des Bruders trotz guter Vorbereitung nicht ohne Weiteres wegsteckte. Er reagierte mit Eifersucht, und dieses Gefühl steigerte sich im Laufe der Jahre in eine permanent mitschwingende Aggression gegenüber Nils. Fast ununterbrochen hatte Leo den Unterkiefer feindselig vorgeschoben, sodass »Leo, Kinnlade!« zum geflügelten Wort wurde.

Spürbar besser wurde die Situation erst, als unsere Kinder etwa fünfzehn und zwölf waren. Wenn ich Leo heute frage, ob er findet, wir hätten Nils jemals mehr Aufmerksamkeit und Liebe geschenkt, beantwortet er das zum Glück mit Nein. Was genau seine Eifersucht ausgelöst hat, kann er gar nicht mehr nachvollziehen.

Meist konnte ich in der Kindheit deutlich spüren, wie gerecht unsere Mutter ihre emotionale Zuwendung aufteilte. Ich war mir ihrer Liebe sicher. Zusätzlich arbeitete sie von zu Hause aus und war immer da. Ich hatte also nie den Eindruck, ich müsste mit meinen Schwestern um ein knappes mütterliches Zeitbudget buhlen.

Ein wenig anders verhielt es sich da mit unserem Vater, der bei einer außerhäuslichen Arbeitszeit von sechzig oder mehr Stunden in der Woche nicht viel Zeit für uns Kinder hatte. Wenn ich wahllos eine Situation aus dem Gedächtnis picke und mich in sie hineindenke, kann ich noch spüren, wie die Eifersucht jeden Winkel meines Leibes ausfüllte: Ich hatte den Eindruck, er wollte lieber Julia beim Gitarrespielen zuhören als meinem Klimpern auf dem Klavier. (Wenn ich darüber nachdenke, wie weit ich es im Leben musikalisch gebracht habe, stellt sich mittlerweile ein gewisses Maß an Verständnis ein.) Eifersucht ist kein schönes Gefühl. Und sie richtet sich merkwürdigerweise nicht gegen den, der in diesem Augenblick (vermeintlich) zu wenig Liebe spendet, sondern gegen die Person, die jene stattdessen empfängt.

Hat man mehrere Geschwister, bekommt man es aber unter Umständen auch noch mit einer anderen Art der Eifersucht zu tun: Als Jüngste habe ich mich aus dem Bündnis meiner beiden Schwestern immer wieder ausgeschlossen gefühlt. Sie waren groß und schlau. Ich hingegen klein, dumm und definitiv nicht Mitglied in ihrem Club. An anderer Stelle habe ich schon davon erzählt, wie meine diesbezüglichen Glaubenssätze in der Kindheit funktionierten. Auf jeden Fall waren diese auch dafür zuständig, dass ich mich mitunter als fünftes – oder eigentlich drittes – Rad am Wagen fühlte.

Konkret kann ich mich noch an folgendes Ereignis erinnern:

Ich muss zwölf Jahre alt gewesen sein. Susi war schon außer Haus, kam aber für die Ferien vom Studienort heim. Weil ich es besonders liebte, wenn wir alle zusammensaßen, wünschte ich mir zu Weihnachten das Brettspiel *Tatort Nachtexpress*. Kombinieren wie Miss Marple – das war etwas für uns. Tatsächlich knobelten wir uns am ersten Feiertag begeistert durch etliche Runden dieses Detektivspieles, bei dem man Kriminalfälle lösen muss, indem man geschickt nach Hinweisen Ausschau hält und clever schlussfolgert. Uns drei Schwestern machte das viel Spaß und der Altersunterschied spielte endlich einmal überhaupt keine Rolle. Ich genoss jede Minute.

Irgendwann musste ich ins Bett und schlief mit der Vorfreude aufs Weiterspielen am nächsten Tag ein.

Spätnachts wurde ich wach. Durch den Spalt unter der Tür fiel Licht vom Wohnraum in mein Zimmer, also ging ich nachschauen, wer da noch so spät beim Christbaum saß.

Was ich entdeckte, schnitt mir tief ins Herz: Meine Schwestern hatten stundenlang ohne mich weitergespielt. Nicht nur, dass ich für den Moment ausgeschlossen war, jeden Kriminalfall konnte man nur einmal lösen und in der Schachtel gab es gerade mal zehn Stück.

»Du kannst die Runden ja mit Mama oder Oma spielen!«, meinten sie.

Aber das tröstete mich nicht. Denn ich hatte das mit ihnen machen wollen. Wir drei als Schwestern. Zusammen. Und nicht wieder nur sie zwei. (Himmel, beim Schreiben merke ich gerade, dass mich die Episode immer noch ziemlich mitnimmt. Kann mich mal eben jemand in den Arm nehmen, bitte?)

Zutiefst gekränkt und wütend entriss ich ihnen das Spielbrett, warf ihnen die wüstesten Beschimpfungen an den Kopf und heulte wie blöd. Das Eifersuchtsgefühl quälte mich noch tagelang. Weihnachten 1988 war scheiße.

Eifersucht scheint im Leben mit Geschwistern ein sehr alltägliches Gefühl zu sein. Aber wie entsteht sie eigentlich?

Was ist Eifersucht?

Das Wort Eifersucht gibt es wohl erst seit dem 16. Jahrhundert. Es setzt sich aus dem althochdeutschen *eiver* (das Herbe, Bittere oder die Erbitterung) und *suht* (die Krankheit, Seuche) zusammen. Anders als bei Neid oder Konkurrenz ist für die schmerzliche Emotion der Eifersucht ein Beziehungsdreieck notwendig. Gefühlt wird ein vermeintlicher oder echter Mangel an Anerkennung, Aufmerksamkeit oder Zuneigung. Der Eindruck entsteht, dass einer dritten Person diese Form von Liebe zuteilwird.

Eifersucht kann man nur in Bezug auf Menschen spüren, die man schätzt. Zusätzlich hängt sie eng mit dem Selbstwert zusammen.

Eifersuchtsgefühle überschneiden sich immer wieder mit jenen von Neid und Rivalität. Während es bei Neid um Materielles geht, entsteht Eifersucht aus der Angst, zu wenig Liebe zu bekommen. Geschieht die Zuneigungsbezeugung durch materielle Zuwendungen, können diese nicht nur neidisch, sondern auch eifersüchtig machen. Und genauso ist es mit der Rivalität: Wird Leistung mit Zuwendung bezahlt, liegen Konkurrenzkampf und Eifersucht eng beieinander.

Eifersucht unter Geschwistern ist etwas ganz Normales. Die Psychologin Inge Seiffge-Krenke schreibt in ihrem Aufsatz *Das Aschenputtel-Phänomen*: »Obwohl Eltern der Meinung sind, sie behandelten alle

Kinder gleich (z. B. Taschengeld, Geschenke, Zeit, die sie mit den Kindern verbringen, und Zuwendung), fühlt sich oftmals jedes Kind gegenüber den anderen benachteiligt. Das zeigen nicht nur klinische Beobachtungen, sondern auch empirische Studien, wo man noch unter Erwachsenen in der Rückerinnerung eine wahrgenommene Ungleichbehandlung findet.«

Sigmund Freud nennt diese subjektiven Wahrnehmungen »Konstruktionen«.

Else erzählt mir, dass sie ihre drei Kinder in den Siebzigerjahren bewusst rasch hintereinander bekommen hat, damit diese nicht so eifersüchtig aufeinander sein würden. So lagen nur sechsundzwanzig und achtzehn Monate zwischen den Geburten.

Huch, denke ich. Darüber haben wir uns bei der Planung unserer Kinder überhaupt keine Gedanken gemacht. Dass Leo und Nils knapp drei Jahre auseinander sind, hatte einfach damit zu tun, dass wir es uns als Eltern leichter machen wollten. Immerhin war der Größere dann schon etwas selbstständiger und wir mussten nicht zwei Krabbelkinder gleichzeitig im Zaum halten.

»Und?«, frage ich Else. »Hat es funktioniert? Gab es Eifersucht zwischen den Geschwistern?«

Sie lacht. »Es hat überhaupt nicht so hingehauen wie erhofft. Das war immer ein riesiges Thema. Vor allem zwischen dem Ältesten und der Jüngsten. Und das geht bis heute so.«

Bei der Literaturrecherche stelle ich fest, dass Entwicklungspsychologen zur Überzeugung gelangt sind, Geschwister mit geringerem Altersabstand hätten tatsächlich mehr mit Eifersucht zu kämpfen. Besonders empfindlich reagieren Kinder offensichtlich, wenn Eltern anderen »altersspezifische« Zuwendung spenden. Ein Zehnjähriger hingegen, der sich mit seinem Vater unterhalten will, wird weniger Probleme damit haben, wenn dieser gleichzeitig den Bruder im Kleinkindalter auf dem Schoß hat und mit ihm einen Turm aus Bauklötzen baut.

Je stärker sich die kognitive Entwicklung also unterscheidet, desto weniger wird das Thema Eifersucht den Geschwisteralltag bestimmen.

Was sagt die Statistik?
Die Psychologin, Psychoanalytikerin und Therapeutin Dorothee Adam-Lauterbach hat eine Vielzahl von Patientenakten statistisch erfasst, um den Zusammenhang zwischen Geschwisterbeziehungen und seelischen Erkrankungen zu untersuchen. Dabei stellte sie fest, dass Eifersuchtsthemen stärker unter gleichgeschlechtlichen Geschwistern zum Problem werden. Das Negativerlebnis der Entthronung kam zum Beispiel am meisten bei männlichen Patienten, die Brüder hatten, zur Sprache. Innerhalb der Familie ausgeschlossen fühlten sich übrigens mit überwiegender Mehrheit mittlere Kinder.

Was mir in meinen Gesprächen auch immer wieder erzählt wurde, sind Geschichten, in denen Eltern die Eifersucht zwischen ihren Kindern in irgendeiner Form noch befeuert haben.

Annette zum Beispiel kam mit einigem Abstand zu ihren beiden Brüdern auf die Welt und wurde vom Vater vergöttert. Vor allem der Mittlere fühlte sich daraufhin ungeliebt und wurde in der Schule auffällig. Oft kam er nicht zum Unterricht, seine Leistung sackte ab und er pflegte Freundschaften zu windigen Typen.

»Unsere Mutter hat Mattis Eifersucht immer noch dadurch verstärkt, indem sie mich ihm gegenüber lobte oder ihn fragte, warum er nicht ein bisschen mehr so sein könnte wie unser ältester Bruder. Im Gegenzug dazu hat sie mich in meinen Teenagerjahren vollgejammert, wie missraten Matti doch sei. Sie hat es immer vortrefflich verstanden, uns Geschwister zu manipulieren und gegeneinander auszuspielen.«

Die bereits zitierte Psychologin Adam-Lauterbach beschreibt, dass es Eltern gibt, die – statt regulierend einzugreifen – konfliktverstärkend agieren. Sie inszenieren Aggressionen zwischen den Kindern regelrecht, um eigene destruktive Neigungen zu befriedigen.

Ein weiteres Eifersuchtsmotiv symbolisiert die Geschichte *Der verlorene Sohn* aus dem Lukasevangelium. In dieser Bibelerzählung erbittet der jüngere Sohn vom Vater sein Erbe und zieht damit in die Welt hinaus. Schnell hat er das Geld verprasst und endet als mittelloser Schweinehirte. Also kehrt er reumütig zurück. Der Vater ist überglücklich, beschenkt ihn und feiert ihm zu Ehren ein großes Fest.

Der ältere Sohn ist in der Zwischenzeit zu Hause geblieben und hat hart gearbeitet. Wie sehr der heimgekehrte Bruder nun gefeiert wird und wie wenig seine eigene Treue und sein Fleiß honoriert werden, stößt ihm sauer auf.

Meine Interviewpartnerin Marion berichtet mir ganz Ähnliches: Sie ging nach der Schule von zu Hause fort, um in einer anderen Stadt zu studieren. Ihr Bruder blieb jedoch daheim und arbeitete im Familienbetrieb mit. Wenn Marion am Wochenende zu Besuch kam, konnte er es kaum aushalten, wie viel Aufhebens um seine Schwester gemacht wurde. Dass dann immer gekocht wurde, was sie gern mochte, und die Eltern ihr so intensiv Aufmerksamkeit schenkten, machte ihn unglaublich eifersüchtig.

Wie ich höre, spielen Themen wie diese bis ins hohe Alter eine große Rolle. Irgendwie scheint Geschwistereifersucht im Laufe des Erwachsenenlebens zwar oft in den Hintergrund zu treten, aber zu einer echten Auflösung oder gar Verarbeitung dieser Gefühle kommt es meist nicht. Bettina, die ehrenamtlich in der Telefonseelsorge arbeitet, berichtet, dass diese in der Kindheit verwurzelten Emotionen bei den Anrufer:innen ganz häufig großes Thema sind.

Oft ist Eifersucht ja auch ein zentrales Motiv, warum es zu Schwierigkeiten zwischen Geschwistern kommt, wenn die Eltern zu beerben sind. Aber darüber berichtet Heike noch ausführlicher.

Müsst ihr denn ständig streiten?

Heike

Wenn Sie Geschwister haben, dann bekamen Sie diesen Satz bestimmt auch gelegentlich zu hören, oder?

In meiner Kindheit wurde regelmäßig gestritten. Und jedes Mal wurden wir dazu aufgefordert, uns wieder zu vertragen.

Seltsamerweise kann ich mich an keinen einzigen konkreten Anlass mehr erinnern. Vermutlich waren es Nichtigkeiten. Irgendwie gehört es wohl zum Aufwachsen mit Geschwistern dazu, nehme ich an. Und seit wir erwachsen sind, ist es mit dem Streiten sowieso vorbei.

Ich wollte von meinen Interviewpartner:innen wissen, ob das bei ihnen genauso war.

»Unsere Eltern haben uns irgendwann mal gebeichtet, dass sie des Öfteren einen Krach unter uns dreien provoziert haben, um zu sehen, wie wir reagieren«, erzählt Friedel und lacht. »Das war sozusagen ein Test, ob wir Geschwister zusammenhalten, wenn es drauf ankommt.«

Eigentlich wäre die Provokation gar nicht nötig gewesen, denn Friedel stritt sich oft, am häufigsten mit ihrem Bruder Hartmut, der sie so gern herumkommandierte – Sie erinnern sich bestimmt an das Nesthäkchen-Kapitel.

»Hartmut hat sich im Laufe seines Lebens mit vielen Leuten verkracht«, erzählt Friedel. »Er hat nun mal einen schwierigen Charakter. An seinen Geburtstagen trifft man jedes Jahr andere ›Freunde‹, weil es niemand lange mit ihm aushält. Oder weil er sie aus Verärgerung kein zweites Mal einlädt.«

Auch Friedel selbst war schon von so einer Strafmaßnahme betroffen: »Hartmut hatte sich mit jemandem zerstritten, mit dem ich seit vielen Jahren befreundet bin, und verlangte daraufhin von mir, dass ich ebenfalls den Kontakt abbreche. Das sah ich aber nicht ein. Darüber ärgerte er sich so sehr, dass er mich nicht zu seinem siebzigsten Geburtstag einlud.«

Auch mit dem großen Bruder Günther hat sich Hartmut überworfen, für ein paar Jahre gab es überhaupt keinen Kontakt der Geschwister mit dem Streithammel.

Inzwischen hat sich Hartmut allerdings beruhigt und meldet sich ab und zu, um zu fragen, wie es Friedel geht. Manchmal schlägt er sogar ein Treffen auf einen Kaffee vor, und er hat auch wieder Kontakt zum großen Bruder aufgenommen.

»Günther glaubt, wir fehlen ihm. Und vielleicht ist Hartmut eifersüchtig, weil wir beide so eine enge Verbindung haben, seit die Eltern tot sind. Je älter er wird, desto mehr wird ihm bewusst, wie wertvoll familiäre Bande sind.«

Isabell und Saskia dagegen haben sich schon viele Jahre nicht mehr gestritten – in der Kindheit allerdings umso leidenschaftlicher.

»Ich empfand Saskia als furchtbaren Quälgeist«, sagt Isabell. »Und was mich mindestens genauso nervte, war die Tatsache, dass die Eltern ihr das durchgehen ließen.«

Als Beispiel erzählt sie von einem Puppenhaus, das der

Vater für sie gebaut hatte. Es wurde immer nur zu Weihnachten aufgestellt und nach ein paar Wochen weggepackt. Als die Weihnachtsferien vorbei waren und Isabell wieder zur Schule ging, nutzte Saskia die Abwesenheit der großen Schwester, um mit dem Puppenhaus zu spielen.

»In meinen Augen hat sie allerdings nicht damit gespielt, sondern es eher verwüstet«, sagt Isabell. »Sie hat alle Möbel umgeworfen oder zumindest verstellt. Ich war entsetzt. Auch davon, dass unsere Mutter das zugelassen hatte. Schließlich war das doch mein Puppenhaus!« Sie sah sich beim anschließenden Streit absolut im Recht und ärgerte sich darüber, dass ihre Mutter die kleine Übeltäterin in Schutz nahm.

Als Saskia dann selbst Grundschülerin war, spielte Isabell längst nicht mehr mit Puppen. Stattdessen traf sie sich regelmäßig mit Schulfreundinnen, um Teenagergespräche zu führen.

»Saskia platzte jedes Mal dazwischen und weigerte sich strikt, mein Zimmer zu verlassen. Doch natürlich wollten wir, wenn wir uns über Jungs und so austauschten, keine Siebenjährige dabeihaben«, erzählt Isabell. »Saskia klammerte sich dann immer am Tischbein fest, und gelegentlich mussten wir den ganzen Tisch aus dem Zimmer raustragen, wenn wir unsere Ruhe wollten – mitsamt der protestierenden kleinen Nervensäge.«

Selbst für derartige Verzweiflungsmaßnahmen hatte die Mutter wenig Verständnis, dafür umso mehr für die schreiende Saskia.

»Ständig sagte sie: ›Lasst doch das arme Kind.‹ Aber das kam für mich nicht infrage – ich empfand das ›arme Kind‹ vielmehr als Störfaktor.«

Als auch Saskia reifer wurde, ließen die Streitigkeiten schlagartig nach.

»Ich hatte eigentlich erst das Gefühl, eine Schwester zu haben, als Saskia in die Pubertät kam. Von da an waren wir ganz eng verbunden und sind es bis heute.«

Josefine hat nie aufgehört, sich zu streiten. »Streit ist für mich nichts Negatives. Ich betrachte ihn vielmehr als eine konfrontative Art der Auseinandersetzung, bei der man im Idealfall eine Lösung findet, mit der dann alle leben können. Streit kann etwas ganz Tolles sein, weil er einen weiterbringt«, findet sie. »Bedingung ist allerdings, dass man dabei fair bleibt.«

Sie sagt von sich selbst, dass sie richtig gut streiten kann. »Ich bin auch nicht nachtragend. Von zu Hause habe ich eben eine gute Streitkultur mitbekommen. Wir waren zu viert und haben als Kinder über alles Mögliche gezankt, meistens über Kleinigkeiten. Und wir wurden nie wirklich gemein zueinander – von Antonia einmal abgesehen.«

Josefine beschreibt sich selbst als Rabaukenkind, während ihre jüngere Schwester Antonia aussah wie ein Engelchen mit blauen Kulleraugen und blonden Löckchen.

»Aber die Optik täuschte, denn Antonia war schon als Kind richtig fies«, erzählt sie. »Einmal – da war sie noch recht klein – sagte sie zu mir: ›Ich mache, dass du Hausarrest bekommst.‹ Ich hielt das für einen Witz und lachte. Doch dann warf sich Antonia auf den Boden, weinte erbärmlich und behauptete den Eltern gegenüber, ich hätte sie geschlagen. Woraufhin ich tatsächlich Hausarrest bekam.«

Mit Tricks dieser Art kam Antonia jahrelang durch, doch irgendwann durchschauten die Eltern sie, und ab diesem

Zeitpunkt funktionierte das Anschwärzen nicht mehr. Dennoch versuchte sie es immer wieder, selbst als Erwachsene.

»Eine Situation werde ich nie vergessen«, sagt Josefine. »Unsere Eltern waren im Urlaub, und ich kümmerte mich um ihre Katze. Die war angefahren worden und musste gepflegt werden – und weil sie meine Wohnung nicht kannte, tat ich das in ihrer gewohnten Umgebung, nämlich unserem Elternhaus. Antonia war empört, als sie meinen Mann und mich dort vorfand – vermutlich hatte sie auf sturmfreie Bude gehofft und ärgerte sich, dass wir ihre Pläne durchkreuzten. Jedenfalls drehte sie völlig durch. Vor lauter Zorn rief sie unsere Eltern an und behauptete nicht nur, mein Mann hätte sie geschlagen, sondern auch, dass ich die Katze überfahren hätte.«

Zum Glück schenkten die Eltern ihr keinen Glauben. Aber den Urlaub hatte Antonia ihnen verdorben – was ihr allerdings völlig schnuppe war.

»Mit meiner Schwester kann man einfach nicht fair streiten«, fährt Josefine fort. »Sie kennt weder Unrechtsbewusstsein noch Einsicht, sondern betrachtet sich immer als Opfer. Man könnte fast glauben, sie hätte nie die Möglichkeit gehabt, richtig streiten zu lernen. Dabei hatte sie doch drei Geschwister, mit denen sie das tagtäglich hätte üben können.«

Diese Gelegenheit hatte meine Freundin Jette nicht, denn sie war – wie bereits erzählt – ein Einzelkind. Weil sie sich immer nach Geschwistern gesehnt hatte, wollte sie selbst auf jeden Fall mehr als ein Kind bekommen. Es wurden fünf. Woraus sich natürlich enormes Streitpotenzial ergab!

»Für mich war das Streiten unter Geschwistern etwas völlig Neues«, sagt Jette. »Deshalb bewertete ich das anfangs als sehr dramatisch. Ständig versuchte ich, zwischen Paul und Timm zu schlichten, weil ich es kaum ertragen konnte, dass sie sich zankten. Als dann Noah, Ole und Mia dazukamen, lernte ich, dass Streit bei Geschwistern einfach dazugehört und auch nicht schlimm ist – und mit der Zeit gewöhnte ich mich daran.«

Zudem haben sich die Streitigkeiten verändert, seit die Brüder nicht mehr zu zweit sind – denn es gibt jetzt zu jedem Thema immer noch drei weitere Sichtweisen. Weil die anderen Geschwister bei Auseinandersetzungen als Regulativ fungieren, kann sich Jette inzwischen heraushalten.

»Es wäre wohl unmöglich, fünf Kinder zu haben, die sich nie streiten«, weiß sie heute. »Und das ist auch gut so, denn sie lernen dabei für ihr Leben.«

Wir sollten unseren Geschwistern also dankbar sein für all die Streitigkeiten in der Kindheit und Jugend, denn das Gezanke war im Grunde ein permanentes Trainingslager! Entscheidend ist dabei das Fairplay. Wenn das funktioniert, sind Brüder und Schwestern die besten Sparringspartner beim Streitenlernen, die man nur haben kann.

Was heißt hier »Nichtigkeiten«?

Wenn Geschwister streiten, geht es aus Sicht der Eltern meist nur um Belangloses. Und blickt man als erwachsener Mensch auf die Kindheit zurück, sieht man das oft ähnlich. Warum also spielen sich oft solche Dramen um Kleinigkeiten ab? Schaut man mal

auf die typischen Streitthemen, kann man darüber
nur staunen:

»Aber ich hatte das Puzzle zuerst!«
»Da sind schon wieder keine roten Gummibärchen mehr in
der Tüte!«
»Immer muss ich deine alte Jeans auftragen …«
»Hast du etwa schon wieder das größte Kuchenstück genom-
men?«
»Du hast geschummelt!«
»Ich hab dir doch verboten, die Puppe anzufassen!«
»Du hast mein Lego-Raumschiff kaputtgemacht!«
»Du sollst mich doch nicht Blödmann nennen!«
»Ich war zuerst da, das ist mein Platz!«

Sieht man jedoch genauer hin, stellt man fest, dass
es meist um mehr als diese oberflächlichen Anlässe
geht. Nämlich um Rivalität, Aufmerksamkeit der
Eltern und Eifersucht – wie Sie bereits aus Ursis
Kapitel wissen.

Differenzen können
auch unüberbrückbar werden

Ursi

Meine Oma hatte zu ihrem älteren Bruder keinen Kontakt. Davon wusste ich. Leider habe ich nie nachgefragt, was da eigentlich los war – und nun ist es längst zu spät. Wie kann es dazu kommen, dass man mit Bruder oder Schwester bricht? Was passiert dann mit dem Geschwisterband? Zerreißt es? Oder hat es das in diesen Fällen vielleicht gar nie gegeben?

Ich erkundige mich bei meiner Mutter, was sie von der Geschichte weiß, die sich zwischen meiner Großmutter Grete und ihrem um neun Jahre älteren Bruder Fritz ereignet hat, und erfahre Folgendes:

Grete war mit ihrem ersten Kind hochschwanger, als Fritz mit seiner Frau Anni vorbeischaute. Die beiden wohnten ums Eck, also gab es einen regen Austausch, auch wenn Grete mit ihrer Schwägerin nicht wirklich gut zurechtkam. Zu diesem Zeitpunkt waren die Begegnungen besonders häufig, denn Gretes und Fritz' Vater lag schwerkrank zu Hause und alle (sprich: die Frauen der Familie) kümmerten sich um seine Pflege.

Bei diesem Besuch ging es Fritz und Anni darum, Grete dazu zu überreden, einer Einweisung des Vaters ins Krankenhaus zuzustimmen. Auch wenn Details nicht überliefert sind, kann man sich ungefähr vorstellen, was die Argumente für und gegen diese Entscheidung waren und wie sich die Diskussion langsam zuspitzte. Bei solchen Themen gibt es ja oft kein rationales Gespräch und die Emotionen kochen leicht hoch.

So kam es, dass Grete irgendwann sagte: »Ich glaube, es ist besser, ihr geht jetzt!« Der Satz ist nun wirklich nicht schlimm, und man kann auch verstehen, dass sie wegen der Schwangerschaft vielleicht nicht allzu belastbar war. Dennoch blieb er nicht ohne Folgen.

Ab diesem Zeitpunkt herrschte zwischen meiner Großmutter und ihrem Bruder Funkstille. Ob und welche Versuche es gab, die Krise zu überwinden, weiß heute niemand mehr. Es ist auch nicht klar, wie groß Annis Anteil an der Misere war. Meine Mutter kann sich nur daran erinnern, dass sie als Kinder dazu angehalten waren, Onkel und Tante auf der Straße nicht zu grüßen. Dem familiären Gebot, auf Distanz zu bleiben, wurde dann auch noch einmal Nachdruck verliehen, als die Firma meines Großvaters pleiteging und es finanziell nicht gerade rosig aussah.

»Nicht, dass Fritz und Anni glauben, wir brauchen Almosen und suchen deshalb Kontakt«, soll Grete einmal zu ihrem Nachwuchs gesagt haben.

Und wenn die Großmutter (also meine Urgroßmutter) im Altersheim besucht wurde, musste meine Mutter oder eins der anderen Kinder vorausgehen, um nachzusehen, ob die Luft rein war. Grete wollte unbedingt vermeiden, dort auf Fritz und Anni zu treffen.

Erst als alte Frau fasste sich Grete ein Herz und schrieb ihrem Bruder. Es waren sechzig Jahre vergangen, in denen sie kein Wort miteinander gesprochen hatten. Fritz lebte mittlerweile am anderen Ende Österreichs und war verwitwet.

Auch wenn es aufgrund seines hohen Alters nicht mehr möglich war, einander wiederzusehen, haben sich die Geschwister im Briefwechsel noch versöhnt:

»... Wir hätten es nie so weit kommen lassen sollen, meine liebe Gretel. Wo wir uns doch immer gut verstanden haben! Ich denke zum Beispiel gern daran zurück, wie ich dir damals in den Zwanzigerjahren das Eislaufen beigebracht habe. Aber manchmal steht einem der eigene Sturkopf im Weg. Das bedauere ich sehr ... Wäre ich neunundachtzig und nicht neunundneunzig, würde ich mich jetzt gleich in den Zug setzen und zu dir fahren ...«

Wenige Monate darauf starb Fritz. Meine Großmutter folgte ihm dreieinhalb Jahre später.

Dagmar erzählt mir, dass ihre Mutter ebenfalls mit dem Bruder zerstritten ist und seit Ewigkeiten Funkstille herrscht.

»Das Warum gehört den beiden, und ich frage nicht groß nach. Ich habe mich nie reinziehen lassen.«

So hält Dagmar zu ihrem Onkel Kontakt und sorgt dafür, dass er und ihre Mutter jeweils über das Leben des anderen informiert bleiben. Sie spürt, dass auch Interesse da ist. Der Bruder will sehr wohl immer wissen, wie es der Schwester geht, und umgekehrt.

»Also dachte ich mir, es gibt eine Basis, auf der aufgebaut werden kann. Ich habe ein Treffen auf neutralem Boden organisiert, weil ich fand, sie sollen einfach einen Schlussstrich ziehen und sich vertragen. Doch mein Versuch ist gescheitert. Es dauerte nicht lange, dann eskalierte die Situation erneut.«

Ich frage mich, wie sich so eine Funkstille wohl anfühlt. Also spreche ich mit Vincent, von dem ich weiß, dass er einmal ein Jahr lang keinen Kontakt zu seiner älteren Schwester Irma hatte. Schuld waren schlimme Reibereien zwischen ihm und Irmas Freund. Wie Partner:innen mitunter einen Keil in Geschwisterbeziehungen treiben, werden wir uns noch in einem separaten Kapitel anschauen.

»Irmas Freund war dauernd eifersüchtig auf mich«, erzählt mir Vincent. »Wann immer meine Schwester sich mal ein wenig um mich gekümmert hat, machte er Stress. Er stellte es so dar, als sei ich der kleine, verwöhnte Bruder. Und leider hat Irma es in den ganzen Streitereien zwischen ihm und mir nicht geschafft, neutral zu bleiben. Dass sie sich konsequent auf seine Seite schlug, war hart für mich. Wir haben uns stets so nahegestanden und das war das erste Mal, dass es uns nicht gelungen ist, einfach darüber zu reden, was da gerade los ist.«

Als sich Irma komplett zurückzog und Schweigen herrschte, litt Vincent enorm unter der Situation. Aber er wusste auch nicht, wie er die Lage verbessern konnte. Denn im Grunde hatte er nichts falsch gemacht.

»Ich dachte, meine Schwester für immer verloren zu haben, und das war ein fürchterliches Gefühl. So, als wäre mir ein Stück aus der Brust gerissen worden.«

Nach endlosen Monaten machten Irma und ihr Freund Schluss. Und beim Wiedersehen der Geschwister an Weihnachten zu Hause bei den Eltern war es so, als sei nie etwas gewesen.

»Wir haben nie wieder darüber gesprochen. Das Problem hat sich von selbst gelöst. Aber ein Rest des unguten Gefühls ist schon geblieben.«

Es lohnt sich fast immer, um eine Geschwisterbeziehung zu kämpfen. Vor allem dann, wenn äußere Einflüsse oder kurzzeitige Missstimmungen zum Bruch geführt haben. Manchmal aber reichen die Verletzungen so weit zurück, dass einfach keine intakte Basis da ist, die gekittet werden könnte. In diesen Fällen passiert es schon auch manchmal, dass der Abbruch des Kontaktes der einzig mögliche Weg ist.

Eine solche Geschichte höre ich von Judith.

Als sie acht Jahre alt war, bekam sie eine Schwester.

»Doro hat immer alles bekommen, weil sie einfach so lange geschrien hat, bis unsere Eltern klein beigegeben haben«, beginnt Judith ihre Erzählung.

Die Schwesternbeziehung stand von Anfang an unter keinem guten Stern, denn Vater und Mutter machten sich kurz nach Doros Geburt selbstständig und übertrugen Judith ungebührlich viel Verantwortung. (Die Psychologie nennt das Parentifizierung.)

»Zum Beispiel musste ich mich mit dem Baby ins Bett legen und bei Doro bleiben, bis sie eingeschlafen war. Immer, wenn ich aufstehen und spielen gehen wollte, wurde sie wieder wach. Das hat nicht gerade dazu geführt, dass ich dieses Kind besonders gern mochte.«

Insgesamt gelang es der Mutter nicht, für ausgewogene Beziehungsverhältnisse zu sorgen. Doro war an sich schon sehr eifersüchtig auf Judith, was die Mutter zusätzlich befeuerte, indem sie dauernd betonte, wie brav und perfekt die Große sei. Das trieb die Schwestern noch weiter auseinander.

So wuchs sich die durch den Altersunterschied bedingte Distanz selbst im Erwachsenenalter nie aus.

»Zwischen Doro und unserer Mutter entwickelte sich eine Hassliebe. Sie brauchten einander, machten sich dabei gegenseitig aber auch kaputt. Und ich stand in der Mitte und wurde entweder instrumentalisiert oder als Kummerkasten missbraucht. Positive Gefühle für meine Schwester hatten also nie viel Chance.«

Auch Krankheit und Tod der Mutter haben Judith und Doro nicht miteinander erlebt. Oft schweißen derart schwere Zeiten Geschwister zusammen, aber in diesem Fall durchlebte jede die Trauer für sich.

»Ich könnte von Tausenden Kleinigkeiten berichten, die zwischen meiner Schwester und mir vorgefallen sind. Unsere Beziehung war einfach krank. Sachen, die sie nicht mehr brauchte, für die ich aber Verwendung hatte, schenkte sie mir zum Beispiel nie. Sie borgte sie mir nur. Und machte anschließend unglaublichen Druck. Einmal hat sie eine Kommode, die sie ausgemistet hatte, nach Jahren auf einem meiner Facebook-Fotos gesehen und wollte sie dann binnen vierundzwanzig Stunden zurück.

Oder sie rieb mir unter die Nase, wie viel Geld unser Vater ihrem Sohn geschenkt hat – wohl wissend, dass meine Kinder nichts bekommen hatten.

Ein anderes Mal rief sie an und schrie eine Viertelstunde lang auf mich ein. Erst dann bemerkte ich, dass sie sich eigentlich über eine Auseinandersetzung mit einer Verkäuferin geärgert hatte.

Würdest du sie fragen, würde sie dir wahrscheinlich umgekehrt Dinge erzählen, mit denen ich sie gekränkt habe. Auf jeden Fall litt ich unter unserer toxischen Beziehung, habe mir jedoch gedacht, ich müsse das alles mitmachen, weil sie eben meine Schwester ist.«

Im Zuge eines Weihnachtsfestes zerriss in einem weiteren dummen Streit auch noch das letzte Fitzelchen Bindung. Judith konnte es einfach nicht länger ertragen. Sie sagte zu Doro: »Ich will nichts mehr mit dir zu tun haben.«

Das ist drei Jahre her und seitdem gab es zwischen den Schwestern keinen Kontakt.

»Am Anfang habe ich den Bruch kaum verkraftet. Wochenlang habe ich an fast nichts anderes gedacht. Aber dann stellte sich Erleichterung ein. Ich konnte fünfzig Jahre nicht frei und ohne seelische Schmerzen über Doro sprechen. Jetzt kann ich es. Es geht mir besser, wenn sie nicht in meinem Leben ist.«

Wann immer es zwischen Geschwistern zum totalen Bruch kommt, ist nie »nichts dahinter«. Oft reichen die Schäden an der Beziehung bis weit in die Kindheit zurück. Natürlich gibt es die Möglichkeit, den Problemen in Familientherapien auf ihren Grund zu gehen. Ob das alle Parteien wollen und ob man die Konflikte in jedem Fall auflösen kann, steht auf einem anderen Blatt.

Wenn der Abschied von den Eltern zur Zerreißprobe wird

Heike

Wenn es ums Geld geht, hört die Freundschaft auf – so lautet ein gängiges Sprichwort. Doch wie sieht das bei Geschwistern aus? Erbstreitigkeiten sind schließlich keine Seltenheit.

Ich selbst habe das zum Glück nicht erlebt, aber im Bekanntenkreis kam so etwas durchaus vor. Etwa als ein Bauer starb und seine Äcker unter den vier Kindern aufgeteilt wurden. Ganz fair, per Los. Ein paar Jahre später wurden einige davon zu Bauland, wodurch sich ihr Wert vervielfachte. Allerdings hatte nur einer der Erben dieses Glück – die Grundstücke der anderen blieben landwirtschaftliche Nutzfläche. Logisch, dass sie sich benachteiligt fühlten! Nach dem Gesetz stand ihnen kein Ausgleich zu – doch natürlich hätte der betroffene Bruder seinen Reichtum freiwillig mit seinen Schwestern teilen können. Ich an seiner Stelle hätte das jedenfalls getan. Er jedoch sah das anders, und das zerrüttete das Verhältnis der vier Geschwister dauerhaft.

Als ungerecht wird es auch oft empfunden, wenn die Eltern krank werden und nach ihrem Tod alle Kinder gleich viel erben, obwohl sich nur eine Schwester oder ein Bruder um die Pflege gekümmert hat, während sich die anderen nur ab und zu mal nach dem Befinden erkundigten …

Das Geschwisterverhältnis bleibt von Krankheit und Tod der Eltern selten ganz unbeeinflusst. Das kann auf sehr unterschiedliche Weise geschehen, wie meine Interviewpartner:innen berichten.

Noch enger zusammenwachsen

Bei Gaby und Bärbel beispielsweise wirkte es sich positiv auf ihre Beziehung aus. Sie hatten gerade erst die jüngste Schwester Eva verloren, da wurde zunächst die Mutter und dann auch der Vater zum Pflegefall. Während die beiden Frauen sich in ihrer Kindheit und Jugend eher fremd gewesen waren, rauften sie sich in der Krise zusammen.

»Bärbel hat die Hauptarbeit übernommen«, erzählt Gaby, »denn sie wohnte direkt neben den Eltern und war Hausfrau, hatte also mehr Zeit als ich. Aber ich habe sie unterstützt, so gut es ging, damit sie auch ein bisschen Freiraum hatte.«

Die Sorge und Trauer um die Eltern hat beide gleichermaßen betroffen – niemand von außen hätte so gut nachempfinden können, was sie gerade fühlten, wie die Schwester, die ja genau dasselbe durchmachte.

»Das hat uns enorm zusammengeschweißt«, sagt Gaby. »Auch nach dem Tod der Eltern sind wir eng miteinander verbunden und haben heute ein supertolles Geschwisterverhältnis.«

Sich endgültig entzweien

Bei Josefine und ihrer Schwester Antonia ist leider das genaue Gegenteil passiert.

»Meine Mutter wurde unheilbar krank – sie hatte Lungenkrebs im Endstadium. Zuletzt ging es ihr unglaublich schlecht. Niemand hätte ihr ernsthaft wünschen können, dass dieses Leiden länger dauerte«, berichtet Josefine. »Als sie noch bei vollem Bewusstsein war und genau wusste, was sie tat, hatte sie eine Patientenverfügung unterschrieben, in der sie alle lebensverlängernden Maßnahmen ablehnte.«

Josefine hatte ausführlich mit der Mutter darüber geredet und verstand diese Entscheidung ebenso wie ihre Schwester Charlotte und ihr Bruder Oliver – Antonia dagegen konnte sie nicht akzeptieren.

»Sie vertrat den Standpunkt, man müsse kämpfen bis zuletzt. Obwohl der Kampf längst verloren war«, sagt Josefine. »Das passte einfach nicht in ihr Weltbild. Antonia selbst würde sich, falls sie unheilbar krank würde, lieber einfrieren lassen und hoffen, dass eines Tages ein Wundermittel erfunden wird.«

Als es mit der Mutter zu Ende ging, kam es zum Eklat. Antonia wollte den Notarzt rufen, obwohl der ja ohnehin nichts hätte tun können.

»Antonia behauptete, wir hätten unsere Mutter gezwungen, die Patientenverfügung zu unterschreiben, als sie schon zu krank war, um zu beurteilen, was sie da tat.«

Josefine versuchte, ihre Schwester davon zu überzeugen, dass der letzte Wille ihrer Mutter zu respektieren sei. Diesen Wunsch zu erfüllen, war das Einzige, was sie jetzt noch für sie tun konnten – so schwer es auch fiel.

Doch statt das einzusehen, sagte Antonia einen folgenschweren Satz: »Ich wünsche dir, dass du nie wieder auch nur eine Nacht schlafen kannst, weil du unsere Mutter umgebracht hast.«

Seitdem redet Josefine kein Wort mehr mit Antonia.

»Das ist das Schlimmste, was jemals jemand zu mir gesagt hat. Selbst wenn Antonia sich dafür entschuldigen würde, ich könnte ihr nie verzeihen. Auch nach Jahren macht mich ihr ungerechtfertigter Vorwurf sprachlos. Nichts könnte das je ungeschehen machen. Für mich war der sofortige Kontaktabbruch die einzig denkbare Reaktion.«

Ihr Vater versteht Josefines Standpunkt zwar, doch er leidet darunter, dass die Schwestern sich entzweit haben, und versucht immer wieder zu vermitteln. Inzwischen hat Josefine ihn gebeten, die Schwester überhaupt nicht mehr zu erwähnen.

Ihr graut davor, wie die Situation sich weiter zuspitzen wird, wenn der Vater eines Tages stirbt. »Ich fürchte, ein Streit ums Erbe wird unumgänglich sein. Antonia wird sich querstellen, nur um uns zu ärgern. So ist sie einfach.«

Ich persönlich kenne Antonia nicht, dafür Josefine umso besser, und ich fürchte, dass sie die Situation trotz aller Subjektivität richtig einschätzt. Umso mehr wünsche ich allen Beteiligten, dass es doch anders kommt.

Die Angst, zu kurz zu kommen

Ähnliche Befürchtungen hat auch Arne, obwohl nach dem Tod des Vaters bereits festgelegt wurde, wer einmal was bekommt, wenn die Mutter stirbt.

»Es gibt zwei etwa gleichwertige Häuser«, erklärt Arne. »Meine Schwester wird das eine erben, ich das andere.«

Eigentlich überhaupt kein Problem, wenn er nicht genau wüsste, wie Nathalie tickt. So hat sie beispielsweise jahrelang mietfrei in der Einliegerwohnung der Eltern gewohnt, was für Arne völlig okay war. Doch als er mit seiner Familie in eine Wohnung des Hauses ziehen wollte, das er ohnehin eines Tages erben wird, hat sie einen Aufstand geprobt.

»Sie warf meiner Frau vor, berechnend zu sein und sich ins gemachte Nest zu setzen«, erzählt Arne. »Dabei ist sie wohl von sich selbst ausgegangen – Nathalie ist diejenige, die immer auf finanzielle Vorteile aus ist.«

Arne und seine Frau haben sich dann eine andere Wohnung gesucht und zahlen dort Miete, während Nathalie nach ihrer Scheidung erneut gratis im Haus der Mutter lebt.

»Gerecht ist das nicht«, findet Arne, »aber wir wollten uns so etwas nicht nachsagen lassen.«

Wie eigennützig Nathalie vorgeht, erkennt man daran, dass sie die Mutter ständig zu kostspieligen Renovierungen überreden will – und zwar an dem Haus, das sie einmal erben wird. »Alles, was unsere Mutter noch finanziert, geht später nicht auf Nathalies Kosten«, sagt Arne.

Wenn alte Konflikte hochkochen

Zu Missstimmungen kann es eben auch ganz ohne Streit kommen – nämlich wenn Gefühle unter dem Deckel brodeln und man nicht offen ausspricht, was einen bewegt.

So wie bei Annika. Als ihre Eltern starben, sagte sie zu ihrem Bruder Fabian: »Du kannst das Haus nehmen, ich habe kein Interesse daran.«

Was er dann auch tat.

Heute, zwanzig Jahre später, bereut Annika ihre Entscheidung.

»Zuerst habe ich gar nicht verstanden, warum sie auf einmal so abweisend zu mir wurde«, berichtet Fabian. »Ich überlegte schon, bei welcher Gelegenheit ich sie verärgert haben könnte, aber mir fiel nichts ein.«

Schließlich sprach er seine Schwester darauf an und war absolut verblüfft, als sie ihm vorwarf, damals das Haus sang- und klanglos eingesackt zu haben.

Die Geschwister stritten also mit zwei Jahrzehnten Verspätung sehr heftig um das Erbe.

»Es ging Annika gar nicht darum, dass sie weniger bekommen hat als ich, sondern darum, dass ich ihre Großzügigkeit so selbstverständlich akzeptiert habe. Vermutlich weil sie schon in unserer Kindheit so oft das Gefühl hatte, ich wäre ein Glückskind, während sie sich alles viel härter erkämpfen musste – seien es gute Noten oder die Liebe unserer Eltern.«

Entsprechend erstaunt war Annika, als Fabian ihr gestand, dass er es damals genau umgekehrt empfunden hatte.

Inzwischen haben sich die beiden ausgesprochen und die Sache ist aus der Welt. Fabian hat Annika sogar angeboten, sie auszuzahlen, aber das hat sie abgelehnt. Es ging ihr im Grunde nie um dieses Haus oder um Geld, sondern ihr Verhalten war Symptom der unausgesprochenen Rivalität.

Trotz guter Beziehung eine harte Belastung

Rebeccas Eltern sind im Abstand weniger Jahre jeweils nach langer, schwerer Krankheit gestorben.

»Wenn Eltern alt werden, ist das eine echte Bewährungsprobe für Geschwister«, sagt sie. »Ich war in dieser Zeit sehr frustriert und habe mich oft allein gefühlt. Dabei sollte man doch gerade in solchen Situationen zusammenhalten.«

Während sie sich intensiv um beide Eltern kümmerte, übten sich ihre Geschwister in vornehmer Zurückhaltung, obwohl auch Rebecca voll berufstätig war und viel weiter entfernt wohnte als beispielsweise ihr Bruder Felix.

»Von wegen ›Ich bin immer für dich da‹ – das sagt sich so leicht, doch als es drauf ankam, war Felix eben *nicht* da. Alles blieb an mir hängen. Ich war echt sauer auf ihn und richtig enttäuscht.«

Zuvor hatten Rebecca und Felix ein supergutes Verhältnis zueinander, doch nach dieser Erfahrung ging sie auf Distanz. Inzwischen verstehen sie sich wieder richtig gut – Rebecca ist nicht nachtragend und weiß, wie sie ihre Geschwister zu nehmen hat. Das gilt auch für das Thema Erbschaft.

»Das ist nach dem Altwerden der Eltern die letzte Hürde. Meine Geschwister und ich haben uns zwar geschworen, uns nie um Geld zu streiten, aber dennoch ist es ein schwieriges Thema. Einer setzt sich meist besser durch als die anderen. Und letztendlich will man am Ende eine gewisse Gerechtigkeit haben.«

Und das ist nicht immer so leicht, vor allem, wenn es ums Aufteilen geht.

»Felix hat das Elternhaus übernommen, und obwohl es ja klar war, dass er uns eines Tages ausbezahlen muss, hat er dafür kein Geld zurückgelegt.«

Allerdings hat Rebecca ihn nie darauf hingewiesen – sie dachte, so etwas zu regeln sei selbstverständlich und sie müsse ihn nicht extra daran erinnern. Auch nicht daran, es ihr endlich auszuzahlen. Aber dann tat sie es doch, weil sie das Geld für eine Investition brauchte. Da meinte er nur lapidar: »Du hättest ja was sagen können.«

»Ich fand eigentlich nicht, dass das notwendig war«, erklärt Rebecca. »Felix ist eben ein Typ, der es sich gern leicht macht. Er würde mich nie über den Tisch ziehen, aber angenommen, ich hätte mich mit einem kleineren Anteil zufriedengegeben, wäre das für ihn völlig okay gewesen.«

Geschwister sind nun mal verschieden, auch im Umgang mit Geld, und wenn es ums Erben geht, wird das überdeutlich.

»Wir ticken da total gegensätzlich«, bestätigt Rebecca. »Während ich ständig ein schlechtes Gewissen habe und bei Konflikten eher einknicke, hat Felix einen gesunden Egoismus.«

Doch zu Streit ums Erbe kann es auch kommen, wenn sich Geschwister charakterlich sehr ähnlich sind. Sogar bei Menschen, denen Geld an sich gar nicht so wichtig ist.

»Da kommen oft schwelende Konflikte wieder hoch. Es geht dann gar nicht unbedingt darum, wer was bekommt, sondern darum, dass man sich als Kind weniger geliebt gefühlt hat als die Geschwister«, glaubt Rebecca. »Auf der einen Seite hat man den Anspruch, sich auf keinen Fall zu streiten, auf der anderen Seite werden auch alte Wunden aufgerissen. Das macht das Ganze so belastend.«

Rebecca kann nur jedem raten, über das Thema Erbschaft früh zu reden, am besten, wenn die Eltern noch leben, denn die wollen ja im Grunde, dass alle Kinder nach ihrem Tod gut versorgt sind. Was sie dagegen auf keinen Fall wollen, ist, dass sich die Töchter und Söhne wegen des Erbes entzweien.

In ihrem Fall ist die Aufteilung des Erbes konfliktfrei über die Bühne gegangen, doch es hat nicht viel zu einem Streit gefehlt.

»Aber wenn man sich untereinander grundsätzlich gut versteht, verkraftet die Geschwisterbeziehung auch eine Auseinandersetzung über Geld«, da ist sich Rebecca sicher.

Der Tod der Eltern ist in jedem Fall eine Extremsituation. Dass es dabei zu Konflikten kommen kann, muss keine Katastrophe sein. Entscheidend ist, wie man diese löst. Manchmal bleibt ein gewisser Unmut zurück, manchmal kommt es auch zu dauerhafter Zwietracht. Oder aber zu einer Annäherung, die das Geschwisterverhältnis sogar verbessert. Und das ist etwas, was sich bestimmt alle Eltern für ihre Nachkommen wünschen.

Was heißt hier fair?

Die meisten Eltern versuchen, ihre Kinder gerecht zu behandeln. Das gilt auch beim Vererben.

Doch welche Verteilung ist gerecht? Falls eins der Kinder wohlhabend ist und das andere von Hartz IV lebt, ist es dann wirklich fair, dass alle gleich viel erben? Wenn ein Kind sich intensiv um die Pflege gekümmert hat, sollte es dann nicht mehr bekommen? Kann ein Kind das Familienunternehmen erfolgreich weiterführen, wenn es die Geschwister auszahlen muss?

Hier ein paar Fragen, die bei der Definition von Fairness im Zusammenhang mit Erbschaften eine Rolle spielen können:

Wer braucht wie viel?

Wer hat wie viel geleistet?

Wer wurde bisher am meisten unterstützt?

Welche Besitztümer werden künftig im Wert steigen?

Was ist nötig, um das Familienunternehmen zu erhalten?

Wer hat es besonders schwer?

Oftmals kann eine Beratung durch einen Fachanwalt oder eine Fachanwältin für Erbrecht hilfreich sein. Ein durchdachtes und gerechtes Testament kann darüber hinaus wesentlich dazu beitragen, Streitigkeiten zwischen den Erben zu vermeiden.

Es ist auch sinnvoll, wenn die Eltern schon zu Lebzeiten mit ihren Kindern über das Testament sprechen, sodass bereits vor ihrem Tod bekannt ist, wer einmal was bekommen wird.

Sollte es doch zu Erbstreitigkeiten kommen, kann ein Mediator oder eine Mediatorin dabei unterstützen, eine für alle faire Lösung herbeizuführen. Sie holen dabei alle Parteien an einen Tisch, entschärfen die angespannte Situation und sorgen dafür, dass sich am Ende keiner benachteiligt fühlt.

Komme, was da wolle – Geschwister halten in Krisenzeiten zusammen

Ursi

Mit ungefähr zwanzig trennte ich mich nach einigem Hin und Her von meinem damaligen Freund. Weil ich mir selbst nicht ganz traute, ob ich nicht doch wieder weich werden würde, wenn er anrief oder vor der Tür stand, packte ich eine Tasche und zog für ein paar Tage zu meiner Schwester Julia. Ein Handy besaß ich nicht, also war ich dort völlig sicher vor unerwünschten Überredungsversuchen des Ex. Ich sehe mich noch in ihrem Bademantel auf der Couch liegen und fernsehen. Auch wenn es keine reale Bedrohung gab, fühlte ich mich geschützt und gut aufgehoben.

Geschwister lachen zusammen, sie haben ihre Insider und Rituale. Oft genug streiten sie. Aber was die Bindung zwischen Geschwistern auf jeden Fall ebenso ausmacht, ist der Zusammenhalt in Krisenzeiten. Hat die Schwester oder der Bruder ein Problem, überlegt keiner lange. Man ist einfach da und hilft.

Meine Mutter zum Beispiel schenkte ihrer jüngsten Schwester gleich nach deren Geburt eine sehr spirituelle Form der Unterstützung. Die Kleine plagte nämlich die Nasendiphtherie, eine bakterielle Infektionskrankheit, und meine Großeltern waren deshalb in heller Aufregung. Es hieß, das Ganze könne schnell gefährlich für das Baby werden.

Antibiotika steckten in der Nachkriegszeit noch in den Kinderschuhen.

Kurz zuvor hatte meine Mutter in der Grundschule von der Nottaufe erfahren, die ein Laie in brenzligen Situationen durchführen dürfe, falls nicht rechtzeitig ein Geistlicher hinzugeholt werden könne. Also trat sie zigmal am Tag vor das Bettchen, bekreuzigte sich und sagte: »Ich taufe dich im Namen des Vaters und des Sohnes und des Heiligen Geistes.«

Ihre kleine Schwester erholte sich nicht nur rasch, sie erfreut sich bis heute, mehr als sieben Jahrzehnte später, blendender Gesundheit. Bestimmt hat sie das dem vielfachen schwesterlichen Segen zu verdanken.

Ich höre viele Geschichten, die davon berichten, wie beherzt Geschwister zur Stelle sind, wenn Leib und Seele ihres Bruders oder ihrer Schwester gefährdet sind.

Celine zum Beispiel machte in der Pubertät eine schwierige Phase durch. Mit den Eltern gab es ständig Streit. Aber auch mit sich selbst kam die Heranwachsende nicht zurecht. Irgendwann gipfelten die Probleme in einem Selbstmordversuch.

»Es war Abend und ich saß beim Essen, als Celines Freund anrief«, erzählt mir ihr älterer Bruder Dennis. »Er sagte mir, Celine hätte versucht, sich die Pulsadern aufzuschneiden. Auf so etwas war ich überhaupt nicht vorbereitet.«

In Tränen aufgelöst, setzte er sich in die S-Bahn, um so schnell wie möglich zu seiner Schwester zu kommen. Nicht zu wissen, wie schlimm es um sie stand, war entsetzlich für ihn. Er hatte ein schlechtes Gewissen, sich insgesamt nicht mehr gekümmert zu haben. Wenn er dies oder jenes getan hätte – wäre sie dann nie in diese Krise gestürzt?

Bei Celines Freund angekommen, stellte Dennis fest, dass sie sich die Haut an den Handgelenken aufgeritzt hatte. Tief genug, um zu bluten, aber bei Weitem nicht so, dass es sie hätte umbringen können. Anstatt Erleichterung machte sich Zorn in Dennis breit. Warum erschreckte ihn seine Schwester so? Er fühlte sich manipuliert.

Trotzdem schluckte er seinen Ärger hinunter und umsorgte Celine. Ein Hilferuf war die Sache allemal, und den wollte er ernst nehmen.

Ich frage Celine, wie sie die Unterstützung ihres Bruders damals wahrgenommen hat: »Dass er alles stehen und liegen ließ, bedeutete mir viel. Denn es bewies, dass ich ihm nicht egal war. Genau das brauchte ich zu dem Zeitpunkt. Er war mein Held, und ich habe ihn danach für lange Zeit sehr idealisiert gesehen: mein perfekter großer Bruder.«

Wie viel die Unterstützung der älteren Geschwister den jüngeren bedeuten kann, wird ganz wunderbar in dem Disney-Film *Onward: Keine halben Sachen* (*Onward*, 2020) dargestellt. Was die Elfenbrüder Ian und Barley füreinander sind, rührt mich zu Tränen.

Wenn Sie den Film noch nicht kennen und sehen wollen, überspringen Sie bitte diesen Absatz, denn es folgt ein Spoiler:

Am Ende einer Abenteuerreise schaffen Ian und Barley es, ihren schon lange verstorbenen Vater durch einen Zauber für ein paar Augenblicke ins Leben zurückzuholen. Aber nur einer der beiden kann den Moment erleben, denn gleichzeitig muss ein Drache bekämpft werden. Der ältere Bruder bietet dem jüngeren den Vortritt an, weil der nie die Chance gehabt hat, den Vater kennenzulernen. Doch der kleinere verzichtet, damit sich der große stattdessen richtig verabschieden kann. Er sagt, es sei nicht schlimm gewesen, als Halbwaise aufzuwachsen, weil da ja immer jemand war, der ihn unterstützt und ihm die Welt gezeigt hat und zu dem er aufschauen konnte: sein Bruder.

Oft genug ist es aber andersrum: Auch die Jüngeren helfen den Älteren durch Krisen. Gegenseitige Unterstützung funktioniert in beide Richtungen.

Jenny erzählt mir vom geschwisterlichen Zusammenhalt vor und während der Scheidung ihrer Eltern: »Mein Bruder und ich haben zusammen im Zimmer gesessen und mit angehört, wie sie sich angeschrien haben. Da ging es um Untreue und Lügen – Dinge, die uns Kinder überfordert haben. Mein Bruder war schon Teenager, und er kam sonst nicht mehr oft zu mir. Aber wenn unsere Eltern sich stritten, saß er immer auf meinem Bett. Und wir haben stundenlang darüber geredet, was wohl stimmt von dem, was wir da hörten.«

Jenny und Tobias konnten sich schon immer aufeinander verlassen. Obwohl sie nie viel miteinander spielten, fühlten sie sich dennoch als Team. Eine von Jennys frühesten Kindheitserinnerungen ist, dass ihr Bruder sie davor bewahrt hat, mit vier Jahren aus dem Auto zu fallen. Wie es damals üblich war, saßen die Kinder unangeschnallt auf der Rückbank. Als der Wagen eine enge Kurve fuhr, öffnete sich die nicht richtig geschlossene Tür. Hätte Tobias seine kleine Schwester nicht schnell am Arm gefasst, wäre sie auf die Straße gekullert.

Jahre später fiel ihm ein schwerer Gegenstand mit voller Wucht in die Badewanne und die Emaille-Beschichtung platzte ab. Jenny wäre nie auf die Idee gekommen, ihren Bruder bei den Eltern zu verpetzen. Stattdessen half sie ihm, den Schaden mit Deckweiß zu »reparieren«. So konnte das Missgeschick zumindest ein paar Tage lang geheim gehalten werden.

»Wenn wir allein zu Hause waren, schauten wir immer fern, obwohl das streng verboten war. Einer hat am Fenster Schmiere gestanden, der andere durfte die Sendung entspannt genießen. Damit haben wir uns abgewechselt.«

Als der Vater ausgezogen war, kam Tobias eines Tages ins Wohnzimmer und sah, wie die Mutter gerade aus dem Fenster klettern wollte, um sich hinabzustürzen. Diesen Schock hat er nie ganz verarbeiten können, auch wenn sie beim Anblick ihres Kindes sofort einen Rückzieher machte.

»Noch heute fängt mein Bruder immer wieder damit an und will mit mir besprechen, was damals gewesen ist. Unsere Erlebnisse aus der Jugend definieren, wer wir jetzt als Geschwister sind«, fasst Jenny zusammen.

Natürlich gibt es auch für erwachsene Geschwister oft genug gemeinsam schwere Zeiten zu bewältigen.

Rita erklärt mir, dass ihr Bruder Ernst und sie sich eigentlich nie besonders gut verstanden. »Vielleicht waren wir uns räumlich zu nah, denn wir drei Geschwister haben zusammen das elterliche Haus geerbt und es uns aufgeteilt. Es gab zwar getrennte Wohnbereiche, aber nur ein gemeinsames Grundstück. Ernst hatte in seinem Schlafzimmer kein Fenster. Angeblich, damit er uns nicht im Garten sehen muss.« Sie lacht.

Dann erzählt sie mir davon, wie die mittlere Schwester in ihren Vierzigern erkrankte und starb. Als die Nachricht aus dem Krankenhaus kam, lagen Ernst und Rita zusammen auf dem Fußboden und weinten. Das war einer der wenigen nahen Momente zwischen den beiden.

»Mein Mann hat ebenfalls ziemlich jung Krebs bekommen. Der Gehirntumor hat ihn bis zu seinem Tod sehr verändert. Und die Familie hat ihm wahnsinnig übel genommen, dass er mein Leben zerstört hat. In dieser schwierigen Zeit war dann leider niemand für mich da.«

Ein Schicksalsschlag, den viele Geschwister miteinander durchmachen, ist der Tod der Eltern. Oft geht dem eine Phase der Krankheit und Pflege voraus.

Marianne sagt, ihr tat es in jener Zeit immer gut, mit ihrem Bruder zu telefonieren. Nicht nur, weil er so fühlte wie sie, sondern auch, weil er es durch seine Sichtweise oft schaffte, sie aus der Sorge zu holen.

Bettina berichtet davon, wie sich nach der Erkrankung des Vaters jeder der drei Geschwister um etwas anderes kümmerte. Es gab einen optimalen Informationsfluss und alles, was getan werden musste, war aufgeteilt. Ein ganzes Jahr besuchte ihn täglich jemand im Krankenhaus.

Marion hingegen sorgte allein für die kranke Mutter, weil ihr Bruder zu weit entfernt wohnte. Als es zu Ende ging, war sie diejenige, die stark sein und dem Vater sagen musste, was passieren würde.

»Mein Bruder saß im Auto und war auf dem Weg zu uns, als ich einfach nicht mehr konnte. Ich stand auf dem Krankenhausflur und heulte ins Telefon. ›Gleich bin ich da‹, sagte er. Und als er schließlich ankam, konnte ich mich fallen lassen. Er hat die ganze Verantwortung übernommen und sich um alles gekümmert.«

Bei Ilona und ihren Geschwistern sind schon beide Eltern gegangen. Sie spricht davon, wie traurig der Abschied jeweils war, dass es aber auch schöne Seiten hatte, wie die Geschwister am Sterbebett zusammenkamen. »Gemeinsam zu trauern, hat uns neu verbunden. Wir haben zusammen die Beerdigungen organisiert und die Kondolenzpost erledigt. Dazwischen konnten wir in Erinnerungen schwelgen. Das hat beim Abschiednehmen sehr geholfen.«

Nach dem Tod der Eltern gibt es in der Familie oft eine andere Rollenverteilung. Wenn die Mutter zum Beispiel die Funktion der kommunikativen Schaltstelle bekleidet hat, bei der alle Informationen zusammenflossen und dann wieder verteilt wurden, ist diese Position in der Familie neu zu besetzen.

Die Life-Span-Forschung beschäftigt sich mit der Entwicklung von Individuen über den gesamten Lebenslauf. Sie zeigt, dass Geschwisterbeziehungen mit zunehmendem Erwachsenenalter enger werden. Denn der mittlere Lebensabschnitt ist mitunter der belastendste. Es gilt, sich gemeinsam um die Eltern zu kümmern und Erbstreitigkeiten auszufechten.

Zum Glück ist die Dynamik zwischen Geschwistern veränderbar, sodass ganz neue Verbindungen geknüpft werden können. Gerade aus Krisensituationen gehen Brüder und Schwestern oft als gestärkte Einheit hervor.

Das bleibt aber unser Geheimnis!!!

Heike

Wir alle kennen das Briefgeheimnis, das Staatsgeheimnis, das Militärgeheimnis, das Beichtgeheimnis … Aber zu den privatesten aller Geheimnisse gehört sicher das zwischen Geschwistern. Schließlich steckt das Wort »Heim« in »Geheimnis«, und das lässt darauf schließen, dass eine geschützte gemeinsame Umgebung der beste Nährboden für Heimlichkeiten ist.

Mal verbergen Geschwister Vertrauliches vor den Eltern, mal voreinander. Geschwistergeheimnisse gibt es in fast allen Familien.

Doch natürlich werde ich jetzt keine Geheimnisse zwischen meinen Brüdern und mir preisgeben, denn sonst wären es ja keine mehr. Stattdessen verrate ich ihnen die schönsten Geschichten aus dem Nähkästchen meiner Interviewpartner:innen.

Oftmals ist der dringende Wunsch, zusammenzuhalten und bloß nichts den Eltern zu beichten, mit einem vorausgegangenen Missgeschick oder Streich verbunden. So wie bei Mike und seinem älteren Bruder Bodo.

»Einmal haben wir beim Fußballspielen das Badezimmerfenster eingeschossen«, erzählt Mike. »Ich weiß nicht mehr, wer von uns beiden es war. Den Eltern gegenüber haben wir einfach behauptet, es sei keiner von uns gewesen.«

In der Not hält man eben zusammen, auch wenn man sich sonst permanent zofft. Und das gemeinsame Geheimnis verbindet dann umso mehr.

Ganz ähnlich erging es Arne und seiner Schwester Nathalie. Die beiden spielten wegen des großen Altersunterschiedes zwar fast nie miteinander, aber zusammen Unsinn anstellen, das klappte doch hin und wieder.

»Einmal attackierte ich sie mit Kügelchen aus Alufolie, um sie zu ärgern, woraufhin Nathalie schreiend wegrannte. Genau das hatte ich ja bezweckt«, berichtet Arne.

Doch bei der Flucht knallte Nathalie gegen eine Lampe, die dadurch einen Sprung bekam. Als die Eltern sie später zur Rede stellten und fragten, wer daran schuld sei, schwärzten sie sich nicht gegenseitig an, sondern hielten dicht. Deshalb wurden die Geschwister dazu verdonnert, ihr Taschengeld zu opfern und Ersatz zu kaufen.

»Unsere Mutter hat nie erfahren, wie der Sprung in die Lampe kam«, sagt Arne. »Aber das Verrückte ist: Die kaputte hängt immer noch, während die neue seit rund vierzig Jahren originalverpackt auf dem Dachboden steht.«

Ein Geschwistergeheimnis kann durchaus auch ein Druckmittel sein, wenn es einseitig ist – so wie bei Sonja und ihrer großen Schwester Edith, die auf keinen Fall wollte, dass Sonja die Bombe platzen ließ.

»Edith war viel angepasster als ich«, erzählt Sonja. »Ich war eher eine Rebellin, meine Schwester richtete den Fokus auf ein ganz traditionelles Familienmodell. Sie heiratete ihren ersten Freund, bekam früh Kinder, während ich im Traum nicht daran dachte, meine Freiheit aufzugeben. Wir hatten nur eine Gemeinsamkeit: Wir rauchten beide.«

Weil die Eltern überzeugte Nichtraucher waren, taten sie das jedoch heimlich.

»Als ich einmal – mit vielleicht vierzehn – nach Hause kam, forderte mich meine Mutter auf: ›Hauch deine Schwester mal an‹. Und dann fragte sie Edith: ›Hat Sonja geraucht?‹ Statt mich zu decken, antwortete sie doch glatt: ›Ja, ich rieche auch Rauch.‹«

Edith war nun mal so. Sogar als sie selbst schon ausgezogen war, rauchte sie nicht vor ihren Eltern – nicht einmal in ihrer eigenen Wohnung. Falls dort plötzlich Besuch auftauchte, musste Sonja schnell die Zigarette ihrer Schwester übernehmen – denn ihr Ruf war ja bereits ruiniert.

»Als Edith Mitte zwanzig und ich ebenfalls erwachsen war, wurde mir dieses Theater zu viel. Ich hatte keine Lust mehr, unter irgendeinem Vorwand mit meiner Schwester in mein Zimmer zu gehen, damit sie heimlich eine rauchen konnte«, erzählt Sonja. »Deshalb zündete ich mir vor den Eltern eine Zigarette an und forderte Edith auf, dasselbe zu tun, denn ich würde ihr nie wieder ein Rauch-Alibi geben.«

Zwar waren sowohl die Eltern als auch die Schwester völlig entsetzt, aber damit war das für Sonja so nervige Versteckspiel endlich beendet.

Das Geheimnis, von dem Friedel mir erzählt, schließt nicht nur ihre beiden älteren Brüder Günther und Hartmut mit ein, sondern auch Vater und Mutter. Es ist sozusagen ein Familiengeheimnis, an das sich die Geschwister nun, da sie selbst über sechzig beziehungsweise sogar über siebzig sind und die Eltern schon seit Jahren nicht mehr leben, gemeinsam erinnern können.

»Unsere Eltern haben nach der Flucht aus dem Osten mit fast nichts hier im Westen angefangen. So waren wir zum Beispiel die Letzten im Ort, die ein Auto oder einen Fernseher hatten«, erzählt Friedel.

Doch auf eines wollte der Vater auf keinen Fall verzichten: auf einen gemeinsamen Urlaub. »Er wusste, dass so ein Erlebnis zusammenschweißt. Außerdem war es ihm wichtig, uns etwas zu bieten, woran wir uns immer erinnern würden.«

Die Familie fuhr in den Taunus, wo sie ein Doppelzimmer mit zusätzlichem Kinderbett für die fünfjährige Friedel reserviert hatten.

»Zu mehr reichte das Geld nicht. Deshalb mussten meine Brüder draußen warten. Erst nach Einbruch der Dunkelheit wurden sie hineingeschleust.«

Es war sicher nicht ganz so bequem für die Jungs, auf der Luftmatratze zu schlafen, aber anders wäre ein Urlaub für die fünfköpfige Familie nicht finanzierbar gewesen.

»Und unser Vater behielt recht – so eine Geschichte vergisst man garantiert niemals. Das war vielleicht ein Abenteuer!«, sagt Friedel und lacht.

Als Rebeccas Bruder Jens sie vor rund zehn Jahren um ein Treffen bat, stimmte sie nur widerwillig zu. Sie hatte gerade beruflich eine besonders anstrengende Phase. Außerdem lag die Mutter im Sterben, zu der Rebecca ein sehr enges Verhältnis hatte, und sie war fix und fertig von der Krankenbetreuung. Nicht zuletzt war sie auch ziemlich genervt davon, dass ihre Brüder sich dabei so wenig einbrachten. Doch Jens sagte, er müsse dringend etwas mit ihr besprechen, also fuhr sie nach der Arbeit zum vereinbarten Treffpunkt.

»Du bist die Erste, der ich es sage«, begann Jens. »Ich glaube, ich bin zu fünfundsiebzig Prozent eine Frau.«

Innerhalb von Sekunden schossen Rebecca tausend Gedanken durch den Kopf. Zum Beispiel: Oh Mann, ich habe mir immer eine Schwester gewünscht, und jetzt so was! Oder: Das ist alles so verrückt. Kann man sich denn in dieser Welt auf nichts mehr verlassen? Und: Noch jemand, um den ich mich kümmern muss.

Was sie spontan antwortete, war aber: »Bitte sprich nicht mit Mama darüber.«

»Nicht weil ich glaubte, unsere Mutter hätte das nicht akzeptieren können, sondern weil ich ihr in ihrem schwerkranken Zustand ersparen wollte, dass sie sich Sorgen um Jens machte. Genauer gesagt um Viola, wie sie inzwischen heißt«, erklärt Rebecca.

Diese Sorgen machte sich nun Rebecca stattdessen. Sie fürchtete, er beziehungsweise sie würde den Job verlieren und die Ehe würde kaputtgehen – was dann tatsächlich alles so passierte.

Mittlerweile hat sich für Viola alles zum Guten gewendet. Sie hat nicht nur ein Buch über das Leben als Transgender-Person geschrieben, sondern auch wieder einen festen Job, und sie strahlt inzwischen ein viel größeres Selbstbewusstsein aus denn je.

»Damals, als sie sich mir gegenüber outete, habe ich mich trotz aller widersprüchlichen Gefühle und Sorgen auch sehr geehrt gefühlt. Viola war bei einem speziellen Transgender-Therapeuten in Behandlung, und der hatte ihr empfohlen, sich zuerst einem Familienmitglied gegenüber zu öffnen, von dem sie sicher war, akzeptiert zu werden. Viola wusste, dass ich ein sehr liberaler Mensch bin, daher hat sie sich für mich entschieden. Das ist schon ein riesiger Vertrauensbeweis.«

Rebecca bewahrte das Geheimnis und sprach mit niemandem darüber, bis Viola beschloss, es dem jüngeren Bruder Felix ebenfalls zu erzählen. Auf dessen Reaktion war Rebecca ganz gespannt.

»Für mich war das wie ein Test. Wenn Felix auch nur das kleinste Problem damit gehabt hätte, Viola zu akzeptieren, wäre das für mich eine enorme Enttäuschung gewesen«, sagt sie. »Das hätte unser Verhältnis zueinander verändert.«

Während Rebecca der Meinung ist, Geschwisterliebe müsse so etwas aushalten und Coolness sei die einzig vertretbare Reaktion, hätte ich persönlich durchaus Verständnis dafür gehabt, wenn Felix zunächst einmal geschockt gewesen wäre. Ich finde es sogar normal, wenn man ein bisschen Zeit braucht, um sich an den Gedanken zu gewöhnen, dass ein Bruder ab jetzt eine Schwester ist. Schließlich ist das ja durchaus keine Bagatelle, sondern eine fundamentale Veränderung. Zwischen Ablehnung und sofortiger Akzeptanz gibt es ja noch viele Zwischenstufen, und die meisten Menschen würden wohl eine gewisse Adaptionsphase brauchen, bevor sie ein solch unerwartetes Outing für sich einordnen können.

Aber obwohl Felix insgesamt deutlich konservativer ist als Rebecca, reagierte er exakt so wie sie und ging sofort supergut mit Violas Outing um. Hinterher war er sogar ganz überrascht zu erfahren, dass Rebecca an seiner Reaktion gezweifelt hatte.

»Ob trans oder schwul oder was auch immer, das ändert doch nichts an dem Menschen«, findet Rebecca. »Und Viola hat noch die gleichen Charakterzüge wie vorher.«

Witzigerweise gibt es einige Eigenarten, die Rebecca früher an ihrem Bruder sehr genervt haben – an Viola dagegen weniger.

»Ich kann jetzt viel deutlicher erkennen, was für eine außergewöhnliche und interessante Persönlichkeit Viola ist. Wenn ich sie anschaue, sehe ich zwar noch immer das Gesicht meines Bruders, auch wenn mir inzwischen eine Frau gegenübersitzt. Aber das spielt überhaupt keine Rolle, das Geschlecht ist völlig egal. Ich will nur, dass es diesem Menschen gut geht.«

Ein ganz anderes Geschwistergeheimnis teilten Antje und ihre drei Jahre jüngere Schwester Karen.

»Ich war immer ihr Vorbild, und sie fand es toll, dass ich schon früh aus der Provinz nach Berlin gezogen bin«, erzählt Antje.

Einmal, als sie gerade sechzehn war, schwänzte Karen ihre Ausbildung und fuhr für einen Tag zur großen Schwester in die Hauptstadt – natürlich ohne den Eltern davon zu erzählen.

»Ich zeigte ihr die Stadt, und Karen war sehr beeindruckt. Als wir in einem schicken Café frühstückten, kam zufälligerweise ein Fotograf vorbei und fragte, ob er uns aufnehmen dürfe. Mit unseren langen Haaren und unserem auffälligen Techno-Style waren wir ziemliche Hingucker. Natürlich waren wir von seiner Frage geschmeichelt und stimmten zu.«

Ein paar Tage später erkundigte sich die Mutter beim Frühstück beiläufig: »Na, Karen, wie war's denn in Berlin?« – und präsentierte ihr mit diesen Worten eine Zeitschrift. Darin war das Foto der beiden Schwestern abgedruckt – halbseitig!

»Unser Geheimnis blieb also nicht besonders lange eins«, sagt Antje.

Auf meine Frage, ob die Eltern sauer waren, erwidert sie: »Gar nicht, sie haben geschmunzelt und erklärt, dass kleine Lügen nun mal sofort rauskommen. Und große auch. Ehrlichkeit war einer der Werte, die sie uns mitgegeben haben.«

Ein mindestens ebenso wichtiger Wert ist das Vertrauen — und das wird durch Geheimnisse zwischen Geschwistern enorm gestärkt. Schließlich muss man sich darauf verlassen, dass der Bruder oder die Schwester das Anvertraute für sich behält und einen nicht dafür verurteilt. Geschwister, die ein Geheimnis teilen, gehen einen Pakt ein. Sie geben einander Verantwortung, aber auch Macht. Egal, wie groß die Differenzen sein mögen — solange sie sich Geheimnisse anvertrauen, funktioniert das geschwisterliche Band und gibt Halt, wann immer es darauf ankommt.

Manchmal machen sie so richtig Blödsinn – Geschwister auf der schiefen Bahn

Ursi

Mitunter ist das Geheimnis, das man für einen Bruder oder eine Schwester bewahren muss, alles andere als harmlos. Aber egal, was Geschwister auch abfordern – dass man dennoch hinter ihnen steht, ist für die meisten ganz selbstverständlich.

Georg wurde Ende der Dreißigerjahre geboren. In der Schule bekam er hervorragende Noten und auch im Wirtschaftsstudium glänzte er. Einer strahlenden Zukunft im aufblühenden Nachkriegsdeutschland sollte nichts im Wege stehen … hätte er sich nicht in Sigrid verliebt. Die hübsche junge Frau stammte aus betuchtem Elternhaus und verdrehte Georg so gründlich den Kopf, dass er nicht mehr richtig wusste, wo vorne und hinten war. Zusätzlich ließ sie ihn ständig spüren, dass sie sich ihm gesellschaftlich überlegen fühlte.

In einem schwachen Moment warf der vollkommen unbescholtene Georg all seine Prinzipien über Bord und stahl im Büro seines ersten Jobs eine größere Summe Geld, um Sigrid gegenüber nicht länger als armer Schlucker dazustehen. Prompt wurde er dabei erwischt und verhaftet.

Georg und seine Schwester Emma stellten mir für dieses Buch die Briefe zur Verfügung, die er im Gefängnis verfasste.

Im Mai 1961 schreibt er:

Meine liebe Emma!

Die Situation ist jetzt folgende: Der Untersuchungsrichter hat seine Erhebungen abgeschlossen und übergibt den Akt der Staatsanwaltschaft. Ich habe ab sofort das Recht, Besuche zu empfangen und mit ihnen zu sprechen. Dich würde ich gerne einmal sehen, wenn du willst und Zeit hast. Das größte Problem ist augenblicklich meine Freilassung bis zur Verhandlung. Denn die Ratskammer hat entschieden, dass ich weiter in Haft bleibe. Dafür kommen drei Gründe infrage: 1) Verdunkelungsgefahr, 2) Wiederholungsgefahr, 3) Fluchtgefahr. 1) trifft auf mich nicht zu, da ich keine Mittäter habe. Ich glaube, dass ich die Richter bzw. den Staatsanwalt davon überzeugen kann, dass bei mir ebenso wenig Wiederholungsgefahr besteht. Es ist ja auch wirklich nicht der Fall! Das weißt du! Das weiß jeder, der mich und meinen Charakter kennt. Es bleibt also die Fluchtgefahr. Dazu betone ich genauso, dass dies ausgeschlossen ist. Doch den Fluchtverdacht kann ich nur dadurch von mir abwenden, dass eine Kaution (und zwar eine sehr hohe, vielleicht 10 000 oder 20 000 DM) für mich gestellt würde. Aber wer soll bürgen? Niemand von uns hat genügend Geld!

Wahrscheinlich verachtest du mich, wenn ich dir Namen nenne. Eventuell haben sich diese Personen längst von mir distanziert und wollen nichts von mir wissen?! ... (Anm.: Er nennt einige Namen.) Alles Menschen, die immer gut zu mir waren. Leute, die ich sehr enttäuscht habe.

Es ist unsagbar wichtig für mich, bis zur Verhandlung auf freien Fuß gesetzt zu werden. Und dazu brauche ich die

Hilfe edler Menschen, die mir vertrauen und an meinen guten
Willen glauben. Ich werde mich stets als dankbar erweisen. Vor
allem dir gegenüber, meine liebe Emma.
Ich grüße dich!
Dein Bruder Georg

Meine liebe Emma!
Für Montag oder Dienstag erwarte ich die Entscheidung des
Staatsanwaltes, ob ich bis zur Verhandlung auf freien Fuß ge-
setzt werde.
Hoffentlich hat Mutti noch nichts davon erfahren. (Anm.: Die
Mutter befand sich zu dieser Zeit wegen einer Opera-
tion im Krankenhaus. Straftat und Festnahme des Soh-
nes wurden ihr zunächst verschwiegen.) *Wenn ich frei-*
komme, so würde ich sie besuchen, ohne ihr etwas zu verraten.
Erst sobald sie wieder gesund ist, wollen wir ihr Bescheid sagen.
Ich weiß nicht, ob du schon einen Brief von mir erhalten hast.
Einen, in dem ich dir die Adressen meiner Schüler bekannt-
gegeben und dich gebeten habe, ihnen abzusagen. Das ist be-
sonders wichtig. (Anm.: Gemeint sind seine Nachhilfe-
schüler:innen.)
Bitte verhindere, dass Vati mich besuchen kommt. Ich möchte
zwar unendlich gerne mit ihm sprechen. Jedoch nicht hier! Die
Umgebung wäre für uns beide (vor allem für ihn) schrecklich.
Bitte grüß mir die Geschwister (Anm.: Georg und Emma
sind die ältesten, es gibt ein paar weitere), *Verwandten und*
Freunde. Ich habe dir noch gar nichts über meine Zukunftsplä-
ne geschrieben. Ich werde wahrscheinlich nach Augsburg gehen
und Vati und Mutti bitten, mich bei sich aufzunehmen.
Wenn ich mich dennoch entschließen sollte, in München zu

bleiben, um dort wieder Fuß zu fassen, so geschähe es nur deinetwegen. Ich schäme mich, weil ich nur Bitten an dich habe. Verzeih! Ich weiß, dass du sie erfüllen wirst, so gut du nur kannst. Auf deine vernünftige, tatkräftige und liebevolle Art, die mir an dir schon immer so gefallen hat. Ich wüsste nicht, was ich ohne dich täte.

Ich habe hier den Eindruck, dass mir alle wohlgesonnen sind. Der Untersuchungsrichter, die Wärter – jeder. Bitte bete für mich!

Ich werde alles tun, um die Liebe und Achtung von Vati und Mutti wieder zu erringen! Du weißt, dass ich nicht schlecht bin. Von dir, meine liebe Emma, bin ich überzeugt, dass du zu mir stehst.

Herzliche Grüße!

Georg

Georg kam nicht auf Kaution frei und musste die gesamte Zeit bis zur Verhandlung in Untersuchungshaft bleiben.

Meine liebe Emma!

Immer muss ich daran denken, dass Mutti vielleicht schon von allem weiß. Hoffentlich hat es sie nicht allzu schwer getroffen. Ich bete, dass sie mir verzeihen kann. Sag ihr bitte, dass ich an sie denke und dass ich mich bemühen werde, an ihr wieder gutzumachen, was ich ihr angetan habe. Noch etwas bedrückt mich sehr: Ilona (Anm.: die jüngste Schwester) wird heuer gefirmt. Ich hatte versprochen, ihr München zu zeigen, und sie hat sich so darauf gefreut. Du wirst sicher eine Erklärung gefunden haben, warum ich mein Versprechen nicht einhalten konnte. Wenn sie die Wahrheit wüsste, würde sie sich vielleicht ihres Bruders schämen.

Ich bin in einem solchen Zwiespalt der Gefühle! Wenn ich dir und deiner Menschenkenntnis glauben darf, dann ist es mit Sigrids Interesse und ihrem guten Willen nicht mehr weit her. Wenn ich mir nur darüber Klarheit verschaffen könnte und sie mich besuchen käme! Sie hat so viele Ratschläge nicht beachtet, warum befolgt sie gerade diesen? Vermutlich kam er ihr gelegen! Das ist das Übel, dass man hier alle Gedanken hundert Mal zerpflückt und wieder von neuem beginnt.

Ich liebe Sigrid und ich möchte sie heiraten, wenn sie die Zeit nützt und sich in einer Weise ändert, dass meine Vernunft und meine Familie Ja zu ihr sagen können. Ich fürchte allerdings, dass dies nicht der Fall sein wird und ich ohne sie auskommen muss. Sag ihr nichts davon! Es ist ihre Sache, endlich einmal von sich aus etwas zu tun.

Meine Verhandlung ist in einer Woche. Wenn du dich freimachen kannst, so würde ich auf deine Anwesenheit größten Wert legen. Sonst soll bitte niemand kommen. Besonders nicht Mutti und Vati.

Sag Mutti, sie darf mir nicht schreiben. Ein Brief von ihr würde mich am Boden zerstören. Bitte sie, dass sie mich in ihr Gebet einschließt.

Liebe Emma, ich danke dir für alles, was du für mich tust, und grüße dich herzlich!

Dein Bruder Georg

Als Georg am Verhandlungstag im Vorraum des Saales an seiner Schwester vorbeigeführt wurde, bat er sie, nicht mit hineinzugehen. Sie hielt sich daran und blieb draußen. Von der restlichen Familie war niemand nach München gekommen.

Georg wurde zu einem Jahr Gefängnis verurteilt.

Im Juni 1961 schreibt er aus der Haft:

Meine liebe Emma!
Zuerst: Meinen herzlichen Glückwunsch zum Geburtstag!
Ich habe mir am Tag vor der Verhandlung hundertmal einge-
prägt, daran zu denken und dir zu gratulieren, und habe es
in der Aufregung trotzdem vergessen. Ich freue mich auf dei-
nen nächsten Geburtstag. Da wird das ganze Unglück schon
der Vergangenheit angehören. Jetzt muss ich mich leider noch
darauf beschränken, dir für alles zu danken, was du für mich
tust. Es sieht zwar so aus, als hätte ich stets nur Bitten an dich
und fände es selbstverständlich, dass du sie mir erfüllst, dein
Geld, deine Freizeit und deine Urlaubstage dafür opferst. Das
ist nicht so! Ich weiß deine Hilfsbereitschaft sehr zu schätzen
und ich denke immer in Liebe und Dankbarkeit an dich. Den
Eltern habe ich geschrieben, dass sie mich nicht besuchen sol-
len. Ich möchte aber, dass du gelegentlich an Samstagen zu mir
kommst. Doch höchstens einmal im Monat! Nicht öfter!
Vielleicht schauen acht Tage Haftunterbrechung heraus. Die-
se würde ich dazu benutzen, meine Zelte in München abzu-
brechen und meine Sachen vorläufig nach Augsburg zu schaf-
fen. Das alles kann ich dir nicht zumuten, weil du ja täglich
im Beruf stehst und selbst genug Sorgen und Arbeit hast.
Sigrid lasse ich grüßen und sie ersuchen, aus meinen Sachen,
die sich bei ihr in Verwahrung befinden, ein Paket zu ma-
chen und es nach Augsburg zu schicken. Ersetze ihr bitte das
Porto.
Liebe Emma, ich möchte dir sagen, dass ich trotz allem zu-
versichtlich in die Zukunft schaue und dass ich das Gute, das
mir insbesondere von dir erwiesen wird, mit Gleichem vergel-
ten werde. Tröste die Eltern und grüß sie herzlichst von mir.

Nochmals: danke für alles, was du für mich tust und bitte sorge
dich weiter ein wenig um mich!
Es grüßt und küsst dich in aufrichtiger Liebe
dein Georg

Das Berufungsverfahren und auch diverse Gnadengesuche, bei denen Emma alle Fäden zog und hunderte Wege erledigte, blieben erfolglos.

Im August 1961 schreibt Georg:

Meine liebe Emma!
Nachträglich nochmals vielen Dank für deinen Besuch. Ich habe ehrlich gesagt Gewissensbisse, dass du den in jeder Beziehung öden Weg zu mir machst. Trotzdem freue ich mich bereits, wenn du im September wiederkommst.
Ich danke dir für alles, was du schon getan hast, und versichere dir, dass meine Dankbarkeit nicht abflaut. Sie wird sich nicht allein durch Worte äußern, sondern dadurch, dass ich dir immer, so gut ich kann, zur Seite stehen werde. Während wir zusammen in München waren, haben wir einander gut ergänzt, und es ist jetzt mehr denn je mein Wunsch, für uns beide eine Wohnung zu finden. Ich will doch hier in München bleiben und ich möchte, dass wir gemeinsam wirtschaften. Es wird sicher wieder alles gut werden.
Grüß mir bitte Vati, Mutti und die Geschwister. Sag ihnen, dass ich viel an sie denke. Danke Ilona für ihre Zeilen in Muttis Brief und sag ihr, dass auch ich mich sehr freue, sie wiederzusehen.
Es grüßt und küsst dich
dein Georg

Im September 1961 schreibt Georg:

Meine liebe Emma!

Wie geht es mit deiner Wohnungssuche? Ich wünsche von Herzen, dass du endlich ein ordentliches Quartier findest. Du weißt ja, dass ich die Hoffnung hege, mit dir zusammenzuziehen. (Wenn du willst!) Mir ist es unangenehm, dass ich dir bei der Wohnungssuche nicht behilflich sein kann.

Für mich gibt es jetzt, das heißt in den nächsten Jahren, nur eines: vorwärtskommen. Du wirst vielleicht überrascht sein, wenn ich dir schreibe, dass es auf das Anfangsgehalt erst in zweiter Linie ankommt. Ein paar DM auf oder ab sind nicht so wichtig gegenüber den Entwicklungsmöglichkeiten und dem Interesse an der betreffenden Materie. Große Bedürfnisse werde ich nicht haben. Heiraten kommt sowieso nicht mehr in Frage. Ich werde mir nur sehr viele Anzüge (der alte Georg!) kaufen und eine Weißwurst, die ich mir von dir wärmen lasse, wird hoffentlich noch drinsein. Die im Augenblick recht hohe Anzahl von Akademikern, die das Gefangenenhaus unsicher machen, überhäufen mich mit beruflichen Rat- und Vorschlägen, die einander auf die abenteuerlichste Weise widersprechen. Der eine will mich zum Praktikum an eine jüdische Bank in England vermitteln, der andere rät mir, nach Frankreich zu gehen, der dritte schwört auf Wien und ich muss mir auch anhören, dass ich wie geschaffen wäre, in den Jesuitenorden einzutreten. Das Elternhaus werde ich aus Rücksicht auf Vatis Nerven meiden. Es ist nicht ein Mangel an Demut, Gehorsam oder gutem Willen, dass ich mich nicht unter seine Aufsicht begeben möchte, sondern nur meine Sorge um den Hausfrieden.

In Liebe!

Georg

Nach Georgs Entlassung wohnten die zwei Geschwister zwar nicht zusammen, waren aber Nachbarn. Sie verbrachten viel gemeinsame Zeit, bis Emma wenige Jahre später ihren zukünftigen Mann kennenlernte.

Sigrid wurde während Georgs Gefängnisaufenthalt von einem anderen schwanger. Georg und sie wurden trotzdem noch einmal intim miteinander, wobei Emma sie unbeabsichtigt überraschte. Danach heiratete Sigrid bald den Kindsvater.

Georg wurde nie wieder straffällig und legte eine bemerkenswerte Karriere hin – allerdings in einem völlig anderen Betätigungsfeld, als es sein Studium hätte erwarten lassen: Er wurde Künstler.

Schwarze Schafe, Macken und spezielle Charaktere

Heike

Man muss keine extremen Ansichten vertreten, oder gar – wie Georg – straffällig werden, um sich in einer Familie wie ein Außenseiter zu fühlen. Es genügt, wenn man einfach nur anders ist.

Im Falle von Sonja: anders als ihre Schwester Edith. Während Sonja ausgehen, feiern und das Leben genießen wollte, sehnte sich Edith nach Ehemann, Haushalt und Kindern. Ein Wunsch, den sie schon sehr früh verwirklichte.

»Meine Schwester folgte dem traditionellen Familienmodell, so wie es uns zu Hause vorgelebt worden war«, sagt Sonja. »Das heißt, sie bildete quasi mit unserer Mutter eine Koalition: Ständig wurde mir vorgeworfen, ich hätte nur Partys im Kopf und solle mir doch endlich mal einen festen Freund suchen. Eigentlich reichte es mir schon, dass meine Mutter immer wieder davon anfing – wenn meine Schwester dann ebenfalls in dieses Horn blies, nervte es mich ziemlich.«

Aber die beiden hatten nun mal das gleiche Weltbild, sodass Sonjas an sich gar nicht so außergewöhnliches Verhalten von Mutter und Schwester als rebellisch bewertet wurde.

»Sogar mein Ziel, Abitur zu machen und mich später immer wieder beruflich fortzubilden, stieß auf Kritik. Meine Schwester fand das überflüssig.«

Meistens drehte sich diese Kritik um Sonjas wechselnde Männerbekanntschaften. »Edith hatte ihren ersten Freund mit fünfzehn, und den hat sie mit Anfang zwanzig auch geheiratet. Okay, so was gibt es. Aber für mich war das nichts.«

Die Mehrheit der jungen Frauen denkt wie Sonja – und das war auch in den Siebzigern und Achtzigern nicht anders. Doch die Mutter verglich nun mal nicht mit Sonjas Freundinnen, sondern mit der angepassten Edith.

»Was sollen denn die Nachbarn denken, wenn da immer ein anderes Auto vor der Tür steht?«, lautete ein typischer Vorwurf. Doch das beeindruckte Sonja wenig. Ihr war es völlig egal, was die dachten.

So wie Sonja ständig die Frage »Was sollen denn die Nachbarn denken?« zu hören bekam, waren es bei Bea und ihren Geschwistern häufig Kommentare wie »Stell dich nicht so an« oder »Nimm dich nicht so wichtig« – also das, was man heutzutage als negative Glaubenssätze bezeichnen würde.

»Diese Sprüche haben sich auf uns vier ganz unterschiedlich ausgewirkt. Carola beispielsweise hat eine hohe Resilienz, an ihr ist so was einfach abgeprallt. Sascha ist da ebenfalls robust. Siegfried dagegen haben solche Äußerungen sehr zu schaffen gemacht, und das gilt wohl auch für mich selbst – obwohl ich das erst im Nachhinein begriffen habe«, sagt Bea.

Sie beschreibt ihren ältesten Bruder Siegfried als hochintelligent, handwerklich sehr geschickt und überhaupt in vielerlei Hinsicht begabt. Andererseits auch als ausgesprochen sensibel sowie empfänglich für Verschwörungsgedanken und Sozialneid. Außerdem hat er ein Riesenproblem mit Autoritäten. Also eine komplizierte Persönlichkeit.

Mit etwa zwölf oder dreizehn Jahren fing Siegfried an, daheim zu klauen. »Ein bisschen Naschzeug, aber auch Geld«, erinnert sich Bea. »Schon mehr als nur Kleinkram. Dennoch fand ich die Reaktion unserer Eltern ganz schön übertrieben, denn davon waren ja auch wir Geschwister betroffen – aber vermutlich wussten sie sich nicht anders zu helfen, als in ihrer Abwesenheit alle Räume außer Bad und Kinderzimmern abzuschließen.«

Dass der Vorratsraum verschlossen blieb, fand Bea verständlich. »Die Eltern wollten eben verhindern, dass wir Kinder die Limonade leer tranken, die eigentlich für besondere Gelegenheiten gedacht war«, sagt sie. »So aber mussten wir unseren Durst im Bad am Wasserhahn stillen. Das war nicht schön, und ich schämte mich auch dafür, wenn mich einmal Schulfreundinnen besuchten.«

Die Phase der verschlossenen Türen dauerte etwa ein Jahr und hat Bea nachhaltig geprägt. Noch heute hat sie eine Aversion gegen abgeschlossene Räume innerhalb einer Wohnung.

Den eigentlichen Zweck, Siegfried auf den rechten Weg zu führen, hat die elterliche Maßnahme übrigens nicht erfüllt.

»Er hat immer mal wieder kriminelle Geschäftchen gemacht und saß sogar wegen Drogenhandels in Untersuchungshaft. Einmal klingelte seinetwegen die Polizei bei uns, ein anderes Mal der Gerichtsvollzieher«, erzählt Bea. »Unsere Eltern waren mit der Situation hoffnungslos überfordert. Doch wir Geschwister hielten selbst dann zu Siegfried, als er Carolas Gitarre und Saschas Lederjacke verhökerte, um sich Drogen kaufen zu können.«

Denn auf der anderen Seite ist Siegfried ausgesprochen

hilfsbereit. Blieb ein Auto der Geschwister irgendwo liegen, war er es, der sofort gefahren kam, um es abzuschleppen.

»Ich könnte ihn auch heute jederzeit anrufen, wenn ich ein Problem hätte«, sagt Bea. »Er würde nicht zögern, mir zu helfen – selbst wenn damit etwas Illegales verbunden wäre.«

Bea ist froh, dass Siegfried inzwischen seine Drogensucht und die damit einhergehende Beschaffungskriminalität überwunden hat.

Wie unwohl sich Kerstin in ihrer Familie fühlte, wird bereits ausführlich im Kapitel *Stief-, Bonus- oder Patchworkgeschwister: Wenn sich Eltern neu verlieben, wird's kompliziert* beschrieben.

Das lag jedoch nicht nur daran, dass Kerstin keine leibliche Schwester war, sondern auch daran, dass sie einfach andere Überzeugungen hatte.

»Wenn es beispielsweise um politische Themen ging, war ich selten einer Meinung mit dem Rest der Familie – und die äußerte ich natürlich auch«, sagt sie. »Die anderen waren alle viel konservativer. Deshalb galt ich als Revoluzzerin.«

Irgendwann hieß es dann: »Kannst du nicht einfach mal die Klappe halten?« Aber das sah Kerstin nicht ein.

»Man wird doch wohl normal diskutieren können«, sagt sie. »Wäre ich als Person willkommen gewesen, dann hätte man sicher auch meine Meinung eher akzeptiert.«

Ob es wirklich so gewesen wäre, lässt sich im Nachhinein nicht beantworten. Ebenso wenig wie die Frage, die Kerstin sich in ihrer Jugend unzählige Male gestellt hat: »Wie wäre mein Leben wohl verlaufen, wenn meine leibliche Schwester, die bereits als Baby starb, überlebt hätte? Beim

Tod meiner Mutter wäre Renate schon Ende zwanzig gewesen. Sicher hätte sie mich zu sich genommen und ich wäre bei ihr aufgewachsen. Und bei ihr hätte ich mich bestimmt nicht immer als schwarzes Schaf gefühlt. Aber so ist es nun mal nicht gekommen.«

Ich spreche auch Mike auf das Stichwort »spezielle Charaktere« an. »Meine Brüder sind alle drei sehr eigen«, erwidert er. »Roland ist oft zynisch, spitzfindig und schaut auf uns andere herab. Wolfgang hat ein Helfersyndrom und ist der geborene Streitschlichter – mit ihm kann man einfach keinen Krach kriegen. Und Bodo …«

Hier muss Mike etwas weiter ausholen, denn Bodo ist sehr speziell. »Ihn stört sogar das Geräusch einer Uhr an der Wand. Oder wenn jemand zu laut kaut. Oder auch nur, wenn man sich während eines Gesprächs eine Notiz macht. Und was er schon gar nicht haben kann, ist, wenn seine Sachen nicht an ihrem Platz stehen. Sind sie auch nur ein paar Millimeter verschoben, kriegt er die Krise.«

Logisch, dass so unterschiedliche Persönlichkeiten in der Kindheit und Jugend oft gestritten haben. Ich frage Mike, wie das heute ist.

»Roland stichelt immer noch, Wolfgang muss weiterhin schlichten, Bodo ist so merkwürdig wie eh und je – aber das macht uns jetzt nichts mehr aus«, erwidert Mike. »In der Jugend fällt es schwerer, mit charakterlichen Unterschieden umzugehen – bei uns waren sie oft Anlass für Auseinandersetzungen. Inzwischen sind wir zwischen Ende fünfzig und siebzig – also in einem Alter, in dem man weiß: Die anderen ticken eben so. Man akzeptiert jetzt auch die Macken der Geschwister.«

Auch Rebecca hat die Erfahrung gemacht, dass sich Eigenheiten und besondere Persönlichkeitsmerkmale schon sehr früh zeigen und dann ein Leben lang bestehen bleiben.

»Mein Bruder Felix zum Beispiel war ein furchtbar süßes, lustiges Kleinkind, das allen die Show gestohlen hat. In dieser Rolle hat er sich ziemlich wohlgefühlt und es zu seinem Markenzeichen gemacht, ›einfach unmöglich‹ zu sein – auf eine Weise, dass ihm niemand böse sein konnte«, erzählt Rebecca. »Ständig wurden meine Eltern auf ihren drolligen Sohn angesprochen.«

Felix lernte, dass man nur nett auf die Menschen zugehen muss, und schon bekommt man alles, was man will. Bereits im Alter von vier oder fünf klingelte er einfach bei Nachbarn und verwickelte sie in ein Gespräch. »Guck mal, ich hab einen Frosch gefunden«, sagte er dann beispielsweise, und ruckzuck wurde er hereingebeten, bekam eine Limo oder wurde zum Essen eingeladen.

»Felix hat in der ganzen Straße am Tisch gesessen, weil jeder ihn so unterhaltsam fand.«

Mit der Zeit gewöhnte er sich daran, dass man ihm alles durchgehen ließ. Rebecca erinnert sich an eine Situation am Nikolausabend. Ein Nachbar kam im Kostüm vorbei und sagte mit verstellter Stimme: »Ich habe gehört, dass hier jemand was angestellt hat …«

Und noch bevor er dazu kam, die betreffenden Missetaten aufzuzählen, unterbrach ihn der dreijährige Felix, deutete auf den großen Bruder und rief: »Der Jens war's, der Jens war's!«

»Felix wusste schon ganz früh, wie man sich ins richtige Licht rückt«, erklärt Rebecca, »und diese Strategie funktioniert bei ihm nach wie vor – meistens jedenfalls.«

Die Rolle, die man in der Kindheit einnimmt, prägt nun mal sehr für das ganze weitere Leben. Doch das Verhältnis unter den Geschwistern kann sich durchaus wandeln. Und anders als Mike es formuliert, muss das nach Rebeccas Erfahrung nicht unbedingt in Richtung Akzeptanz gehen.

»Im Alter sieht man einander kritischer – oder auch milder.«

Kritischer wurde sie etwa, als die Eltern krank wurden und Unterstützung brauchten, aber fast alles an ihr hängen blieb. »Ich fühlte mich von Felix im Stich gelassen«, sagt sie. »Doch das war nun mal seine Art – er war es gewohnt, sich überall durchzumogeln, weil er damit sein Leben lang gut gefahren ist. Aber in dieser Situation halfen mir die locker-flockigen Sprüche nicht, da wäre es auf konkrete Taten angekommen.«

Ich frage Rebecca nach einem Beispiel für »Altersmilde« den Geschwistern gegenüber.

»In der Kindheit fühlt man sich ja oft verletzt, wenn man das Gefühl hat, ein Bruder oder eine Schwester wird bevorzugt oder bekommt mehr Aufmerksamkeit oder wird häufiger gelobt. All das kann im Erwachsenenalter an Bedeutung verlieren. Manchmal kommen solche Verletzungen allerdings ganz spät wieder hoch – etwa bei Erbschaftsstreitigkeiten. Das Älterwerden verändert das Geschwisterverhältnis aber auf jeden Fall.«

Erwachsenwerden bedeutet also, selbst die verrücktesten Macken der Geschwister mit einem Lächeln zu akzeptieren. Wir sind nun mal alle unterschiedlich – aber das ist kein Grund mehr, sich zu zoffen. Klingt ja fast so weise wie ein Glückskeksspruch, oder?

**Wer ist das schwarze Schaf der Familie? –
Das Spiel**

Befragt man Geschwister getrennt voneinander, erfährt man nicht selten, dass sich jede:r Einzelne hin und wieder als schwarzes Schaf der Familie fühlte. Aus den unterschiedlichsten Gründen. Das liegt wohl auch daran, dass wir letztendlich alle Individuen sind, doch das nehmen wir nur bei uns selbst wahr – den Rest der Familie betrachten wir als homogene Gruppe.

Machen Sie die Probe aufs Exempel – ganz einfach bei einem Würfelspiel.

Und das sind die Regeln:

Alle Geschwister würfeln reihum.

Wer eine 1 würfelt, nennt eine Eigenschaft, die ihn oder sie von allen anderen unterscheidet.

Wer eine 2 würfelt, nennt eine Eigenschaft, die einen Bruder oder eine Schwester von allen anderen unterscheidet.

Wer eine 3 würfelt, fragt die anderen: »Was ist meine größte Macke?«

Wer eine 4 würfelt, fragt die anderen: »Was ist eure größte Macke?«

Wer eine 5 würfelt, nennt eine Eigenschaft, die alle Geschwister teilen.

Wer eine 6 würfelt, erzählt davon, wann er oder sie sich einmal als schwarzes Schaf der Familie gefühlt hat.

Viel Spaß wünschen wir – und gute Gespräche!

Krankheit und Tod von Geschwistern – wenn das Schlimmste eintritt

Ursi

Vor diesem Thema habe ich mich jetzt viele Schreibwochen lang gedrückt. Ich hatte Angst davor, mich damit zu beschäftigen, wie es ist, wenn Geschwister sterben. Irgendwann die Eltern zu verlieren, ist eine schmerzliche Vorstellung, aber ab einem gewissen Alter denkt man diese Möglichkeit immer mit, weil es der natürliche Lauf der Dinge ist. Dass jedoch etwas mit meinen Schwestern sein könnte (schon allein diese feige, euphemistische Formulierung spricht Bände!), kommt als Gedankenmodell in meinen die Zukunft betreffenden Überlegungen nicht einmal ansatzweise vor.

Es war von Anfang an klar, dass wir auch dieses Kapitel in unser Buch aufnehmen wollen, also stellte ich den Interviewpartner:innen Fragen zum Thema Krankheit und Tod.

Marianne antwortete: »Dass mein Bruder sterben könnte, ist die schlimmste Zukunftsvision überhaupt. (Anm.: Marianne hat keine Kinder.) Sie ist so vernichtend, dass ich sie für ausgeschlossen halte. Er wird immer da sein. Alles andere ist undenkbar.«

Minke Weggemans hat in ihrem Buch *Geschwistertod – Leben mit einem schweren Verlust* darüber geschrieben, wie wenig anerkannt und bemerkt die Trauer um Geschwister in unserer Gesellschaft ist. Dass man nach dem Ableben der Eltern oder gar eines Kindes Zeit braucht, um wieder zu funktionieren, ist ganz klar in den Köpfen verankert. Der Geschwistertod hat hingegen etwas Tabuhaftes an sich.

»Das Verarbeiten wäre einfacher, wenn man öfter darüber reden könnte, das denke ich schon. Bei Witwen wird viel mehr nachgefragt, die sind dann plötzlich Alleinstehende und dann gibt es Gesprächsgruppen und so. Es scheint fast so zu sein, als bestünde diese Art der Trauer (Anm.: um einen Bruder oder eine Schwester) nicht …«, zitiert die Autorin eine Betroffene.

Tatsächlich ist der nicht anerkannte Verlust in der Trauerforschung relativ neu. Was spielt es für eine Rolle, wenn das Umfeld ignoriert, was man gerade durchmacht?

Bedenkt man aber das unsichtbare Band, das wir hier im Buch schon einige Male erwähnt haben und das fast jeder spürt, der Geschwister hat, wird klar, wie groß der Schmerz sein muss.

Man braucht sich nur die Statistik anzuschauen (Näheres dazu in: *Geschwisterbeziehung und seelische Erkrankung* von Dorothee Adam-Lauterbach), um zu begreifen, wie sehr ein Geschwisterkind mit dem eigenen Ich verwoben ist: Brüder und Schwestern von Kindern mit einer Krankheit oder Behinderung haben ein größeres Risiko, psychisch krank zu werden. So ist natürlich auch der Tod eine höchst traumatisierende Geschwistererfahrung.

Die Autorin Minke Weggemans berichtet in ihrem Buch übrigens von Studien, die belegen, dass vor allem Schwestern nach dem Geschwistertod an einer Depression erkranken – eher als Brüder und bemerkenswerterweise auch häufiger als Witwen.

Ich will nun einige Aspekte wiedergeben, die meine Ge-
sprächspartner:innen in Bezug auf den Tod ihrer Geschwister herausgestrichen haben:

Fragen, die für immer unbeantwortet bleiben

Karl erzählt mir davon, dass die Beziehung zu seiner
Schwester Juliane nicht besonders eng war. In der Kindheit während der Sechziger und Siebziger wuchsen sie eher
getrennt voneinander auf. Unterschiedliche Studien- und
Wohnorte veränderten die Situation genauso wenig wie anders tickende Partner:innen.

»Als meine Schwester unheilbar an Krebs erkrankte, fühlte sich das lange Zeit nicht real an. Ich war nicht in der Lage,
die Nachricht richtig einzuordnen. Während der Jahre, in
denen wir zwischen Hoffnung und Verzweiflung hin- und
hergerissen wurden, fragte ich mich Hunderte Male, was
nun meine Rolle sei. Womit konnte ich ihr helfen? Was erwartete sie von mir?

Und als sie dann schließlich starb, wusste ich nicht, ob
wir uns geliebt hatten oder nicht. Ich würde sie das heute
gern noch fragen: Juliane, was waren wir füreinander? Was
hätten wir anders machen sollen, um uns als Geschwister
näherzukommen?«

Ein Stück der eigenen Identität stirbt mit

Wenn man Zeit mit den Geschwistern verbringt, schwingt
die gemeinsam erlebte Kindheit immer mit. Man ist im
selben Umfeld groß geworden, hat viel zusammen durchgemacht und kennt einander in- und auswendig. Beim
Erzählen muss man mitunter nur Stichworte geben und
die Schwester oder der Bruder weiß, was gemeint ist. Die

gesamte Geschichte echot durch jedes Gespräch. Stirbt einer, zerbricht damit auch diese Einheit.

»Meine Schwester und ich haben uns achtundvierzig Jahre lang einmal im Monat im Kino getroffen. Diese Verabredung haben wir nur selten versäumt. Höchstens wenn eine von uns ein Neugeborenes hatte oder so«, erzählt mir Barbara. »Während des Films sagten wir nie ein Wort, doch wir warfen uns Blicke zu, um die Handlung zu kommentieren, und die andere wusste damit gleich, was gemeint war. Seit sie tot ist, habe ich das Gefühl, ein Stück von mir fehlt. Kein Teil meines Körpers, aber ein Teil meiner Seele.«

Schuldgefühle und Narben

Annettes Bruder starb vor über zwanzig Jahren. Seinem Tod ging eine jahrzehntelange von Beschaffungskriminalität begleitete Suchterkrankung voraus. Die Heroinabhängigkeit bekam er zwar irgendwann in den Griff, die Ersatzdroge Alkohol in Kombination mit Hepatitis C brachte ihn jedoch schließlich noch vor seinem fünfzigsten Geburtstag um.

»Mein Bruder hat mir in der Jugend oft Angst gemacht. Einmal ist er zum Beispiel mitten in der Nacht unter Gepolter bei unserer Mutter und mir in die Wohnung eingedrungen, um sich Geld zu beschaffen. All diese Aktionen habe ich ihm nie verziehen. Und sobald er ins Gefängnis kam, habe ich mich endgültig von ihm distanziert. Erst als er drogenfrei wurde, heiratete und eine Tochter bekam, gab es den Versuch einer Annäherung. Aber eigentlich habe ich emotional immer geblockt. Bei seinem Tod tat es mir so schrecklich weh, dass ich meinen Bruder nie verstanden hatte. Unsere Familienverhältnisse waren okay – worin genau lag also sein Problem? Er kann mir diese Frage nicht mehr beantworten. Aber ich habe kapiert, dass er Teil meiner Geschichte ist und ich das akzeptieren muss.«

Die Eltern leiden sehen

»Mein Bruder starb als Siebenundfünfzigjähriger von einem Moment auf den anderen abends im Fernsehsessel«, berichtet Andreas. »Meine Nichte hat ihn gefunden und mich angerufen. Ich staune im Nachhinein, wie das ging, aber ich schaltete auf das Programm ›Funktionieren‹ und kümmerte mich um alles. Die schreckliche Trauer und das Vermissen kamen erst später. Ich weiß noch, wie ich einen jungen Sanitäter, der meinen Bruder kannte, tröstete. Er stand mitten im Zimmer, zitterte und heulte. Also habe ich ihn in den Arm genommen und ihm erklärt, dass es sicher ein schmerzfreier Tod ohne Angst gewesen ist. Als der Leichnam abtransportiert war, übernahm ich es, alle zu informieren. Das Schlimmste, was ich bisher in meinem ganzen Leben tun musste, war, unseren Eltern zu sagen, dass ihr Sohn gestorben ist. Die kurze Autofahrt zu ihnen kam mir vor wie Stunden.«

Sie ist tot, aber ich lebe noch

Der Krebs veränderte Ritas Schwester Marlene in den letzten beiden Jahren vor dem Tod sehr. Sie wurde bösartig, ungerecht und hatte ständig schlechte Laune.

»Ich bin harmoniebedürftig und halte Streit schwer aus, deshalb war diese Zeit wirklich hart für mich. Auf der anderen Seite erleichterte die Persönlichkeitsveränderung den Abschied aber auch irgendwie.«

Als Marlene schließlich starb, hieß es für Rita, die Ärmel hochzukrempeln, denn ihre Schwester hinterließ drei halbwüchsige Töchter.

»Zusätzlich zu den eigenen beiden Kindern und meinem Vollzeitjob übernahm ich die Mutterrolle für die Nichten. Keine Sekunde stand das für mich infrage. Meine Schwester hatte das mit den Mädchen immer gut gemacht – das wollte ich für sie zu Ende bringen.«

Die Rolle in der Familie ändert sich

Barbara sagt, für sie sei der Tag, an dem sie plötzlich älter wurde als ihre Schwester, besonders schlimm gewesen. Wie konnte sie, das Nesthäkchen, auf einmal nicht mehr die Jüngste sein?

Insgesamt wird die Familie mit dem Tod eines Mitglieds eine andere. Welchen Platz füllt man nun aus?

»Wenn mich jemand fragt, wie viele Geschwister ich habe, stocke ich kurz«, erzählt mir Karl. »Auch wenn ich keine Schwester mehr habe, bin ich doch trotzdem kein Einzelkind, oder? Ich habe eine Schwester. Nur dass sie halt nicht mehr lebt.«

Im hohen Alter verändert sich die Trauer

Meine Mutter hat bereits zwei ihrer vier Geschwister verloren. Ihren ältesten Bruder schon vor über zwanzig Jahren.

»Als ich dann auch den gleichen Lymphdrüsenkrebs bekam, an dem er gestorben ist, rechnete ich mir vor, dass ich wenigstens über zwölf Jahre länger verschont geblieben war. Ich nahm an, mit der Diagnose würde mir dasselbe Schicksal blühen. Als ich den Krebs jedoch überwunden hatte, tat es mir wahnsinnig leid, dass die Medizin bei meinem Bruder noch nicht so weit war«, erzählt meine Mutter.

Ich erinnere mich an ihre Trauer, als mein Onkel damals starb. Über Wochen war sein Tod Thema in der Großfamilie.

Im letzten Jahr ging dann auch eine Tante von uns. Dieses Mal erschien mir meine Mutter wesentlich gefasster, was ich nicht verstand. Sie war so eng mit dieser Schwester aufgewachsen. Wie konnte sie nicht außer sich sein?

»Jenseits der achtzig muss man sich mit dem Tod arrangieren. Bei dem ganzen Sterben rundherum und bei der Aussicht auf den eigenen Tod würde man verrückt, wenn man nicht beginnen würde, ihn zu akzeptieren.«

Wenn das Schicksal Geschwister besonders herausfordert

Heike

Eigentlich hat Martin nicht nur einen Bruder, sondern insgesamt vier ältere Geschwister.

»Die ersten drei Kinder unserer Eltern sind alle kurz nach der Geburt gestorben«, erzählt er. Grund war eine angeborene Lungenunreife. Während sein Bruder Thomas gesund zur Welt kam, stand es bei Martin selbst ebenfalls auf der Kippe. »Als ich geboren wurde, gab es zum Glück bereits ein Medikament, das bewirkte, dass sich meine Lunge entfalten konnte. Bei meinen älteren Geschwistern hat es dieses Mittel noch nicht gegeben.«

Martin wusste schon recht früh darüber Bescheid. Die Eltern machten kein großes Geheimnis um die verstorbenen Geschwister, allerdings wurde auch nicht sehr viel über sie geredet. »Es war nicht so, dass wir an Geburtstagen oder Todestagen alle zum Friedhof pilgerten.«

Ihn selbst hat in der Kindheit oft der Gedanke gequält, er könne sterben. »Die Angst vor dem Tod war sehr präsent«, erinnert sich Martin. »Das lag vielleicht daran, dass ich als Kind ein bisschen kränklich war. Aber ich wusste eben auch, dass es mich beinahe ebenso getroffen hätte wie meine toten Brüder und Schwestern.«

Und ein weiterer Gedanke quälte ihn: Was, wenn diese überlebt hätten? Hätte es ihn dann überhaupt gegeben?

Schließlich war er der Jüngste, und vermutlich wären fünf Kinder den Eltern zu viel gewesen. »Dass ich den toten Geschwistern womöglich meine Existenz zu verdanken habe, hat mich ziemlich verstört«, sagt er.

Die schwere Last der Ersatzkinder

Als »Ersatzkinder« bezeichnet man Menschen, die geboren wurden, um den Platz eines verstorbenen Geschwisterkindes einzunehmen. Sie wachsen quasi im Schatten eines toten Bruders oder einer toten Schwester auf und damit mit Bildern und Projektionen, die eigentlich jemand anderem gelten.

Die Eltern sind sich dessen meist nicht bewusst und selbst noch in der Trauer gefangen. Die Geburt des Ersatzkindes bedeutet für sie einen Lichtblick. Oft sind sie allerdings auch übervorsichtig und restriktiv aus Angst, diesen Schicksalsschlag ein weiteres Mal verkraften zu müssen.

Für Ersatzkinder ergeben sich aus den besonderen Umständen ihrer Geburt zahlreiche Konflikte. Sie stehen unter dem Druck, vermeintlich so sein zu müssen wie das verstorbene Kind. Als Erwachsene zeigen viele von ihnen Symptome wie geringes Selbstwertgefühl, Angstzustände, Schuldgefühle oder Schwierigkeiten in der Beziehung zu sich selbst und zu anderen.

Doch nur die wenigsten arbeiten diese Problematik später auf, denn wenngleich der Begriff Ersatzkind in der Psychologie und unter Therapeut:innen wohlbekannt ist, hat er noch nicht den Weg ins Mainstream-Wissen gefunden.

Übrigens kennt sogar die Bibel dieses Phänomen: Nachdem Kain seinen Bruder Abel erschlagen hat, bekommen Adam und Eva einen weiteren Sohn namens Seth.

Als berühmtes Beispiel gilt Vincent van Gogh. Es wird gemutmaßt, dass seine psychischen Schwierigkeiten damit zu tun hatten, dass er Ersatzkind für einen gleichnamigen verstorbenen Bruder war.

Auch Jettes erstgeborene Tochter Lea ist bei ihren Geschwistern sehr präsent, obwohl sie im Alter von einem halben Jahr an einer bakteriellen Hirnhautentzündung starb.

»Wir haben den Kindern schon früh von Lea erzählt, zum Beispiel bei Friedhofsbesuchen oder an ihrem Geburtstag. Für sie ist es eine Selbstverständlichkeit, dass die große Schwester, die sie nie kennengelernt haben, trotzdem eine Rolle in ihrem Leben spielt«, sagt Jette.

Für sie als Mutter bestand eine besondere Herausforderung darin, die anderen Kinder nicht ständig mit Lea zu vergleichen. »Sie war pflegleicht, unkompliziert – ein echtes Vorzeigekind, alles lief perfekt, bis sie plötzlich krank wurde«, erzählt Jette. »Auch wenn Lea weitergelebt hätte, wäre es unfair gewesen, dasselbe von ihren Geschwistern zu erwarten. Sie sind nun mal alle unterschiedlich, obwohl sie sich sehr ähnlichsehen.« Keines ihrer Kinder soll sich als Ersatzkind fühlen.

Als Simons älterer Bruder Lucas starb, waren beide schon über zwanzig. Lucas war aufgrund einer Schwangerschafts-vergiftung seiner Mutter viel zu früh zur Welt gekommen und hatte eine starke Behinderung. Er lernte nie zu sprechen oder zu laufen. Zudem wurde bei ihm Autismus diagnos-tiziert, wodurch es ihm zunächst sehr schwerfiel, eine ge-schwisterliche Beziehung zu Simon aufzubauen. Erst als er etwas älter wurde, gelang ihm das, und man merkte deut-lich, wie glücklich er war, wenn sein Bruder Zeit mit ihm verbrachte. Wann immer es möglich war, suchte er seine Nähe. Auch Simon hing sehr an Lucas und beschäftigte sich gern mit ihm.

Natürlich hat Simon von klein auf stets weniger elterliche Aufmerksamkeit bekommen als Lucas, aber schon im Kin-desalter realisierte er, dass es eben nicht anders ging. Nei-disch war er auf den großen Bruder nie.

»Ich habe seine Bedürftigkeit gesehen, und da war es nor-mal, zurückzustehen«, sagt er heute. »Manchmal war das für mich schwierig, aber ich wusste ja, Lucas braucht die Für-sorge dringender als ich.«

Äußerungen wie diese zeigen, was für ein rationaler und zugleich empathischer Mensch Simon ist. Auch mit der Trauer um den toten Bruder versuchte er, auf diese Weise umzugehen. Zunächst konnte er seine Gefühle nicht raus-lassen.

»Ich habe extrem gelitten«, sagt er. »Doch ich wollte mich zusammenreißen, um es meiner Mutter nicht noch schwe-rer zu machen, als es ohnehin schon war. Erst später wurde mir klar, wie sehr sie es sich wünschte, mit mir zusammen um Lucas trauern zu können. Wir entschieden uns dann für eine gemeinsame Therapie, und das war gut und wichtig.«

In dieser Therapie sprach Simon auch die Selbstvorwürfe an, die er sich machte. »Ich glaubte, zu Lebzeiten nicht genug für meinen Bruder getan zu haben. Doch dann begriff ich, dass das gar nicht der Fall war. Vielmehr habe ich es schon als Kind akzeptiert, dass Lucas durch seine Behinderung einfach mehr Aufmerksamkeit brauchte. Als ich meiner Mutter während der Therapie sagte, dass ich mich dennoch nie ungeliebt oder zurückgesetzt gefühlt habe, war das für uns beide ein wichtiger Schritt.«

Nach der ersten intensiven Trauerphase, in der er auch sein Studium schleifen ließ, hat Simon inzwischen seinen Abschluss gemacht und seinen Weg gefunden, mit dem Verlust des Bruders umzugehen.

Auch Liam ist es gewohnt zurückzustecken, denn seine Zwillingsschwester Lilly kam mit einer kognitiven Beeinträchtigung zur Welt und musste zudem während ihrer Kindheit mehrfach operiert werden.

»Es war keine typische Zwillingssituation«, sagt ihre Mutter Sonja rückblickend. »Es gab mehr Unterschiede als Gemeinsamkeiten. Das fing im Grunde direkt nach der Geburt mit den grundverschiedenen Ess-Schlaf-Rhythmen an.«

Und natürlich entwickelten sie sich auch nicht gleich schnell. Während Liam schon mit zehn Monaten laufen lernte, fing Lilly erst mit ungefähr zweieinhalb Jahren damit an.

In vielen Dingen wurde Liam für Lilly zum Vorbild. Ständig versuchte sie, ihm nachzueifern.

»Für Lillys Entwicklung war es ein großer Segen, einen Zwillingsbruder zu haben«, erklärt Sonja.

Zwar sagt Lilly heute oft zu ihrem Bruder: »Du bist nicht

der Boss«, aber in der Kindheit und Jugend war sein Wort Gesetz – sie tat alles, was er verlangte.

Was Liam natürlich gerne ausnutzte. Wenn sie beispielsweise draußen spielten und er Durst bekam, schickte er die Schwester nach oben in den dritten Stock, um etwas zu trinken zu holen. Das tat sie widerspruchslos.

»Einmal, als die Zwillinge etwa elf waren, kam ich von der Arbeit nach Hause und sah Lilly auf der Treppe sitzen, die zu den Schlafräumen führt. ›Liam hat mir verboten, an seiner Tür vorbeizulaufen‹, sagte Lilly. Und das nahm sie eben hin«, erzählt Sonja.

Natürlich stellte sie ihren Sohn sofort zur Rede und fragte, warum er das getan hatte. Woraufhin Liam erwiderte: »Kann ich doch nix dafür, wenn die so blöde ist.«

Das wiederum ließ sich Lilly nicht gefallen, denn sie antwortete: »Ich bin nicht blöde, ich bin behindert, da kann ich nix für.«

Vielleicht hat Liam mit derartigen Aktionen kompensiert, dass er sich seiner Schwester gegenüber zurückgesetzt fühlte. Ihre Therapien erforderten jede Menge Zeit, und die Mutter war alleinerziehend und außerdem voll berufstätig. Für Freizeitaktivitäten blieb nicht mehr viel vom Tag übrig, und wenn, dann waren die meisten Unternehmungen darauf ausgelegt, ob auch die beeinträchtigte Schwester mitmachen konnte.

»Irgendwann stand Liam vor mir und rief: ›Lilly, Lilly, immer geht es nur um Lilly, ich kann diesen Namen nicht mehr hören!‹«, erinnert sich Sonja.

Als Liam aufs Gymnasium kam, bedeutete das für ihn auch eine Art Emanzipation von der Schwester.

»Nach etwa einem Jahr fand ein Eltern-Schüler-Ausflug

statt, und als ich in einem Nebensatz Lillys Namen nannte, wunderten sich alle darüber, dass Liam eine Zwillingsschwester hat. Die hatte er nie erwähnt – sehr wohl aber den großen Halbbruder aus Amerika.«

Was jedoch keineswegs bedeutet, dass er nicht voll hinter seiner Schwester stünde. Wenn beispielsweise über Menschen mit Behinderung gescherzt wird, lässt er das nicht widerspruchslos stehen. Und wenn Lilly Hilfe braucht, ist er sofort für sie da.

»Einmal rief Lilly mich an, weil sie Angst vor drei älteren Jungs hatte, die sie verfolgten«, berichtet Sonja. »Ich war noch bei der Arbeit und gab ihr den Rat, keine Abkürzungen zu nehmen, sondern immer schön an der Hauptstraße entlangzulaufen, wo es hell ist. Anschließend informierte ich sofort Liam und bat ihn, ihr entgegenzugehen. Was er auch machte. Doch es genügte ihm nicht, die Schwester sicher nach Hause zu begleiten, sondern er zog dann gleich noch mal los, um die drei Verfolger zu suchen und zur Rede zu stellen. Zum Glück hat er sie nicht gefunden – wer weiß, wie die Sache ausgegangen wäre. Aber daran erkennt man, wie weit er für Lilly gehen würde.«

Inzwischen haben Mutter und Sohn intensive Gespräche miteinander geführt – über sein Gefühl, weniger Zuwendung bekommen zu haben, und über ihr Bedauern, etwas versäumt zu haben.

»Ich habe mit Liam geklärt, was nach meinem Tod aus Lilly werden soll. Sie braucht ja eine gesetzliche Betreuung. Er sagte sofort, er will nicht, dass das ein Fremder übernimmt. Für mich wäre es auch okay gewesen, wenn er es abgelehnt hätte, ihr Betreuer zu werden, aber dass er, ohne zu zögern, zugestimmt hat, ist eine große Beruhigung.«

Kinder, die von Geburt an mit einer Beeinträchtigung leben, prägen nicht nur den Alltag ihrer Geschwister, sondern auch deren Entwicklung. Doch was, wenn die Behinderung von heute auf morgen auftritt? Beispielsweise durch einen Unfall oder, wie in Beas Fall, eine Krebserkrankung. Als ihre Diagnose gestellt wurde, war sie Ende vierzig und steckte in einer schwierigen Lebensphase. Aufgrund von Depressionen hatte sie sich immer stärker zurückgezogen und pflegte kaum mehr Kontakte, weder mit Freunden noch mit den Brüdern und Schwestern.

»Doch dann zeigte sich, dass Geschwister in schweren Zeiten eben zusammenhalten«, erzählt Bea. »Als sie von meiner Krankheit erfuhren, nahmen sie ausnahmslos von sich aus Kontakt auf und boten Hilfe an – jeder auf seine Art.«

Vor allem ihre Schwester Carola kümmerte sich intensiv um Bea.

»Sie hat mich täglich im Krankenhaus besucht, mir den Rücken mit Franzbranntwein eingerieben, nach meiner Entlassung für mich gekocht, mich zu Arztterminen kutschiert … Carola ist ein sehr sozialer Mensch und wurde von jetzt auf gleich zu meiner persönlichen Betreuerin. Ich habe immer gewitzelt, es fehle ihr nur ein Krankenschwestern-häubchen.«

Auch ihre Brüder riefen regelmäßig an und besuchten Bea. Eine besonders große Stütze waren eine Schwägerin und Beas Cousine. Sie wechselten sich mit Carola ab, und die Cousine übernahm es sogar, den Eltern die schlechte Nachricht von der Krebsdiagnose zu überbringen.

»Ich selbst hätte das nicht tun können, ich stand sozusagen unter Schock. In so einem Moment funktioniert man nur noch und schaltet auf Autopilot, bis das Schlimmste überstanden ist.«

Bea wusste zwar schon immer, wie wichtig ihre Geschwister für sie waren, aber seit dieser Erfahrung stehen sie sich noch näher. »Wir halten besser zusammen denn je.«

»Behindert« – darf man das eigentlich noch sagen?

Es ist gar nicht einfach, sich so auszudrücken, dass es andere Menschen nicht verletzt oder diskriminiert? Aber es ist ganz leicht, sich zu informieren. Denn zum Glück gibt es im Netz jede Menge Tipps dafür. So findet man unter leidmedien.de zahlreiche Vorschläge, wie man behindertenfeindliche Begriffe vermeiden kann.

Zu den Formulierungen, die man lieber nicht verwenden sollte, gehören beispielsweise: an den Rollstuhl gefesselt sein, unter einer Krankheit/Behinderung leiden, sein Schicksal tapfer ertragen. Stattdessen besser: im Rollstuhl unterwegs sein, mit einer Krankheit/Behinderung leben. Menschen mit Behinderungen meistern kein Schicksal und wollen auch keine Helden sein, die für ihren Lebensmut gerühmt werden.

Ebenfalls diskriminierend sind Worte wie taubstumm, invalide oder Sorgenkind. Es heißt: gehörgeschädigt und Mensch mit Behinderung. Entscheidend ist, dass der Mensch nicht über seine Behinderung definiert wird.

Übrigens: Das Redaktionsteam von leidmedien.de besteht aus Medienschaffenden mit und ohne Behinderungen. Gemeinsam betreiben sie Medienkritik, zeigen Formulierungsalternativen auf und fordern eine Berichterstattung auf Augenhöhe – ohne Klischees und Diskriminierung.

Siblings, hermanos, al'ukhua: Geschwisterbeziehungen in anderen Kulturen

Ursi

Egal, wie alt meine Gesprächspartner:innen sind, sie alle wissen sofort, was gemeint ist, wenn ich von dem besonderen Gefühl spreche, das Geschwister miteinander verbindet. Dieses unsichtbare Band unter Brüdern und Schwestern, das schon mehrmals in unserem Buch vorkam, ist mit nichts zu vergleichen. Es setzt sich aus einem ganzen Potpourri an gemeinsam erlebten Momenten und Emotionen zusammen, und man wird es in dieser Form nie mit jemand anderem zustande bringen.

Egal, wo auf der Welt man nachfragt, die spezielle Beschaffenheit von Geschwisterbindungen gibt es überall. Doch eines ist interessant: Schaue ich mir die Erfahrungsberichte an, stelle ich fest, dass der Zusammenhalt und das Ausleben der Bindung in den Familien zunehmen, je ärmer und ländlicher die Menschen leben. Man kann daraus bestimmt keine Regel ableiten, aber eine Tendenz.

Bao aus der Neun-Millionen-Stadt Hồ Chí Minh ist der Sohn eines Arztes und einer Unternehmerin. Er erzählt mir, dass seine drei Geschwister über die verschiedenen Kontinente verteilt auf Privatunis studieren. Als ich ihn frage, wo genau, meint er, er sei da gar nicht so auf dem

Laufenden. Sie alle führen ihr eigenes Leben und konzentrieren sich auf die Ausbildung.

Antoine aus einem Dorf in Kamerun berichtet mir hingegen, dass er sich für seine Geschwister unglaublich verantwortlich fühlt, obwohl er in Europa lebt und sie in Afrika sind. Sie telefonieren so oft wie möglich, und er weiß immer, was sie gerade machen. Seine älteste Schwester ist Ärztin, erzählt er mir stolz. Ihre Ausbildung hat er durch Nachtjobs wie Zeitungsaustragen finanziert. Tagsüber geht er selbst zur Uni.

»Ist es dir ein Bedürfnis, dich um deine Geschwister zu kümmern, oder würdest du das eher als Pflicht bezeichnen?«, frage ich ihn.

»Das kann ich gar nicht voneinander unterscheiden.« Er erklärt mir, dass in Afrika die Hälfte aller Menschen auf dem Land in einer Großfamilie aufwachsen. Fürsorge und Zusammenhalt bestimmen das ganze Leben. So gibt es zum Beispiel kaum Altersheime, weil sich die Kinder um alte, gebrechliche Großeltern kümmern.

»Wenn ich hier in Europa also ein wenig Geld verdiene, gehört das nicht mir, sondern der Familie. Ich will, dass all meine Geschwister eine solide Ausbildung machen können und dann eine gute Zukunft haben.«

Seit Jahren kämpft Antoine übrigens mit depressiven Schüben, weil er sich ohne die Nähe zu seinen Brüdern und Schwestern wie amputiert fühlt.

Ich erwähne meine Erkenntnisse (lockeres versus festes Band zwischen Geschwistern) gegenüber Laura aus Mexiko. Sofort beginnen ihre Augen zu leuchten. »Ich weiß genau, was du meinst. Als ich nach Europa kam, war ich entsetzt, wie selten sich Familien hier treffen und wie oft ich gehört habe: ›Ich bin froh, wenn ich meine Geschwister nicht sehen muss!‹ Bei uns in Südamerika ist die Familie das Wichtigste und man kommt oft zusammen. Es gab Zeiten, da habe ich mich mit meinem Bruder nicht gut verstanden, aber es war völlig klar, dass wir trotzdem zu allen Zusammenkünften und Feiern gehen. Wir sind Geschwister. Auch wenn wir streiten und uns gerade hassen. Wir werden dennoch gemeinsam in diesem Raum und eine Familie sein.«

Judith kümmert sich um Flüchtlinge und hilft ihnen, sich bei uns zurechtzufinden. »Wir alle kennen die Geschichten von Kindern aus dem orientalisch-arabischen Kulturkreis, in denen von Mädchen erzählt wird, die völlig von den Brüdern dominiert werden. Da ist einerseits von einem unumstößlichen geschwisterlichen Zusammenhalt und Verantwortungsgefühl die Rede, andererseits aber genauso von einem Machtgefälle zwischen den Geschlechtern.«

Auch die Grundschullehrerin Marianne, die schon zum Thema Zwillinge zu Wort kam, erzählt mir von einem persischen Mädchen, das unter besonderer Beobachtung ihrer Brüder stand. Sie durfte sich nicht einmal ihre Spielkamerad:innen im Pausenhof selbst aussuchen. Marianne hatte ihre liebe Not dabei, dem Kind ein wenig Freiraum zu verschaffen. »Sogar der jüngere Bruder war fürchterlich frech zu ihr und dachte, er sei mit seinen sechs Jahren der große Macker.«

Ich forsche in diese Richtung weiter und stelle fest, dass Geschwisterrollen mitunter auch sprachlich festgelegt sind. In traditionellen türkischen Familien zum Beispiel werden Verwandtschaftsbezeichnungen häufig als Anrede benutzt.

Vor allem Älteren gegenüber gilt es als respektlos, sie mit ihrem Namen anzusprechen. *Abi* ist der ältere Bruder, *kardeş* der jüngere Bruder und *kız kardeş* die Schwester.

»Man erlebt aber auch oft ein ganz anders geartetes Wir-Gefühl zwischen Geschwistern«, berichtet Judith. »Ich kümmere mich zum Beispiel um zwei afghanische Geschwister, die mittlerweile in unserer Stadt studieren. Das Mädchen ist sehr hübsch. Ein Taliban wollte sie heiraten, als sie dreizehn war. Also sind die Eltern mit ihren Kindern in den Iran geflohen. Dort wartete ein hartes Leben in Armut und mit vielen Repressalien auf sie, denn afghanische Flüchtlinge sind nicht gern gesehen. Als dann die Großeltern krank wurden, kehrten die Eltern nach Afghanistan zurück. Der Sohn, selbst noch nicht volljährig, erhielt die Aufgabe, seine Schwester übers Meer nach Europa in Sicherheit zu bringen. Die dramatische Flucht hat die Geschwister auf eine Art zusammengeschweißt, die alles, was wir hier kennen, übersteigt.«

Während es im arabischen Kulturbereich oft ein Hierarchiegefälle von alt zu jung gibt, wird im jüdischen eher das gleichgestellte Miteinander betont.

Levin erzählt mir davon, wie man im Judentum von klein auf dazu erzogen wird, dass man eine Stimme hat. »Jetzt reden die Erwachsenen und die Kinder sind still – so etwas gibt es nicht«, erklärt er mir. Als Symbol dafür steht eine Tradition, die Teil des Pessachfestes ist. Am Vorabend beim Seder-Essen wird das *Ma Nischtana* gesungen. Dieses Lied der vier Fragen (»Was unterscheidet diese Nacht von allen anderen Nächten?«) trägt das jüngste Kind der Familie vor. Schon die

Kleinsten sollen auf diese Art zum Nachfragen ermuntert werden. Mit dem Pessachfest wird an den Auszug aus Ägypten erinnert, der das Ende der Sklaverei bedeutete. Sklaven dürfen keine Fragen stellen, also ist dieses Recht ein Symbol der Freiheit, das den Kindern nahegebracht werden soll.

»Meine älteste Schwester hat das Lied mit mir geübt. Beim Vortragen war ich dann wahnsinnig aufgeregt und habe viele Fehler gemacht«, erinnert sich Levin. »Aber nach ungefähr fünfzehn Worten singen zum Glück alle mit.«

»Heißt das, dass du als Jüngster die sonst typische Hackordnung unter Geschwistern gar nicht kennengelernt hast?«, frage ich ihn.

Er lacht. »Doch. Das kenne ich wie jedes andere Nesthäkchen auch. Es ist harte Arbeit, bis man als Heranwachsender von seinen großen Brüdern und Schwestern für voll genommen wird. Ich weiß noch, wie es sich angefühlt hat, von ihnen belächelt zu werden.«

Ich frage ihn, ob ihn die Religion mit seinen Geschwistern besonders verbunden hat.

»Da wir in einer Stadt aufgewachsen sind, in der die gesamte jüdische Gemeinde nur etwa fünfzig Personen umfasst, spielte sich das religiöse Leben überwiegend zu Hause ab. Natürlich lebt man da in einer familiären Blase. In der Schule besuchte ich den katholischen Religionsunterricht. Dass wir am Freitagabend wegen des Sabbats nicht fernsehen oder ausgehen durften, hat uns Geschwister geärgert. Jeder von uns hat nun als Erwachsener eine andere Art, mit der Religion umzugehen. Von sehr mit dem Judentum verbunden bis hin zu christlich verheiratet, gibt es in unserer Familie alles.«

Zum Schluss lenke ich meine Aufmerksamkeit China zu, denn mein Neffe erzählte mir nach seinem Studienaufenthalt in Peking, dass er dort von wirklich jedem gefragt wurde, ob er Geschwister hat. »Geschichten über Brüder und Schwestern haben für die dortige Generation von Einzelkindern eine magische Anziehungskraft.«

Ab 1949 gab es in China ein explosionsartiges Bevölkerungswachstum, daher wurde 1979 die Einkindpolitik eingeführt. Jedes Paar durfte nur noch ein Kind haben. Wer sich nicht daran hielt, musste mit hohen Geldstrafen (»soziale Kompensationsgebühr«) und Verlust von Arbeitsplatz oder Wohnung rechnen. Augenzeugen berichten darüber hinaus auch von staatlich erzwungenen Schwangerschaftsabbrüchen, Zwangssterilisationen oder -verhütung (Einsetzen der Spirale).

Auf hundert Lebendgeborene kamen zeitweilig dreißig bis fünfzig Abtreibungen. Da die konfuzianische Tradition der männlichen Erblinie viel Bedeutung beimisst, gab man Töchter oft in Waisenhäuser. Und Schwangerschaftsabbrüche wurden häufiger bei weiblichen Föten vorgenommen. Im Jahr 2009 sah das Verhältnis zum Beispiel so aus: Auf hundert abgetriebene Jungen kamen hundertneunundzwanzig pränatal getötete Mädchen. Die Regierung verbot daraufhin die vorgeburtliche Geschlechtsbestimmung, um einen Männerüberschuss zu verhindern.

Zusätzlich sollen in China um die dreizehn Millionen ungemeldeter Kinder leben. Aus Angst vor Strafen ließen und lassen Eltern ihre Zweitgeborenen im Verborgenen aufwachsen. Für diese *Heihaizi* (Schwarze Kinder) ist kein Schulbesuch, keine Bewerbung auf eine Arbeitsstelle oder sonstiges Agieren in der Öffentlichkeit möglich.

Zwischen 1994 und 2004 konnte die Zahl der Geburten in China durch diese menschenrechtswidrigen Maßnahmen um dreihundert Millionen verringert werden. Daraufhin gab es erste Lockerungen: Wenn beide Elternteile schon Einzelkinder waren, durften sie nun zwei Kinder bekommen. Seit 2016 ist das generell für alle Familien erlaubt. Seit 2021 sind drei Kinder pro Paar gestattet.

Die chinesische Einkindpolitik hat weitreichende soziale Folgen: Besonders in den Städten, wo man die Maßnahmen besonders streng durchsetzte, lebt heute eine Generation von Einzelkindern, die von Eltern und Großeltern verwöhnt wurden und geringe Sozialkompetenz entwickeln konnten. Wie es ist, mit Brüdern und Schwestern aufzuwachsen, füreinander da zu sein und sich miteinander zu arrangieren, kennen die wenigsten.

Trotz Lockerung der Einkindpolitik stieg die Geburtenrate übrigens bisher nicht. 2018 und 2019 sank sie sogar noch weiter. Dem Nachwuchs ein gutes Leben zu bieten, ist in China teuer.

Geschwister in Buch, Film und Fernsehen – eine bunte Mischung

Elsa und Anna von Arendelle

Der Disney-Animationsfilm *Die Eiskönigin – Völlig unverfroren* (*Frozen*, 2013) basiert lose auf Motiven des Andersen-Märchens *Die Schneekönigin*. Besonders gut ist den Machern die Darstellung des Schwesternpaares gelungen. Als Kinder spielen sie innig miteinander, bis Elsa, die übernatürliche Kräfte besitzt und alles gefrieren lassen kann, ihre kleine Schwester Anna ernsthaft verletzt. Wie Elsa sich anschließend von Anna fernhält, was diese weder versteht noch akzeptiert, erinnert an den oft für die Jüngeren ziemlich brutalen Loslösungsprozess älterer Geschwister. Erst als Erwachsene kommen sich die beiden Schwestern trotz ihrer Unterschiedlichkeit wieder richtig nahe.

Aschenputtel und ihre Stiefschwestern

Das bekannte Grimm-Märchen *Aschenputtel* geht auf eine Erzählung aus dem 17. Jahrhundert zurück. Die Beziehung zwischen der Halbwaise und ihren Stiefschwestern wird als katastrophal dargestellt. Neben der Schilderung von Schikanen und Abwertung, die sie über sich ergehen lassen muss, ist Neid das zentrale Beziehungsthema. Die neu hinzugekommenen Schwestern beneiden Aschenputtel um ihre innige Bindung zum Vater, ihre Schönheit und um die Romanze mit dem Prinzen. Aschenputtel ihrerseits beneidet die Stiefschwestern um ihre Freiheit und Selbstbestimmtheit.

Sebastian und Viola

Geschwister gibt es in William Shakespeares Werken immer wieder. In seiner Komödie *Was ihr wollt* (*Twelfth Night – Or what you will*, 1601) erzählt er von den durch einen Schiffbruch getrennten Zwillingen Viola und Sebastian, die einander so ähneln, dass sie verwechselt werden und in Sachen Liebe für reichlich Verwirrung sorgen. Die Faszination, die von Zwillingen ausgeht, schlägt sich in unzähligen literarischen Verarbeitungen quer durch die Jahrhunderte nieder.

Elinor, Marianne, Margaret und John Dashwood

In Jane Austens Roman *Verstand und Gefühl* (*Sense and Sensibility*, 1795) müssen die Schwestern Elinor (19), Marianne (16) und Margaret (13) mit ihrer Mutter nach dem Tod des Vaters Haus und Gut verlassen. Ihr Halbbruder John erbt alles, daher sind die ältesten Mädchen darauf angewiesen, sich rasch zu vermählen, damit für ihren Lebensunterhalt gesorgt ist. Tatsächlich verlieben sich beide bald. Ihr jeweiliger Umgang mit diesen Gefühlen unterscheidet sich dabei aber eklatant. Elinor ist realistisch und kopfgesteuert. Marianne lässt sich von ihrer Verliebtheit in den siebten Himmel tragen und verhält sich impulsiv. Damit repräsentieren die beiden Romanfiguren nicht nur die oft den Erst- und Zweitgeborenen zugeschriebenen Rollen, sondern auch den »Krieg der Ideen« des 18. Jahrhunderts: Was ist besser – Rationalisieren oder Handeln nach Gefühl?

Kain und Abel

Nach dem Alten Testament, dem jüdischen Tanach und dem Koran sind Kain und Abel die Söhne Adams und Evas.

Kain hat den Eindruck, er arbeite im Ackerbau wesentlich härter als sein jüngerer Bruder, der Schafhirte, der viel auf der faulen Haut liegt. Als Gott dann auch noch das Opfer des Hirten Kains Feldfrüchten vorzieht, steigert sich der von Neid und Eifersucht befeuerte Zorn des Älteren so sehr, dass er Abel erschlägt. Es gibt verschiedene Interpretationen dieser Geschichte: vom jungsteinzeitlichen Konflikt zwischen Ackerbau und nomadischer Viehzucht bis hin zum Streit um karnivore oder vegetarische Ernährung. Der Wiener Kinderarzt Karl König (1902–1966) schrieb jedoch etwas sehr Einleuchtendes: Jeder Erstgeborene habe Anteile von Kain an sich. Er trüge die Last, lebe die Pflicht und beneide den Zweitgeborenen um seine größere Unbeschwertheit.

Bill, Charlie, Percy, Fred, George, Ron und Ginny Weasley
Auch Joanne K. Rowling beschäftigte sich in ihrer *Harry-Potter*-Heptalogie (1997–2007) mit unserem Thema. Sie verwob dabei sehr geschickt unterschiedliche Aspekte. Harry wächst als Vollwaise bei seiner Tante auf und erlebt dort die in der Literatur häufig verwendete Böse-Stiefgeschwister-Situation (siehe Aschenputtel). Er und Einzelkind Hermine fühlen sich sehr zum bunten Familientreiben ihres Schulkollegen Ron Weasley hingezogen. Dieser hat fünf große Brüder und eine jüngere Schwester. Ron selbst sieht die Geschwisterschar wenig positiv – so muss er nicht nur abgelegte Kleidung, sondern genauso einen alten Zauberstab benutzen. Der Spiegel der Wünsche reflektiert auch klar die starke Konkurrenz, mit der er sich ständig auseinanderzusetzen hat, und zeigt ihn als besten und erfolgreichsten Spross der Weasleys. Rons Brüder Fred und George sind

eineiige Zwillinge und eindeutig die Nonkonformisten der Familie. Pausenlos treiben sie irgendwelche Späße. Ginny ist das Nesthäkchen, lässt sich von den Brüdern aber nicht bevormunden und steht als moderne junge Frau mit beiden Beinen im Leben.

Winnetou und Nscho-tschi

Karl May, der Autor der berühmten *Winnetou*-Reihe (1893), war selbst das fünfte von vierzehn Kindern, von denen neun in den ersten Lebensmonaten verstarben. Dass Geschwistertod für ihn ein Thema war und er Nscho-tschi, die Schwester seines Romanhelden, umkommen lässt, mag also nicht verwundern. In der Verfilmung aus den Sechzigerjahren verstört ein beim Anblick der Dahinscheidenden völlig emotionsloser Pierre Brice. 2016 strahlte RTL eine Neuverfilmung aus. Statt eines Franzosen stellt jetzt ein Albaner – Nik Xhelilaj – Winnetou dar, und bei der Verkörperung der Indigenen wurde größerer Wert auf politische Korrektheit gelegt. Erfrischend ist auch die Neuinterpretation der Figur Nscho-tschis. Sie bleibt nicht mehr nur schmückendes Beiwerk als kleine, am Ende des ersten Teils in die ewigen Jagdgründe eingehende Schwester. Nein, sie nimmt als mutige, selbstbestimmte Schamanin des Stammes den Raum einer Hauptfigur ein. Die Geschwisterbeziehung zwischen Winnetou und ihr wird nun sehr natürlich mit kleinen Neckereien und echten Emotionen dargestellt. Der Dreiteiler ist also rundherum vielschichtiger. Aber ganz ehrlich? Ohne Lex Barker komme ich irgendwie nicht klar.

Ach ja, und dann gibt es ja auch noch die *Schuh des Manitu*-Variante von Bully Herbig (2001). Da erfreut ein gänzlich anderes Geschwisterthema: das des eineiigen Zwillings-brüderpaars Abahachi und Winnetouch – so ähnlich und doch so ... von verschiedenen Ufern.

John-Boy, Mary-Ellen, Jim-Bob, Ben, Erin, Jason und Elizabeth Walton

Von der amerikanischen Serie *Die Waltons* (*The Waltons*, 1972–1981) wurden insgesamt 221 Folgen gedreht. Sie handelt von einer kinderreichen Baptistenfamilie in Virginia, die ein Sägewerk betreibt und sich zur Zeit der Weltwirtschaftskrise über Wasser halten muss. Der Zusammenhalt zwischen den Geschwistern wird sehr idealisiert dargestellt. Konflikte kommen nur dann vor, wenn einer von ihnen den Schoß der Familie verlässt oder jemand von außen Probleme hineinträgt. Erzählt wird aus der Sicht des ältesten Sohnes John-Boy, für den die sechs anderen zwar alles bedeuten, der sich aber schon ab und zu ein wenig Freiraum wünscht. Die klebrig-süße Waltons-Geschwisterharmonie, die immer in der Schlusssequenz gipfelt, ist legendär. Gute Nacht, John-Boy!

Cersei, Jamie und Tyrion Lennister

Spätestens seit der Serie *Game of Thrones* (2011–2019, nach der Romanvorlage von George R. R. Martin) sind auch die letzten Tabus in Film und Fernsehen gefallen. So führen die Zwillinge Cersei und Jamie eine inzestuöse Beziehung, die ganz offen in Sexszenen gezeigt wird. Die aus dieser Verbindung entstehenden Kinder jubelt Cersei dem Ehemann als Kuckuckskinder unter. Ihr Hintergedanke ist dabei, »rein-rassige« Lennisters an die Macht zu bringen.

Cerseis und Jamies jüngerer Bruder Tyrion ist kleinwüchsig. Bei seiner Geburt ist die Mutter gestorben, wofür seine Schwester ihn verantwortlich sieht und hasst.

Sagen wir es so: Wenn Sie alle Abgründe miterleben wollen, die sich in Geschwisterbeziehungen auftun können, sind Sie bei GoT an der richtigen Adresse.

Bart, Lisa und Maggie Simpson

Seit 1989 produziert der amerikanische Sender Fox die Serie *Die Simpsons* (*The Simpsons*). Immer wiederkehrendes Motiv ist die Beziehung zwischen den Geschwistern Bart (10) und Lisa (8). Während der Junge sich nicht für die Schule interessiert und keine großen Leistungen vollbringt, ist seine Schwester hochbegabt und frühreif. Sie fühlt sich Bart klar überlegen, wohingegen er sie spüren lässt, dass er älter ist. Nur logisch, dass die beiden wenig miteinander anfangen können und hauptsächlich streiten. In manchen Folgen aber helfen sie einander und zeigen ihre wahren innigen Geschwistergefühle. Irgendwann erfährt man auch, dass Lisas erstes Wort »Bart« war.

Das jüngste Kind der Familie Simpson ist die einjährige (später dann zweijährige) Maggie. Dass sie als Nesthäkchen einfach »mitläuft«, wird zum Beispiel dadurch karikiert, dass Vater Homer ständig ihren Namen vergisst. Oder auch dadurch, dass sie keine Stimme zu haben scheint. In über drei Jahrzehnten *Die Simpsons* sagte sie bisher nicht ein einziges Wort.

Ross und Monica Geller

Auch in der amerikanischen Sitcom *Friends* (1994–2004) gibt es ein Geschwisterpaar. Die Beziehung zwischen Monica und Ross ist dadurch belastet, dass ihre Eltern den Erstgeborenen Ross klar bevorzugen. Ursprünglich dachten sie nämlich, keine Kinder bekommen zu können, und behandeln ihn deshalb als ihr persönliches kleines Wunder. Monica kompensiert die ungerechte Verteilung der elterlichen Aufmerksamkeit durch übertriebenen Ehrgeiz und zwanghaften Reinlichkeitssinn. Als Kind und Jugendliche war sie auch stark übergewichtig, bis Ross' Freund, in den sie sich verliebt hatte, sie deshalb beleidigte. So beliebt die Serie in ihrer Entstehungszeit war, so wird sie heute doch aufgrund von fehlender Diversität bei den Figuren, Homophobie, Fatshaming und Sexismus kritisch gesehen.

Dmitri, Iwan und Alexej Karamasow

In *Die Brüder Karamasow* (*Bratja Karamasowy*, 1878–1880) beschäftigt sich Fjodor M. Dostojewski mit der Frage, wie drei erwachsene Brüder auf unterschiedliche Art und Weise damit fertig werden, einem hedonistischen, lieblosen und grausamen Vater ausgeliefert zu sein. Der Roman fühlt sich beim Lesen an wie ein böser Wodkarausch, fasziniert dabei aber mit der für den Autor typischen psychologischen Scharfsicht.

Dimitri, der Älteste, führt ein Dasein, das dem seines Vaters nicht unähnlich ist, und schlittert dadurch von einer Katastrophe in die nächste. Sein Halbbruder Iwan versucht sich hingegen vom Verstand leiten zu lassen. Als er sich jedoch in dieselbe Frau verliebt wie Dimitri, hilft ihm auch sein Intellekt nicht weiter. Der Jüngste, Alexej, ist Mönch und hat sich im Kloster eine neue Vaterfigur gesucht. Dadurch kann ihn das ganze Familiendrama nicht mehr so sehr berühren wie seine Brüder.

In der Geschichte wird nie eindeutig geklärt, ob der als

Koch im Haushalt lebende Smerdjakow ebenfalls ein Karamasow-Kind ist – man vermutet es als Leser:in jedoch.

Im Versuch, nicht allzu viel zu spoilern, soll schlicht gesagt sein: Nur für einen der Brüder geht die Verstrickung in dieser hochexplosiven Familienkonstellation gut aus.

Michel und Ida Svensson

Michel aus Lönneberga (*Emil i Lönneberga*, 1963–1970) gehört zu den bekanntesten Werken der schwedischen Schriftstellerin Astrid Lindgren, und dank der Verfilmungen aus den Siebzigerjahren haben wir alle auch eine ziemlich genaue Vorstellung davon, wie der für seine Streiche berühmte Michel und seine brave Schwester Ida aussehen. Die Geschichte spielt um 1900 im südschwedischen Småland – Lindgren nimmt uns darin quasi mit auf eine Zeitreise in ihre eigene glückliche Kindheit. Als Vorbild für die Michel-Figur diente nach Aussage der Autorin ihr Vater Samuel August Ericsson.

Obwohl die Geschwister sehr unterschiedlich dargestellt sind, halten sie doch fest zusammen. Dabei schimmert immer wieder durch, dass Michel zwar ständig Unfug treibt, in Wahrheit aber stets nur Gutes im Schilde führt, während Klein-Ida gar nicht so brav ist, wie es scheint. Schließlich lässt sie sich widerstandslos am Fahnenmast hochziehen, um den Ausblick zu genießen, plappert ihrem Bruder eifrig die Schimpfwörter nach, die er ihr (als Warnung) vorsagt, und es gibt sogar ein Buch mit dem Titel *Als Klein-Ida auch mal Unfug machen wollte*. Dass Michel normalerweise als Einziger bestraft wird, nimmt er der kleinen Schwester allerdings nicht krumm. Er ist nun mal im Kern ein sehr lieber Junge, nur für die Eltern etwas … anstrengend.

Übrigens heißt Michel im schwedischen Original Emil (was auch die seltsamen Mundbewegungen in den synchronisierten Filmen erklärt). Nur in Deutschland wurde er umbenannt, um eine Verwechslung mit den Emil-Geschichten von Erich Kästner zu vermeiden.

Kate, Kevin und Randall Pearson

Es gibt wohl kaum ein Geschwisterthema, das in der US-amerikanischen Serie *This Is Us* (seit 2016) nicht vorkommt – von Streit und Eifersucht über Krisen und Konflikte bis hin zu Zusammenhalt und Liebe.

Die Geschichte beginnt damit, dass Jack und Rebecca Pearson Drillinge bekommen. Eines der Kinder stirbt jedoch. Am gleichen Tag wird ein afroamerikanisches Findelkind ins Krankenhaus gebracht. Da beschließen die Eltern, den kleinen Jungen anzunehmen, denn schließlich haben sie sich darauf eingestellt, drei Kinder mit nach Hause zu nehmen …

Hauptfiguren der Serie sind die leiblichen Geschwister Kate und Kevin sowie der adoptierte Randall. Die Geschichte spielt in verschiedenen Zeitebenen und zeigt dabei immer wieder, wie sich die Erlebnisse aus der Vergangenheit auf Gegenwart und Zukunft auswirken. Obwohl die singende und stark übergewichtige Kate, der ehemalige Soap-Darsteller Kevin und der hochintelligente sowie sensible Randall unterschiedlicher kaum sein könnten, erweisen sie sich ein ums andere Mal als unschlagbares Team – auch wenn es zwischenzeitlich des Öfteren zu heftigen Auseinandersetzungen kommt.

This Is Us ist unterhaltsam, tiefgründig, emotional und einfach faszinierend, vor allem aber verdammt gut erzählt.

Momentan läuft die sechste Staffel, und es ist zu hoffen, dass noch viele weitere folgen.

Maia, Ally, Star, CeCe, Tiggy, Elektra und Merope – die sieben d'Aplièse-Schwestern

Mit der Roman-Serie rund um *Die sieben Schwestern* (*The seven Sisters*, 2015–2021) hatte Lucinda Riley einen Riesenerfolg – zu Recht, denn diese Geschichten sind spannend und vielschichtig. Nach ihrem Tod im Jahr 2021 soll die Serie übrigens von ihrem Sohn fortgesetzt werden.

In jedem der bisherigen sieben Bände steht eine der Schwestern im Fokus, doch stets werden auch die Beziehungen untereinander thematisiert, die unterschiedlich eng sind: von unzertrennlich bis distanziert. Die Schwestern sind ganz besonders heterogen, denn sie wurden allesamt adoptiert. Gemeinsam aufgewachsen in einer märchenhaften Villa am Genfer See, schlagen sie als Erwachsene die unterschiedlichsten Karrieren ein – so gibt es beispielsweise eine Übersetzerin, eine Profi-Seglerin, eine Tierschützerin, eine Künstlerin und ein Topmodel.

Nach dem Tod des geheimnisvollen und schwerreichen Vaters erhalten die Schwestern diverse Hinweise auf ihre ursprüngliche Herkunft und machen sich jeweils auf Spurensuche. Ihre Reisen führen sie unter anderem nach Brasilien, Norwegen, Spanien, Australien und Kenia, vor allem aber in die Vergangenheit. In jedem Band gibt es eine historische Ebene, die mit der Gegenwart verknüpft ist.

Übrigens sind ihre oben aufgeführten Namen zum Großteil Abkürzungen und stehen für das Siebengestirn der Plejaden, auch sieben Schwestern genannt. Eine Prise Mythologie steckt natürlich ebenfalls in den Geschichten.

Luise Palfy und Lotte Körner

Die Heldinnen des Kinderbuchs *Das doppelte Lottchen* (1949) von Erich Kästner sind Luise aus Wien und Lotte aus München. Sie staunen nicht schlecht, als sie sich in einem Ferienlager begegnen und plötzlich ihrer jeweiligen Doppelgängerin gegenüberstehen! Es stellt sich heraus, dass sie Zwillinge sind – doch weil sie nach der Scheidung ihrer Eltern getrennt wurden, lernen sie einander erst jetzt, mit neun Jahren, kennen.

Als die freche Luise und die brave Lotte beschließen, am Ende der Ferien einfach die Rollen zu tauschen, führt das natürlich zu allerhand Verwicklungen. Die Eltern wundern sich sehr über die Wesensveränderung ihrer Töchter. Warum kann Lotte auf einmal nicht mehr kochen? Und seit wann übt Luise so diszipliniert Klavier? Es müssen noch einige Hindernisse aus dem Weg geräumt werden, doch am Ende geht der Plan der Zwillinge auf: Die Eltern finden wieder zueinander und heiraten erneut.

Das doppelte Lottchen, eine der ersten Scheidungsgeschichten im Bereich Kinderbuch, ist auch nach über einem halben Jahrhundert noch beliebt. Es gibt zahlreiche Verfilmungen, die erste stammt aus dem Jahr 1950, die bisher letzte aus dem Jahr 2017.

Julie, Jack, Sue und Tom

Alles andere als eine heile Welt wird in Ian McEwans Debütroman *Der Zementgarten* (*The Cement Garden*, 1979) erzählt. Er spielt in einer tristen englischen Vorortsiedlung – genauer gesagt im letzten noch nicht abgerissenen Haus dieser Siedlung, die einer Umgehungsstraße weichen soll – und wird aus der Perspektive des fünfzehnjährigen Jack erzählt.

Zunächst stirbt der cholerische Vater bei dem Vorhaben, den Garten komplett zu betonieren. Als wenig später auch die Mutter ihrem Krebsleiden erliegt, melden die vier minderjährigen Geschwister ihren Tod nicht, sondern lassen ihre Leiche im Keller verschwinden, genauer gesagt in einer Kiste mit Zement – denn davon ist noch reichlich vorhanden.

Weil die Familie sozial sehr isoliert lebt und die kranke Mutter schon lange nicht mehr in der Öffentlichkeit gesehen worden ist, fällt das nicht weiter auf.

Die vier Geschwister verbringen einen ganzen Sommer ohne Eltern, quasi außerhalb der Gesellschaft und ihrer Normen. Entsprechend surreal entwickelt sich die Geschichte, in der Aspekte wie Mobbing, Verlust, Vergänglichkeit, Pubertät, Liebe, Verrat, Rivalität und Inzest eine Rolle spielen. Sie ist gleichermaßen verstörend wie faszinierend und wird auf eine eigentümlich beiläufige, lakonische Weise erzählt.

1993 wurde der Roman unter dem gleichen Titel verfilmt.

Plötzlich Bruder

Erst mit über fünfzig Jahren erfuhr der Autor Ian McEwan, dass er einen leiblichen Bruder hat – er heißt David Sharp und ist Maurer. Die Story dahinter liest sich wie ein Roman: Die Mutter hatte während des Zweiten Weltkrieges eine außereheliche Beziehung und gab das Kind, das daraus hervorging, zur Adoption frei, damit ihr Mann nichts davon erfuhr. Dieser fiel in der Normandie, woraufhin sie nun doch ihren Liebhaber heiratete und mit ihm 1948 einen weiteren Sohn – Ian – bekam. Das Familiengeheimnis lüftete sie jedoch nie; erst nach ihrem Tod verriet ihre Schwester die Wahrheit.

Inzwischen haben sich die Brüder kennengelernt und angefreundet. Den Stoff ihrer Lebensgeschichte überlässt Ian McEwan seinem Bruder David, der eine Biografie schreiben will. Ein Happy End hätte eh nicht zu McEwan gepasst – jedenfalls nicht zu seinen Romanen.

Teil 4

Erlebnisse

Gemeinsamer Kosmos auf zwölf Quadratmetern: das Kinderzimmer

Heike

Neulich sind unsere Nachbarn weggezogen. In ihrem putzigen kleinen Häuschen war einfach nicht mehr genug Platz für sie und ihre Teenie-Tochter. Sie bedauern das sehr, denn das neue Heim ist zwar viel geräumiger, hat aber nicht diese besondere Atmosphäre, die eben nur in alten Gemäuern herrscht.

»Wir wären gerne geblieben, wenn es ein zusätzliches Zimmer gäbe«, sagte die Nachbarin. »Es ist ein perfektes Häuschen für ein kinderloses Paar.«

Oder für eine einzelne Person – so wie früher, in meiner Kindheit. Da wohnte dort eine alte Frau. Es war ihr Elternhaus. Sie ist darin aufgewachsen – gemeinsam mit ihren sieben Geschwistern! Ja, Sie haben sich nicht verlesen. Dort lebten also insgesamt acht Kinder und zwei Erwachsene.

Da fragt man sich doch, wie das funktionieren konnte! Zumal damals noch nicht mal der Dachboden ausgebaut war. Okay, für die großzügige Wohnküche wurden in den Neunzigerjahren schon alle störenden Wände rausgerissen, aber selbst mit viel gutem Willen ließen sich daraus keine acht Kinderzimmer zaubern – höchstens acht kleine Verschläge à la Harry Potter. Wo also haben all diese Kinder geschlafen, gelernt, gespielt, gelebt?

Nun – die meiste Zeit haben sie wohl draußen verbracht. Die Bundesstraße, auf der heutzutage rund fünfzehntausend Fahrzeuge am Tag durchbrausen, war vor hundert Jahren noch kaum befahren, und wenn mal ein Auto darauf unterwegs war, sorgte das für großes Aufsehen.

Im Winter spielte sich das Leben in der Stube ab – dem einzigen beheizten Raum im Haus. Und geschlafen haben die Menschen, wo eben Platz war. Ein eigenes Kinderzimmer wäre damals undenkbar gewesen, sogar ein eigenes Bett für jedes Kind hätte man wohl als Luxus empfunden. Man teilte sich ein Schlaflager mindestens zu zweit, wenn nicht zu dritt. Und für die ganz Kleinen zog man die Kommodenschubladen auf. Weich ausgepolstert, gaben die einen erstklassigen Bett-Ersatz ab. Hätte man diesen Menschen gesagt, ein Kind brauche einen persönlichen Rückzugsort, hätten sie einen vermutlich für vollkommen übergeschnappt gehalten.

Natürlich gab es auch damals bereits Kinderzimmer – sie entstanden im neunzehnten Jahrhundert, aber zunächst nur bei wohlhabenden Familien in den Städten. Auf dem Land kam dieser Trend erst im vorigen Jahrhundert an.

Als ich klein war, musste ich zum Glück nicht in einer Kommodenschublade schlafen und mir mit meinem Bruder auch kein Bett teilen – wohl aber ein Kinderzimmer. Jedenfalls bis ich zehn war und er neun. (Das Babybettchen unseres jüngsten Bruders stand noch im Schlafzimmer unserer Eltern.) Dann zogen wir um in ein neues Haus, in dem jeder seine eigenen vier Wände bekam.

Wie wohl ziemlich viele Geschwisterpaare zu der Zeit hatten wir Etagenbetten. Ich erinnere mich noch genau an den Rahmen aus grauem Metall und die rote Leiter, die sich im Winter so kalt anfühlte.

Wer im oberen Bett lag, konnte durch eifriges Gehoppel für ordentlich Seegang sorgen. Dafür konnte man sich allerdings von unten rächen, indem man die Füße gegen die obere Matratze presste – am besten auf Pohöhe.

Es gab also überall reichlich Gelegenheit, sich gegenseitig zu ärgern, dennoch fand ich es in der zweiten Etage schöner – trotz der kalten Leiter und der Angst, nachts runterzufallen. Da mein Bruder auch lieber oben schlafen wollte, ließen sich unsere Eltern eine salomonische Lösung einfallen: Immer, wenn die Bettwäsche gewechselt wurde, mussten wir tauschen.

Auch meine Freundin Sonja teilte sich ein Zimmer mit ihrer Schwester Edith, was für beide kein Honigschlecken war, denn sie lagen altersmäßig vier Jahre auseinander. Edith, die ältere, war oft genervt von der kleinen Sonja, die sie einfach nicht in Ruhe ließ. Vor allem als Edith mit fünfzehn ihren ersten Freund hatte, hätte sie gern die Zweisamkeit mit ihm ohne eine neugierige Elfjährige genossen.

»Er hat sie oft besucht, und dann wollten die beiden Turteltäubchen mich natürlich loswerden. Meistens forderte Edith mich auf, doch mal eben mit dem Hund Gassi zu gehen«, erzählt Sonja und muss bei der Erinnerung daran lachen. »Was ich auch tat, aber nur gegen Schmiergeld: für fünf Mark – die mein späterer Schwager stets eilig beglich.«

Auch bei Gaby und ihren Schwestern gab es oft Streit im gemeinsamen Mädchenzimmer. »Bärbel war schon viel erwachsener als Eva und ich«, berichtet Gaby, die Sandwich-Schwester. Bärbel hasste es, wenn eine der jüngeren ihre Stereoanlage berührte, die sie von ihrem eigenen Lehrgeld bezahlt hatte, oder ungefragt Klamotten von ihr auslieh. Und was sie überhaupt nicht ausstehen konnte, war das störende Geschnatter und Gekicher, wenn sie schlafen wollte.

»Die Situation war immer die gleiche«, erzählt Gaby. »Je eindringlicher Bärbel um Ruhe bat, desto lauter wurden wir. Ich habe sie dann meistens nachgeäfft und Eva damit zum Lachen gebracht. Daraufhin wurde Bärbel stinksauer und machte ein Riesentheater, bis irgendwann unser Vater nach oben kam und uns allen den Hintern versohlte.«

Während meine Geschwister und ich niemals geschlagen wurden, war das bei Gaby und ihren Schwestern an der Tagesordnung. Niemand wunderte sich darüber, die körperliche Züchtigung galt noch lange Zeit als »Elternrecht« und wurde in Deutschland erst im Jahr 2000 verboten.

»Auch das lief immer gleich ab«, sagt Gaby. »Als Erste wurde Eva übers Knie gelegt. Dann war ich dran – und da hat Eva schon wieder gelacht, während Bärbel wie ein Schlosshund heulte, weil sie es ja noch vor sich hatte …«

Wenn sich Kerstin an die Zeit erinnert, in der sie sich mit Ingo ein Zimmer teilen musste, kommen ganz andere Gefühle hoch. Kerstin war gerade mal zehn Jahre alt, als ihre Mutter an Krebs starb. Wenig später tat sich der Vater mit einer befreundeten Witwe zusammen. Neben ihrem fast erwachsenen Bruder Wilfried bekam die traumatisierte Kerstin also drei Stiefgeschwister, die ja ebenfalls gerade ein Elternteil verloren hatten und alles andere als begeistert von der neuen Stiefschwester waren. Zumal sie auf einmal ihre Zimmer teilen mussten – zumindest für eine Übergangszeit, bis der Umbau des Hauses abgeschlossen war.

»Ingo und ich waren zwar beide in einer ähnlichen Situation, denn ich trauerte um meine Mutter und er um seinen Vater, aber die Idee, uns in ein Zimmer zu stecken, war ganz schlecht«, erzählt Kerstin. »In jenem Jahr haben wir uns ständig gestritten, gegenseitig geschlagen, die Klamotten aus dem Schrank geworfen – am Ende waren wir restlos verkracht. Weil wir einfach zu dieser Zwangsgemeinschaft verurteilt waren, die keiner von uns wollte.«

Als dann jeder ein eigenes Reich bekam, normalisierte sich das Verhältnis langsam – und inzwischen ist er ihr von allen Geschwistern der liebste und vertrauteste.

Doch auch die neuen Zimmer sorgten in der Kindheit für Konfliktpotenzial, denn das von Kerstin war größer und schöner als das der anderen Kinder. »Da war auf jeden Fall Eifersucht im Spiel«, erinnert sie sich.

Umso schmerzlicher war es für Kerstin, dass ihr Zimmer sofort aufgelöst wurde, als sie ihr Studium begann. »Daraus entstand ein Büro für meinen Vater. Das hat mich tief getroffen«, erzählt sie. Wenn sie während der Semesterferien nach Hause kam, war sie quasi ein Gast.

»Meine Geschwister dagegen haben auch heute noch ihre Zimmer in diesem Haus, obwohl sie alle schon längst ausgezogen sind und eigene Familien gegründet haben.«

Laut Kerstins Interpretation ein Beweis dafür, dass sie nie wirklich dazugehört hat. Sie empfand sich von Anfang an als Fremdkörper.

Auch bei Bea und ihren Geschwistern waren gemeinsam genutzte Räumlichkeiten eine Übergangslösung.

»Als wir noch im alten Haus wohnten, hatten wir zwei Kinderzimmer mit je einem Etagenbett«, erzählt Bea.

Spontan vermute ich, dass es ein Mädchenzimmer und ein Jungszimmer gab, denn Bea hat eine Schwester und zwei Brüder.

»Nein«, klärt sie mich auf, »unsere Eltern waren da ganz pragmatisch: Die Paarungen haben gewechselt, je nachdem, wie man sich gerade verstanden hat. Im Grunde war jeder von uns mal mit jedem in einem Zimmer.«

Wie unterschiedlich die vier Geschwister waren, merkte man schon am Einschlafverhalten: Während der ältere Siegfried augenblicklich im Reich der Träume war, kaum dass sein Kopf auf dem Kissen lag, hatte der jüngere Sascha noch Redebedarf – und ärgerte sich tierisch darüber, dass Siegfried dafür nicht zur Verfügung stand. Um sich selbst bei Laune zu halten (und mit ein bisschen Glück vielleicht auch den Bruder zu wecken), sang er dann lauthals die aktuellen Hitparadenschlager.

Wenn Bea mit ihrer Schwester das Zimmer teilte, war immer was los. »Natürlich spielten wir Geister und erzählten uns gegenseitig Gruselgeschichten«, berichtet sie. »Einmal ist Carola aus dem oberen Bett rausgefallen und direkt im Puppenwagen gelandet.«

Anders als unsere Etagenbetten waren die von Bea und ihren Geschwistern übrigens nicht aus Metall, sondern aus Holz. »Ich werde nie die Zahnabdrücke vergessen, die man darin deutlich sehen konnte«, erinnert sich Bea. »Wer von uns da reingebissen hat und warum, ist mir bis heute ein Rätsel – ich war's jedenfalls nicht.«

Mein Mann hatte übrigens noch nie im Leben ein eigenes Schlafzimmer. Heute teilt er es natürlich mit mir – und in seiner Kindheit mit seinen beiden Brüdern, genauso wie seine drei Schwestern ein gemeinsames Zimmer hatten. »Wir waren nicht bescheidener als die Kinder heute«, meint er, »sondern waren es ganz einfach nicht anders gewohnt. Das war normal. Auch dass es nicht viele Spielsachen gab – trotzdem war uns nie langweilig.«

Ja, das glaube ich sofort – wo Geschwister zu Hause sind, hat Langeweile ohnehin kaum eine Chance!

Immer auf die Kleinen!

Ursi

Langweilig? Stimmt, das wird es selten! Wenn Sie Geschwister haben, kennen Sie das hundertprozentig: Die Älteren erlauben sich ihren Spaß mit den Jüngeren. Und je länger Sie darüber nachdenken, desto mehr wird Ihnen vermutlich zu diesem Thema einfallen. Genauso war es auch bei unseren Gesprächspartner:innen.

Hier kommt die Compilation *Best of: Immer auf die Kleinen*:

Achtung, tickende Zeitbombe
Besonders beliebt bei älteren Geschwistern ist es, die jüngeren zum Explodieren zu bringen. Dabei wissen sie natürlich ganz genau, welche Knöpfe sie drücken müssen, damit das möglichst schnell und auch wirklich heftig vonstattengeht.

»Meine Brüder sind sieben Jahre auseinander. Eigentlich sollte man denken, der ältere hätte es bei so viel Altersabstand nicht nötig gehabt, sich über den jüngeren lustig zu machen. Und dennoch bereitete es ihm tierische Freude, den vierjährigen Knirps ›Butzelmajestät‹ (Anm.: Butzi = Österreichisch für Baby) zu nennen und ihn damit regelmäßig zur Weißglut zu bringen.« *Meine Mutter, 81 Jahre*

»Meine Schwester ist schon ziemlich lange Vegetarierin. Ich habe mir den Spaß erlaubt, sie bei wirklich jeder Gelegenheit zu fragen, ob sie Fleisch möchte. Das hat sie so wunderbar genervt.« *Dennis, 26 Jahre*

Ein bisschen gepflegt gruseln
Ein besonderes Highlight für die Großen scheint es zu sein, den Kleinen Angst einzujagen. Es ist ja auch spannend, sein eigenes Versuchskaninchen für allerlei psychosoziale Experimente zu haben.

»Ende der Achtzigerjahre gab es Bastelbögen für Papierskelette zu kaufen. Nachdem ich es zusammengebaut hatte, montierte ich es mit einer Schnur so über der Zimmertür meiner Schwester, dass es ihr entgegenschwang, als sie eintrat. An ihren gellenden Schrei kann ich mich bis heute erinnern.« *Mein Mann Achim, 50 Jahre*

»Abends habe ich mich als Kind schrecklich gefürchtet. Wenn unsere Eltern ins Theater oder Kino gingen, passte meine große Schwester auf mich auf. Aber sie behauptete immer, dass man mit zehn Jahren allein bleiben muss. Also wollte ich nie zehn werden. Lieber gleich elf.« *Rita, 64 Jahre*

So schön, wenn der Schmerz nachlässt
Durch eine hauchdünne sadistische Ader scheint das Blut vieler zu fließen. Und wozu hätte man sonst Geschwister, wenn nicht, um sie ab und zu ein wenig zu quälen?

»Als ich ein kleiner Junge war, erklärte mir meine Schwester, sie wolle mir Eiskunstlauf beibringen, und hob mich auf die dünne Eisfläche in der Regentonne. Unsere Eltern nennen das noch heute den ›Ertränkungsversuch‹.« *Elias, 30 Jahre*

»Meine Brüder haben mich einmal an einen Besen gebunden und mit einem Stück Stoff geknebelt. Zum Glück fand mich unser Vater schnell, sonst hätte ich ewig so im Zimmer gelegen.« *Marion, 48 Jahre*

»Ich hatte schon mit dreizehn Jahren den ersten Vollrausch, denn meine großen Brüder haben mir dunkles Bier gegeben, in das sie vorher Schnaps geschüttet hatten.« *Andreas, 49 Jahre*

Die Unwissenheit feiern

Besonders schön scheint es für ältere Geschwister zu sein, sich den jüngeren wissensmäßig überlegen zu fühlen. Diese Diskrepanz ist unerschöpflicher Quell einer Menge Spaß.

»Meinem kleinen Bruder konnte man jeden Blödsinn einreden. Einmal habe ich ihm gesagt, er bekommt zwei goldene Geldstücke von mir, wenn er mir sein eines silbernes gibt. Und habe eine Mark gegen zwei Zwanzigpfennigmünzen getauscht.« *Marianne, 51 Jahre*

»Wenn ich meinen Bruder gefragt habe, wie man etwas schreibt, hat er geantwortet: mit stummem Q. Und ich habe es geglaubt.« *Meine Nichte Fiona, 19 Jahre*

Neben dir wirke ich besonders cool

Wie wertet man sich selbst am effektivsten auf? Indem man die kleine Schwester oder den kleinen Bruder abwertet. Oder zumindest scheint das ein weit verbreiteter Glaube unter älteren Geschwistern zu sein.

»Mein Bruder hat mich, als ich zwölf war und er siebzehn, immer umgeschubst, wenn seine Freunde da waren. Er fand das total lustig.« *Marion, 48 Jahre*

»In der Kindheit war ich eine Anhängerin der Freikörperkultur. Ich liebte es, nackt zu sein. Das hat mein großer Bruder später immer allen erzählt, und mir war das – gerade in der Pubertät – schrecklich peinlich.« *Celine, 20 Jahre*

»Ich weiß noch so gut, wie mein kleiner Bruder im Laufstall saß und ich mich mit ihm durch die Gitterstäbe unterhielt. Einmal habe ich ihm das Wort ›Scheiße‹ beigebracht. Und als er es dann nachsagte, lief ich in die Küche und verpetzte ihn bei unserer Mutter.« *Ilona, 62 Jahre*

Über Geschmack lässt sich nicht streiten

Glauben Sie mir, Geschwister können wegen allem zoffen! Ganz besonders lustig sind die Auseinandersetzungen über unterschiedliche Vorlieben.

»Einmal hat sich mein Bruder von hinten an mich angeschlichen und mir das Gesicht mit einem ganz intensiv nach Himbeer riechenden Waschschaum eingerieben. Den hatte ich mir gekauft, weil ich Himbeeren so gern mag. Was für ein Fehlkauf – das Zeug hat schrecklich gestunken!« *Mein Sohn, 15 Jahre*

»Unser älterer Bruder machte sich immer über die Bücher lustig, die meine Schwester und ich lasen. Mit besonders schmachtender Stimme trug er zum Beispiel die gefühlvollen Stellen von *Der Trotzkopf* vor.« *Meine Mutter, 81 Jahre*

Ohne dich wär' alles doof

Langeweile? Wozu hat man jüngere Geschwister? Die kann man zum Zeitvertreib so wunderbar an der Nase herumführen.

»Mein Bruder hat mich einmal am Sonntag aufgeweckt und behauptet, ich hätte die Schule verschlafen. Er war gerade von einer Nacht in der Disco heimgekommen und beobachtete amüsiert, wie ich versuchte, doch noch irgendwie pünktlich zu sein.« *Meine Nichte Fiona, 19 Jahre*

»Neulich, als ich von der Schule heimkam, hat mir mein Bruder eine kleine Paprikaschote vor die Nase gehalten und gesagt: ›Hier, iss!‹ Dass es eine extrem scharfe Chili war, habe ich erst dann bemerkt.« *Mein Sohn, 15 Jahre*

»Wenn ich zum Beispiel an Weihnachten zu Hause bin, im Zimmer liege und lese, kommt mein Bruder vorbei und schaltet kommentarlos das Licht aus. Das macht er schon immer so und findet es auch jetzt, da wir alle erwachsen sind, noch unglaublich komisch.« *Celine, 20 Jahre*

Glaube mir, ich weiß, wovon ich rede

Gern wird auch damit experimentiert, wie viel Blödsinn man den jüngeren Geschwistern einreden kann. Der Fantasie sind dabei kaum Grenzen gesetzt.

»Meine großen Brüder haben mir jahrelang erfolgreich eingeredet, man hätte mich als Baby in einer Cola-Kiste gefunden.« *Annette, 62 Jahre*

»Ich habe meinem Bruder gegenüber behauptet, er sei nur zu meiner Belustigung geboren worden.« *Marianne, 51 Jahre*

Schlapplachen für Fortgeschrittene
Mit jüngeren Geschwistern hat man immer was zu lachen. Schließlich haben die Kleinen jede Menge Unterhaltungswert.

»Mir tut es heute noch leid, dass ich meine Schwester ausgelacht habe, als sie in der Grundschule einen Liebesbrief bekam.« *Mo, 17 Jahre*

»Ich erinnere mich noch gut daran, wie meine ältere Schwester sich scheckiglachte, als ich beim Spielen mit den Barbies behauptete, die eine Puppe sei schwanger geworden, weil sie sich verliebt hatte. Ich war Grundschülerin und wusste so ungefähr, was Sex ist, und dennoch dachte ich, man bekommt Babys vom Verlieben.« *Nika, 35 Jahre*

Liebe Ursi,
jetzt hätte ich um ein Haar behauptet, vollkommen unschuldig zu sein und meine jüngeren Brüder nie veräppelt zu haben. Doch dann fiel mir die Sache mit dem Osterspaziergang ein …

Björn war damals etwa drei Jahre alt, Holger und ich neun und elf. Eigentlich hatte niemand von uns Kindern Lust auf einen Spaziergang, aber dann fand ich in meiner Jackentasche ein paar Schokoladeneier. Ich ließ sie unauffällig am Wegesrand fallen, sodass Björn sie finden konnte. Er freute sich wie ein Schneekönig!

Großzügig boten Holger und ich ihm an, die gefundenen Eier für ihn aufzubewahren, damit er die Hände frei hatte für weitere Funde.

Ich weiß nicht, wie viele Schokoeier Björn im Laufe des Spaziergangs bei uns ablieferte, aber es waren wirklich viele. Allerdings immer dieselben. Insgesamt hatten wir nämlich nur fünf Stück dabei, und die versteckten wir wieder und wieder. Ich muss heute noch lachen, wenn ich an sein enttäuschtes Gesicht denke, als er zu Hause seine mickrige Beute in Augenschein nahm.

Okay, ich gebe es zu – das war ein bisschen gemein. Aber auch furchtbar lustig. Und es hat den Spaziergang sehr viel kurzweiliger gemacht. Für mich als große Schwester jedenfalls. Du als Jüngste wärst sicher empört gewesen, Ursi, oder?
Heike

Aus Kindern werden Leute: Geschwister in der Pubertät

Heike

An die Pubertät mit all ihren Irrungen und Wirrungen kann ich mich noch lebhaft erinnern – allerdings nicht unbedingt daran, mich darüber mit meinen Brüdern ausgetauscht zu haben. Vielleicht wäre das mit Schwestern anders gewesen. So aber waren mir die vielen Veränderungen, die sich in meinem Körper und meinem Kopf abspielten, eher peinlich vor ihnen. Weshalb ich irgendwann anfing, nicht nur die Badezimmertür vor dem Duschen abzuschließen, sondern auch ein Handtuch vors Schlüsselloch zu hängen. Im Nachhinein eine ganz schön alberne Angewohnheit, denn ich glaube eigentlich nicht, dass meine Brüder da durchgeschaut hätten. Umgekehrt habe ich es schließlich auch nicht gemacht. Aber es zeigt ziemlich deutlich, dass ich seinerzeit eher ein Schweigegelübde abgelegt hätte, als mein pubertäres Gefühlschaos mit meinen Brüdern zu besprechen.

Umso erstaunter war ich, als Rebecca mir von den Gesprächen erzählte, die sie mit ihrem zwei Jahre jüngeren Bruder Felix führte, als er in die Pubertät kam.

»Damals war ich für ihn eine unschätzbare Quelle«, berichtet sie. »Er hat mich regelrecht ausgefragt über alles, was das Thema Frauen, Beziehungen, Küssen und so weiter betrifft. Ich war seine Pubertäts-Ratgeberin.«

Rebecca weiß selbst, dass so etwas nicht selbstverständlich ist. Dazu braucht man ein ausgesprochen gutes Geschwisterverhältnis und eine gewisse Offenheit. »Mit meinem älteren Bruder wäre das undenkbar gewesen«, sagt sie. »Er ist nun mal ein eher verschlossener Typ, ganz anders als der ungezwungene Felix.«

Lara und ihr Bruder Eric hatten zwar keine Geheimnisse voreinander, dafür aber vor den Eltern – besonders Eric.

»Er war, was Frauen betraf, ein echter Heimlichtuer«, erinnert sich Lara. »Statt seine Freundinnen offiziell vorzustellen, hielt er sie eher versteckt. Nur ich wusste von ihnen. Erst mit neunzehn brachte er eine Freundin mit nach Hause und verkündete: ›Das ist die Claudia, die schläft heute Nacht hier.‹ Unsere Mutter fiel aus allen Wolken …«

Lara selbst war natürlich eingeweiht beziehungsweise bekam die Beziehungen ihres Bruders mit. Doch sie hätte sich eher die Zunge abgebissen, als den Eltern davon zu erzählen. Das war seine Sache – umgekehrt galt das natürlich genauso.

Ich frage meinen Mann nach seinen Erinnerungen an die Pubertät, und er erzählt, dass für ihn die großen Geschwister eher als Erziehungsberechtigte fungierten. Beziehungsthemen wurden in ihren Gesprächen weniger erörtert, es gab ganz andere Probleme.

»Ich war gerade zwölf, als unser Vater starb. Das hat den Zusammenhalt zwischen uns Kindern noch gestärkt, ebenso die Bereitschaft aller, im Haushalt mit anzupacken und unsere Mutter zu unterstützen – unabhängig vom Geschlecht«, erzählt er. »Gleichzeitig übernahmen die bereits erwachsenen Geschwister die Rolle des Familienoberhaupts.«

Die Schwestern waren zu dem Zeitpunkt schon verheiratet, der älteste Bruder arbeitete im Ausland und bekam nur alle paar Monate Urlaub für Heimatbesuche.

»Wenn er nach Hause kam, brachte er uns immer Geschenke mit, beispielsweise Klamotten oder Elektronik. Es war jedes Mal eine tolle Bescherung, auf die wir uns riesig freuten. Damals waren Sachen aus dem Ausland etwas ganz Besonderes. Heutzutage bekommt man auch in Tunesien alles, aber in den Sechzigern und Siebzigern sah das noch anders aus.«

Rückblickend bewertet er die Pubertät eher als eine Phase, in der er gelernt hat, Verantwortung zu übernehmen. Die Geschwister waren in dieser Hinsicht Vorbilder.

Auch Mia betrachtet ihre vier großen Brüder als Vorbilder – für den Geschmack ihrer Mutter Jette sogar etwas zu sehr.

»Bis zu Beginn ihrer Pubertät hatte ich das Gefühl, Mia sei weniger meine Tochter als vielmehr mein fünfter Sohn. Verhalten, Hobbys, Freundeskreis, Aussehen – alles war jungenhaft. Sie interessierte sich für Fußball, Frösche und Feuerwehr, trug die gleichen Klamotten wie ihre Brüder und bestand auf einem Kurzhaarschnitt«, erzählt Jette.

Zwar war es ihr wichtig, dass sich jedes Kind so entwickelte, wie es das wollte, doch da sie selbst ein Typ ist, der Pink und Glitzer liebt, hat sie die weibliche Seite ihrer Tochter durchaus vermisst.

»Mit Beginn der weiterführenden Schule begann Mia, sich zu verändern«, sagt Jette. »Sie schließt jetzt auch Freundschaften mit Mädchen. Und im Umgang mit Jungs kommt zur bisherigen Kumpelhaftigkeit nun eine neue Dimension hinzu.«

Auch dabei orientiert sich Mia an ihren großen Brüdern.

»Meine Söhne haben keine oberflächlichen oder kurzzeitigen Beziehungen, sondern pflegen ernst zu nehmende, dauerhafte Partnerschaften«, erzählt Jette. »So etwas strebt Mia ebenfalls an. Doch mit elf ist sie dafür noch zu jung.«

Generell taucht bei fünf Kindern in verschiedenen Phasen der Pubertät immer wieder die Frage auf, wer was darf. Was die Eltern dem sechzehnjährigen Noah erlauben, kommt manchmal für den vierzehnjährigen Ole noch nicht infrage. Das findet der dann gar nicht toll, doch er muss es wohl oder übel akzeptieren. Zumal die jüngeren Brüder ohnehin nicht mehr so viele Dinge erkämpfen mussten wie der Älteste.

»Paul hat für uns anderen in vielerlei Hinsicht den Weg frei gemacht«, gibt Ole zu.

Vor allem Mia profitiert davon. »Sie war schon früh ohne uns Eltern unterwegs, sofern die großen Brüder dabei waren und auf sie aufpassten.«

Die Kumpel ihrer Brüder Siegfried und Sascha betrachteten Bea zwar jahrelang nur als »kleine Schwester von«, doch das war für sie durchaus kein Nachteil.

»Als ich auf die weiterführende Schule kam, kannte ich schon viele von den älteren Jungs und hatte keine Hemmungen, mich mit ihnen zu unterhalten. Das war für mich ganz normal. Im Vergleich zu anderen Gleichaltrigen hatte ich da einen riesigen Erfahrungsvorsprung.«

Auf einem der Tische im Chemiesaal stand mal eine gehässige Bemerkung über Bea und ihr vermeintliches Techtelmechtel mit einem älteren Schüler. Da dachte wohl eine Mitschülerin, Bea wollte ihr einen Schwarm abspenstig machen. »Sie konnte einfach nicht verstehen, dass sich so ein hübscher junger Mann ausgerechnet mit mir unterhielt. Dabei hatte ich nicht mal Hintergedanken – ich kannte durch meine älteren Geschwister nur eben alle möglichen Leute«, erinnert sich Bea.

Besonders ihr Bruder Sascha brachte häufig Mitschüler zum Essen heim. Bea und ihrer Schwester Carola konnte es nur recht sein, dass interessante Jungs quasi automatisch ins Haus kamen.

»Saschas Freunde waren uns stets willkommen, aber für sie mag es keine reine Freude gewesen sein. Carola und ich haben die Jungs immer ein bisschen gefoppt. Es machte uns Spaß, sie ins Bockshorn zu jagen.«

Und das taten sie erst recht, als die Brüder anfingen, Freundinnen mit nach Hause zu bringen. »Denen fühlten wir ordentlich auf den Zahn«, sagt Bea und lacht.

Sie denkt gern an diese Zeit zurück. »Wir waren immer eine große Truppe – nicht nur meine Geschwister und ich, sondern auch die dazugehörige Dorfdisco-Clique. Meine Freundinnen hatten ebenfalls Geschwister, wir waren alle in einem ähnlichen Alter. Man kannte sich einfach und unternahm ständig etwas zusammen. Und ich als kleine Schwester wurde von den Großen so mitgezogen.«

Natürlich ist die Pubertät für Geschwister keine ungetrübte Zeit – gerade in dieser Phase wird besonders oft gestritten, weil man sich jetzt stärker voneinander abgrenzt.

So wie bei Annika und Fabian. »Er war immer so ein lieber Schatz«, erzählt sie. »Es gibt unzählige Kinderfotos von uns beiden, auf denen wir Partnerlook tragen und ganz toll miteinander spielen. Doch dann kam er in die Pubertät, und aus dem netten kleinen Brüderchen wurde ein regelrechtes Monster.« Annika erkannte ihren Bruder kaum wieder. Er machte sich nur noch über sie lustig, provozierte sie, ignorierte sie in der Öffentlichkeit. »Erst mit Anfang zwanzig besserte sich das, und seitdem verstehen wir uns ganz gut. Doch so eng wie in der Kindheit wurde die Beziehung nie mehr. Dazu sind wir wohl zu unterschiedlich.«

Vermutlich brauchte Fabian die Rebellion während der Pubertät ganz einfach, um sich von seiner dominanten älteren Schwester zu distanzieren und seine eigene Identität zu entwickeln.

Andererseits ist die Pubertät ja die Zeit, in der »die Eltern peinlich« werden – und die Geschwister sozusagen Verbündete gegen all die unfairen Ge- und Verbote, von »Hausarrest« über »Zimmer aufräumen« bis »aber um neun bist du zu Hause!« So wie bei Isabell und Saskia, die aufhörten, sich zu streiten, als auch die kleine Schwester in die Pubertät kam. Von da an verstanden sie sich als unschlagbares Schwesternteam.

Gemeinsam kann man eben umso besser rebellieren, sich den Eltern widersetzen oder etwas anstellen.

Und daraus entstehen dann die schönsten Geschichten, die man sich Jahre später erzählt. Nicht wenige beginnen mit: »Weißt du noch, damals, als wir heimlich …«

Jetzt sind sie auch noch verliebt! – Geschwister und ihre Herzblätter

Ursi

Sehr bestimmend für Geschwisterbeziehungen im Jugend- und Erwachsenenalter ist die jeweilige Partnerwahl. In den Geschichten, die wir Ihnen in diesem Buch erzählen, blitzte das dort und da ja schon auf.

Psycholog:innen sind der Meinung, dass das Schema, nach dem man sich verliebt, nicht allein von der Beziehung zu den Eltern geprägt wird. Genauso spielen die Geschwister eine Rolle. Ganz klar, dass die Dynamiken in der entstehenden Großfamilie also mitunter kompliziert sind.

Basierend auf den Erzählungen meiner Gesprächspartner:innen (Sie haben alle bereits in anderen Kapiteln des Buches kennengelernt) präsentiere ich Ihnen die Top 10 der Geschwister-und-Verschwägerten-Konstellationen:

10: Best Friends (Forever)?
In den Siebzigerjahren veranstaltete Ritas Bruder Ernst legendäre Partys. Bald hatte sich herumgesprochen, wie viel Spaß man dort haben konnte, und es kamen die coolsten Leute. »Nur dass eines klar ist«, sagte Ernst zu seiner Schwester. »Du auf dieser Party – das wird nie passieren!«

Einige Zeit später lernte Rita Axel kennen. Ernst fand diesen charismatischen jungen Mann mit der wallenden, schulterlangen Mähne, den Schlaghosen und seinem unnachahmlichen Humor großartig. Er suchte Axels Nähe und schlug seiner Schwester ständig gemeinsame Unternehmungen vor. Und siehe da, plötzlich war Rita auch gern gesehener Gast auf Ernsts Feten. Hauptsache, sie brachte Axel mit.

Laura erlebte ebenfalls, dass ihr Mann und ihr Bruder beste Freunde wurden. Das schweißte die Geschwister sogar noch mehr zusammen. Die Ehe beinhaltete auf bestmögliche Weise auch die Beziehung zum Bruder: Es gab engen Kontakt und viel gemeinsam verbrachte Zeit.

Als Lauras Ehe kriselte und schließlich zerbrach, stellte sich ihr Bruder jedoch bedingungslos auf ihre Seite. Die Geschwisterloyalität wog schwerer denn die Männerfreundschaft. Der Ex wurde nicht nur nicht mehr gemocht, sondern sogar zum Feind erklärt.

9: Nicht einverstanden!

Als sich die Schwester meines Mannes mit vierzehn verliebte, sprangen ihre beiden großen Brüder im Dreieck. Mit dem Kerl, der da in die Familie kam, waren sie definitiv nicht einverstanden. Wenn er zur Haustür reinkam, wurde schon von oben geschrien: »Es stinkt!«

Mein Mann und sein Bruder hatten aber nicht nur ein Problem mit dem Rauchen des Auserwählten. Sie konnten auch die Cowboystiefel und den Vokuhila absolut nicht leiden.

»Er konnte es uns einfach nicht recht machen«, sagt mein Mann. »Als er mir das erste Mal die Nutella wegfraß, hatte er schon verschissen.«

Es war eine harte Zeit für alle Beteiligten, aber irgendwann rauften sie sich zusammen. Als ich etliche Jahre später in die Familie kam, führten die drei Geschwister und der Schwager gemeinsam eine Firma. Und die kleine Schwester meines Mannes feiert nun mit ihrer ersten großen Liebe Silberhochzeit.

8: Hände weg!

Also ich war ja nicht dabei, halte es aber für möglich, dass hinter der feindseligen Haltung meines Mannes und seines Bruders Eifersucht stand. Sobald es um Geschwister geht, ist selten jemand gut genug, nicht wahr?

Doch es kann auch umgekehrt sein.

Als Jenny sich in den engsten Kumpel ihres großen Bruders verliebte, fand dieser, die beiden passten überhaupt nicht zueinander. Beim ersten Ausflug zu dritt redete er kaum ein Wort und fühlte sich unglaublich zurückgesetzt.

»Tobias' Freundschaft mit meinem Bruder litt, weil der den – nicht ganz unberechtigten – Eindruck hatte, sein Kumpel wolle plötzlich mehr Zeit mit seiner kleinen Schwester verbringen.«

Irgendwann normalisierte sich das Verhältnis wieder. Der Bruder führte Jenny bei der Hochzeit zum Altar und übergab seinem besten Freund symbolisch deren Hand.

Auch bei Annettes Bruder Matti kam es zu einer ähnlichen Gefühlssituation: Sein bester Freund verliebte sich in Annette und machte ihr penetrant den Hof. Das fand sie falsch, weil er sich eigentlich noch in einer anderen Beziehung befand. Immun war sie gegen die Charmeoffensive dennoch nicht. Also fragte sie Matti um Rat.

»Er war so dermaßen eifersüchtig darauf, dass sein Freund sich für mich interessierte, dass er mir den Rat verweigerte.

Hätte er mir damals nur ein bisschen Einblick in den Charakter dieses Typs gegeben, wäre mir viel Unglück erspart geblieben.«

7: Mitten in der Krise

Manchmal passiert es, dass sich Geschwister plötzlich im Zentrum einer Ehekrise wiederfinden, die nicht ihre eigene ist.

Klaus erinnert sich gut, wie er ins Kreuzfeuer geriet, als sein Schwager Alkoholprobleme entwickelte.

»Ich fühlte mich als großer Bruder in der Beschützerrolle und dachte, es ist besser, Wilma lässt sich scheiden. Ich konnte ja spüren, wie unglücklich sie war.«

Also stellte Klaus seinen Schwager zur Rede. Er bezog eindeutig Position und forderte ihn zum Handeln auf.

»Er hat sehr aggressiv reagiert. So wie man einen Eindringling nun mal behandelt. Und auch Wilma wollte meine Ratschläge nicht hören. Also zog ich mich wieder zurück.«

Irgendwie haben Wilma und ihr Mann die Probleme in den Griff bekommen. Sie sind noch verheiratet, und Klaus pflegt mittlerweile ein freundschaftliches Verhältnis zu seinem alkoholabstinenten Schwager.

6: Getriggerte Gefühle

Ilonas Eltern trennten sich kurz vor ihrem vierzigsten Hochzeitstag, weil ihr Vater sich in eine andere Frau verliebt hatte.

»Wir sind trotzdem gemeinsam in das Hotel gefahren, in dem das Jubiläum hätte gefeiert werden sollen. Wir waren ja alle erwachsen und sehr interessiert daran, intensiv

Familienarbeit zu leisten. Irgendwann brach unsere Mutter an jenem Wochenende aber zusammen, und es hing an uns Geschwistern, sie zu trösten.«

Dieser ganze Wust an Gefühlen kam in Ilona wieder hoch, als sich ihr Bruder Florian Jahre später ebenfalls trennte. Lange Zeit behauptete er, es sei keine neue Frau im Spiel.

»Aber ich wusste es trotzdem. Die Art, wie er verliebt herumspazierte! Der Gesichtsausdruck! Dasselbe wie bei unserem Vater. Da ist so viel Wut in mir hochgekommen.«

5: Kampf um Harmonie

Rita – die mit dem Freund in der Schlaghose aus Punkt 10 dieser Liste – musste sich um eine gute Beziehung mit ihrer Schwägerin bemühen. Ihr Bruder Ernst heiratete nach langer Verlobungszeit überraschend eine andere. Da Rita die ursprüngliche Verlobte sehr gern gemocht und bereits als Familienmitglied angesehen hatte, fand sie es nicht leicht, sich auf seine neue Partnerin einzustellen. Und die Mutter säte zusätzlich Unfrieden.

»Sie hat Ernsts Frau zum Beispiel erzählt, ich wäre eifersüchtig, was überhaupt nicht stimmte. Es war gar nicht einfach, die dadurch verursachte schlechte Stimmung wieder zu beseitigen. Aber ich bin harmoniebedürftig und habe alles dafür getan, dass wir gut miteinander klarkommen.«

Als ihr Mann Axel die Schwägerin einmal mit einem blöden Spruch beleidigte, überzeugte Rita ihn, sich mit einer Schachtel Pralinen zu entschuldigen.

Einen ähnlich anstrengenden Kampf gab es dann auch in der nächsten Generation: Ritas Sohn lernte mit dreizehn ein Mädchen aus schwierigen Verhältnissen kennen, das zwei

Jahre später zu ihnen zog. Seine Schwester fand es hart, sich mit der neuen Situation zu arrangieren.

»Das Mädchen hatte schon einiges mitgemacht und war ziemlich verschlossen«, erzählt Rita. »Sie saß wie ein Fremdkörper zwischen meinen Kindern und hat Konflikte, die in der Pubertät ja unter Geschwistern ohnedies normal sind, noch komplizierter gemacht.«

Ritas Tochter arbeitete aber hart an der Beziehung zu ihrem Bruder, sodass diese alles überstand: Die Hochzeit neun Jahre später ebenso wie die Scheidung einige Zeit darauf.

4: Too much

Zum Partnerschaftsthema ist Rita eine fast unerschöpfliche Quelle. Schließlich hatte sie ja auch noch eine Schwester namens Marlene, die, wie ich an anderer Stelle berichtete, leider bereits verstorben ist.

Marlene wollte ihre Mutter immer schützen und hat ihr deshalb von Männergeschichten nichts erzählt. Stattdessen schüttete sie ihr Herz lieber bei der um zwölf Jahre jüngeren Rita aus.

»Für einiges war ich einfach noch zu kindlich und konnte nicht damit umgehen. Es war mir zu viel«, erinnert sich diese. Die Überforderung wird sie genauso wenig aus ihrem Gedächtnis bekommen wie den eindringlichen Rat ihrer Schwester: »Heirate nie einen Heinz oder einen Helmut!«

3: Der geht gar nicht!

Auch dass Karl keine besonders enge Beziehung zu seiner Schwester hatte, habe ich schon an anderer Stelle berichtet. Rückblickend erinnert er sich an ein Zeitfenster von zwei Jahren nach Julianes Studium, in dem sie sich annäherten.

»Doch dann lernte sie Hugo kennen und heiratete diesen komplizierten Mann bald. Daraufhin hat sie sich verändert, und die eben erst entstandene Nähe zwischen uns löste sich in Luft auf. Ich konnte beobachten, wie schlecht er sie behandelte. Das hat mir wehgetan.«

Doch wenn Karl seiner Schwester gegenüber Kritik an Hugo äußerte, fuhr sie ihre Krallen aus und ging in Abwehr.

»Ich hielt das nicht aus, also habe ich mich zurückgezogen«, erzählt er, und ich sehe ihm an, wie traurig er darüber ist. »Vor Hugo war Juliane mit einem Freund von mir zusammen. Manchmal frage ich mich, wie alles gekommen wäre, wenn diese Partnerschaft gehalten hätte.«

2: Plötzlich Flaute

Besonders oft hört man, dass Menschen zwar keine nennenswerten Probleme mit den Partner:innen ihrer Geschwister haben, sich der Kontakt jedoch durch diese reduziert. Manchmal geht das schlagartig, sobald die Schwester oder der Bruder ihr oder sein Herz verloren hat. Mitunter schleicht sich die enge Geschwisterbindung aber einfach aus. Die Beziehung, die Familie, in die man eingeheiratet hat, und der Nachwuchs nehmen so viel Platz im Leben ein, dass die Geschwister in den Hintergrund treten – in manchen Fällen für einige Jahre oder Jahrzehnte, in anderen für immer.

1: Herz im Weg

Doch die Beispiele aus Punkt 10 bis 2 sind Peanuts im Vergleich dazu:

»Mein Bruder und ich waren ein Herz und eine Seele«, erzählt Daniel. »Bis er dieses Mädchen kennenlernte. Sie war klug. Sie war hübsch. Sie war lustig. Ich habe mich auf den ersten Blick in sie verliebt. Wenn sie zu Besuch kam, zog ich mich in mein Zimmer zurück. Ich hörte ihr entzückendes, ansteckendes Lachen aus dem Wohnzimmer und hätte schreien können vor Liebeskummer. Besonders schlimm war es in den Nächten, in denen sie bei meinem Bruder blieb. Ich habe so gehofft, unsere Eltern hätten vielleicht etwas dagegen. Doch sie fanden es okay.

Eigentlich wollten mein Bruder und ich gemeinsam auf die Uni gehen. Aber als mir klar wurde, dass ich ihren Anblick nicht ertragen würde, ohne irgendwann Unsinn zu machen oder draufzugehen, entschloss ich mich für ein Auslandsstudium.

Mein Bruder ist jetzt seit zwei Jahren mit ihr verheiratet. Ich vermisse den engen Kontakt zu ihm. Aber es ist besser, ich bleibe weg. Weder er noch sie haben es verdient, jemals zu erfahren, wie es mir geht, wenn ich sie zusammen sehe.«

Plötzlich Tante oder:
Wenn Geschwister Eltern werden

Heike

Als mein Bruder zum ersten Mal Vater wurde, bekam ich etwas, was weder unser Vater noch unsere Mutter je hatte: einen Neffen. Ich fand es ziemlich spannend, Tante zu werden, und irgendwie auch erleichternd, denn es nahm mir den unausgesprochenen Druck, meinen Eltern ein Enkelkind bescheren zu müssen. Mutter wurde ich erst mit über dreißig, und das war eine ganz bewusste Entscheidung, schließlich wollte ich zuerst mein Studium abschließen und im Beruf Fuß fassen. Zwar haben meine Eltern in dieser Hinsicht niemals Ungeduld signalisiert, aber wer weiß – vielleicht hätte man mich öfter mal gefragt, wann endlich mit Enkeln zu rechnen sei, wenn mein Bruder mir nicht zuvorgekommen wäre?

Was ich bedaure, ist, dass wir so weit voneinander entfernt wohnen, denn gerade weil ich keine Tochter habe, fände ich es schön, mit meinen Nichten öfter mal »Mädchenkram« unternehmen zu können. Das beschränkt sich jetzt auf unsere WhatsApp-Gruppe, in der wir uns zum Beispiel über *GNTM* austauschen …

Hin und wieder schaffen es meine Brüder und ich, gemeinsam mit unseren Kindern ins Fußballstadion zu gehen. Das klappt zwar nicht jedes Jahr und ist, seit der 1. FC Kaiserslautern in der dritten Liga spielt, auch nicht mehr so reizvoll, aber ein bisschen Stadionfeeling ist einfach immer wieder schön. Und einmal waren wir ausgerechnet dort, als »unser« Drittligist einen Gegner aus dem Oberhaus aus dem Pokal warf – was für ein Fest! Fast wie eine Aufstiegsfeier … Doch auch im Fall einer Niederlage sind diese seltenen gemeinsamen Geschwister-mit-Nachwuchs-Unternehmungen etwas ganz Besonderes.

Ich habe meine Interviewpartner:innen nach ihren Erfahrungen als Tanten bzw. Onkel gefragt. Und die sind – wie könnte es anders sein – höchst unterschiedlich.

Übrigens: Sie haben die meisten von ihnen bereits in früheren Kapiteln kennengelernt, in der sie über die Erlebnisse mit ihren eigenen Geschwistern erzählt haben. Nun schauen wir mal gemeinsam auf die nächste Generation …

»Als meine Schwester Edith eine Tochter bekam, war sie gerade mal einundzwanzig – und ich siebzehn«, erzählt Sonja. »Ich fand das Baby durchaus faszinierend und wurde gerne Patentante. Die Kleine war von Anfang an mein Liebling – aber selbst ein Kind zu bekommen, konnte ich mir damals echt nicht vorstellen. Damit habe ich gewartet, bis ich über dreißig war.«

Dass ihre Schwester ständig im Elternhaus präsent war, seit sie das Baby hatte, nervte Sonja allerdings ziemlich.

»Sie kam meist schon am frühen Morgen und blieb bis zum Abend, wenn mein Schwager von der Arbeit kam. Gefühlt saß sie immer bei uns in der Küche. Ich fragte mich: Hat sie kein eigenes Zuhause?«

Davon, dass Mutter und Schwester sich gegen Sonja verbündeten und deren – in ihren Augen zu lockeren – Lebenswandel kritisierten, habe ich ja bereits in einem früheren

Kapitel berichtet. In dieser Phase spitzte sich das Ganze zu, denn je mehr Zeit die beiden miteinander verbrachten, desto intensiver konnten sie sich über Sonja auslassen. Auch nachdem Sonja längst ausgezogen war, taten sie das bei jeder Gelegenheit.

»Ich führte ein komplett anderes Leben als Edith«, erinnert sich Sonja. »So leistete ich es mir beispielsweise, zweimal im Jahr in Urlaub zu fahren, ich hatte eine große Wohnung, fuhr schnelle Autos, und vor allem musste ich mich mit niemandem absprechen, war völlig unabhängig.«

Edith dagegen konnte sich nicht viel Luxus erlauben. Sie arbeitete nicht, seit sie Mutter war, und kurz nachdem das zweite Kind zur Welt kam, wurde ihr Mann arbeitslos.

»Da hatte ich zum ersten Mal den Eindruck, dass sie neidisch war. Immer öfter sagte sie Dinge wie: ›Du weißt ja gar nicht, was es heißt, Verantwortung zu übernehmen‹ oder: ›Du bist egoistisch.‹ Meine Standardantwort lautete dann jedes Mal: ›Aber du hast dir das doch ausgesucht, früh zu heiraten und Kinder zu bekommen, dazu hat dich ja keiner gezwungen.‹«

Natürlich nicht, aber andererseits ist es doch auch normal, sich hin und wieder mal vorzustellen, wie es so wäre, wenn man an einem bestimmten Punkt im Leben einen anderen Weg eingeschlagen hätte. Zum Beispiel Karriere statt Kinder. Oder Großfamilie statt Einzelkind … Und manchmal stellen externe Faktoren die Weichen, auf die wir gar keinen Einfluss haben, so wie im nächsten Beispiel.

Während sich Gaby bewusst gegen Kinder entschied, blieb ihre Schwester Eva unfreiwillig kinderlos: Aufgrund ihrer schweren chronischen Erkrankung konnte sie keine bekommen, obwohl sie sich so sehr gewünscht hatte, Mutter zu sein.

»Sie hat sogar gegen ärztlichen Rat versucht, schwanger zu werden, aber es funktionierte nicht«, erzählt Gaby.

Als wenig später Bärbel, die älteste der drei Schwestern, ein Baby erwartete, war das für Eva zunächst schlimm, und sie weinte viel. Doch kaum war das Kind dann auf der Welt, ging sie ganz in ihrer Rolle als Tante auf – ebenso wie Gaby.

»Wir haben den kleinen Kerl nach Strich und Faden verwöhnt«, erzählt sie. »Einmal hat er sich zu Weihnachten einen Power Ranger gewünscht, woraufhin er zwei bekam – einen roten von Eva und einen weißen von mir.«

Nachdem Eva akzeptiert hatte, dass sie niemals eigene Kinder haben würde, hat sie sich einen kleinen Pudel angeschafft. Als Eva starb, hat Gaby den Hund übernommen. »Für Eva war er ein echter Kinderersatz«, sagt sie, »und für mich eine Verbindung zu meiner toten Schwester.«

Wie sehr sich Martin und sein Bruder Thomas charakterlich unterscheiden, habe ich bereits ausführlich erzählt. Wenn es um das Thema Kinder geht, ist es nicht anders.

»Thomas hat überhaupt kein Händchen für sie, während ich schon als Schüler gemerkt habe, dass ich gut mit Kindern umgehen kann.«

In seiner Schulzeit nahm er an einem Projekt mit minderjährigen Asylbewerbern teil, und die Arbeit mit diesen Kindern machte Martin riesigen Spaß. Später absolvierte er seinen Zivildienst in einem Kindergarten, studierte Sonderpädagogik und wurde Lehrer an einer Förderschule mit dem Schwerpunkt sozial-emotionale Entwicklung.

Thomas dagegen beschloss schon früh, Gynäkologe zu werden, genau wie der Vater. Eigene Kinder bekam Thomas nicht, im Gegensatz zu Martin.

»Er hat sich durchaus gut mit meinem Sohn verstanden, aber keinen intensiven Kontakt gesucht. Ich glaube, im umgekehrten Fall hätte ich das anders gemacht.«

Thomas kann eben weniger mit Kindern anfangen, genau wie seine Partnerin.

»Inzwischen ist mein Sohn schon groß, und das Verhältnis zwischen Onkel und Neffe wurde dadurch etwas enger. Thomas kommt nun mal mit Erwachsenen besser zurecht.«

Bea wurde ungefähr zur selben Zeit Tante wie ich. Auch in ihrem Fall geschah das in der Phase, in der die Geschwister ohnehin räumlich getrennt waren.

»In dieser Zeit trafen wir uns relativ selten«, erzählt sie. »Ab und zu haben wir telefoniert, an Weihnachten und den Geburtstagen der Eltern hat man sich gesehen, das war's.«

Hinzu kam, dass bei denjenigen von ihnen, die kleine Kinder hatten, die Zeit knapp war.

»Außerdem gab es kaum gemeinsame Themen. Ihre Lebenssituation war mir total fremd. Es ist nicht so, dass ich meine Neffen nicht sehen wollte, aber es ergab sich einfach nicht.«

Erst als Bea zurück in die Gegend zog, in der sie aufgewachsen war, kam sie sowohl den Eltern als auch den Geschwistern und deren Söhnen wieder näher.

Genau umgekehrt erging es Isabell. Sie und ihre Schwester Saskia waren – nachdem sie die Spannungen der Kindheit überwunden hatten – als junge Erwachsene unzertrennlich.

Während Isabell keine Kinder bekommen hat, wurde Saskia dreifache Mutter, doch das sehr spät: Ihren Sohn brachte sie mit zweiundvierzig zur Welt, mit siebenundvierzig folgten Zwillinge.

Ich frage Isabell, ob das die Beziehung zu Saskia verändert hat.

»Viel prägender war, dass Saskia wegzog«, erwidert sie. »Erst ging sie ein Jahr als Au Pair nach Rom, dann zum Studium nach London und später beruflich nach New York. Natürlich besuchte ich sie überall und fand es ganz wunderbar, gemeinsam mit meiner Schwester diese tollen Städte zu entdecken. Aber so schön ein New-York-Trip auch sein mag – noch schöner wäre es für mich gewesen, Saskia häufiger treffen zu können.«

Und sind erst mal Kinder da, spielt der Zeitfaktor eine noch größere Rolle. »Saskia ist weiterhin berufstätig und dreifache Mutter. Das fordert sie natürlich sehr, und Aktivitäten als Schwestern bleiben leider auf der Strecke.«

Aber das wird sich ändern, wenn die Kinder größer werden. Isabell freut sich schon darauf, wieder gemeinsam mit Saskia zu verreisen, auszugehen oder auch nur ausführlich zu quatschen.

Arnes Schwester Nathalie ist ebenfalls kinderlos geblieben. Zuerst gab es medizinische Gründe – trotz künstlicher Befruchtung in einer Kinderwunschklinik wurde sie nicht schwanger. Dann, mit Mitte vierzig, scheiterte auch noch ihre Ehe.

Arne tut das zwar leid, doch dass Nathalie sich stattdessen in die Erziehung seiner Kinder einmischt, kann er nicht akzeptieren.

»So wie sie früher immer an mir herumkritisiert hat, tut sie es jetzt mit meinem Sohn«, sagt er. »Justus lässt sich das natürlich nicht gefallen, und so sind bei Familientreffen Spannungen zwischen den beiden unausweichlich.«

An Arnes Tochter Ella dagegen hat Nathalie einen regelrechten Narren gefressen. Es ist nicht zu übersehen, dass sie die zwei Kinder ihres Bruders völlig unterschiedlich behandelt.

»Es kommt durchaus vor, dass sie Ella zu Weihnachten oder Ostern ein Geschenk macht, Justus aber nicht. Und das wird von Nathalie sogar offen kommuniziert. Ich finde das unmöglich«, sagt Arne.

Ganz anders ist es bei Lara und den Kindern ihres Bruders Eric.

»Ich wollte zwar nie Mutter werden, doch ich finde, ich bin eine tolle Tante«, sagt sie. »Mein Bruder hat früher immer ein bisschen auf mich herabgeschaut, weil er mich so ausgeflippt fand. Aber genau deshalb verstehe ich mich mit meiner Nichte und meinem Neffen so gut.«

Dass Lara schon Mitte sechzig ist, sieht man ihr nicht an. Sie geht gern tanzen, liebt Rockfestivals und hat einen ganz eigenen Mode-Stil. Wenn sie zur Familie ihres Bruders fährt, unternimmt sie häufig etwas mit den inzwischen erwachsenen Kindern.

»Mein Bruder war nie für große Gefühlsausbrüche bekannt, aber ich spürte deutlich, dass er meine Besuche sehr schätzte. Als er mich eines Morgens zum Bahnhof chauffierte, sagte er: ›Schön, dass du da warst.‹ Für seine Verhältnisse war das geradezu eine Liebeserklärung.«

Vor einigen Jahren starb Eric nach schwerer Krankheit. In

der letzten Zeit vor seinem Tod nutzte Lara ihre Besuche, um ihre Schwägerin bei seiner Pflege zu unterstützen. Gemeinsam haben sie diese schwere Zeit durchgestanden, was sie nur noch enger zusammengeschweißt hat – sowohl mit der Schwägerin als auch mit den Kindern.

Übrigens habe ich als Kind immer bedauert, dass mein einziger Onkel kinderlos geblieben ist – ich hätte nämlich zu gern Cousins und Cousinen gehabt. Mein Sohn dagegen ist zwar ein Einzelkind, hat aber jede Menge davon! Denn meine Brüder bekamen zusammengerechnet sechs Kinder, die Geschwister meines Mannes insgesamt fünfzehn.

Zwar entdecke ich auch bei seinen Nichten und Neffen eine unübersehbare Familienähnlichkeit, doch noch viel deutlicher wird sie, wenn ich die Söhne und Töchter meiner Brüder betrachte. Denn in ihnen erkenne ich teilweise mich selbst wieder, werde aber auch daran erinnert, wie meine Brüder als Kinder aussahen.

Und das geht nicht nur mir so – viele unserer Interviewpartner:innen haben von diesem Effekt berichtet. Manchmal geht die Familienähnlichkeit auch über die bloße Optik hinaus und zeigt sich in Angewohnheiten, Bewegungsmustern, der Stimme, dem Laufstil oder dem Lachen. Oder in ungewöhnlichen Fähigkeiten, wie mit den Ohren wackeln zu können. Was in unserer Familie beispielsweise nur mein Bruder und mein Sohn beherrschen.

Die Sache mit der Verwandtschaft

Rein rechtlich besteht zu den Kindern leiblicher Geschwister eine Verwandtschaft dritten Grades in der Seitenlinie.

Genetisch stimmen Neffen und Nichten mit ihren blutsverwandten Onkeln und Tanten im Durchschnitt zu fünfundzwanzig Prozent überein – ein Viertel ihrer Erbinformationen ist identisch.

Doch über tausend Ecken sind wir schließlich alle irgendwie miteinander verwandt. Das sagt nicht nur der Volksmund, sondern das hat auch das Humangenomprojekt bewiesen. Dieses internationale Forschungsvorhaben startete 1990 mit dem Ziel, das menschliche Erbgut komplett zu entschlüsseln. Dies wurde im April 2003 erreicht. Das Ergebnis: Alle Menschen haben ein zu 99,9 Prozent identisches Genom, und zwar ganz gleich, wo auf der Welt sie leben, wie sie aussehen und wie nah sie miteinander verwandt sind. Vergleicht man Menschen mit Schimpansen, beträgt die Übereinstimmung immerhin noch 98,5 Prozent. Verblüffend, oder?

Mit dir fahre ich überallhin – Geschwister auf Reisen

Ursi

Eigentlich kann ich mich nicht mehr besonders genau an meine frühen Teenagerjahre erinnern. Aus dem Gedächtnisnebel ragen nur wenige Ereignisse – oft solche, zu denen es Fotos gibt. Was ich jedoch gut und mit vielen Einzelheiten im Kopf habe, ist ein Wochenendtrip nach Budapest Ende der Achtzigerjahre mit Susi. Der Eiserne Vorhang hatte sich gerade erst gehoben, und ich war endlich alt genug, um mit meiner um sieben Jahre älteren Schwester auf Reisen zu gehen.

Ich habe schon immer gern geplant, also war ich diejenige, die Urlaubskataloge aus sämtlichen Reisebüros unserer Stadt wälzte und ein geeignetes Hotel aussuchte. Es wurde dann ein zylinderförmiger Plattenbau irgendwo links der Donau. Aus dem Musikladen besorgte ich anschließend die Hörspielkassette *Ungarisch für Anfänger. Jó reggelt! Kérem. Igen. Nem.* (Guten Morgen! Bitte. Ja. Nein.) – Dreißig Jahre nicht mehr gebraucht und dennoch präsent. (*Köszönöm szépen!* – Vielen Dank! – konnten wir übrigens so gut sagen, dass uns ein Kellner daraufhin die ungarische Seite der Menükarte aufschlug.) Irgendwo habe ich vielleicht sogar noch die handgeschriebene Liste mit Sehenswürdigkeiten.

Und schließlich ging es los. Im Zug nach Ungarn. Nur meine große Schwester und ich.

Die erste Nacht meines Lebens im Ausland verbrachte ich jedoch mit hohem Fieber und schrecklichen Halsschmerzen. Vor lauter Aufregung hatte mich wieder einmal eine Angina erwischt. Ich war am Boden zerstört. Endlich die langersehnte Reise mit Susi und dann das!

Der ungarische Apotheker wollte uns ohne Rezept natürlich kein Antibiotikum verkaufen, aber dafür gab es Halswehtabletten, die den Rachen neongelb färbten. Gegen die Schmerzen halfen sie nicht, doch zum Glück hatte meine Schwester Aspirin dabei. Von denen warf ich alle paar Stunden eine ein. So ging es mir ein wenig besser und wir konnten uns eine Sehenswürdigkeit anschauen. Im Anschluss saßen wir zur Erholung im Café. Ich denke, ich habe in meinem ganzen Leben nie wieder so gegen eine Erkrankung gekämpft wie damals in Budapest.

Von den Eindrücken der Stadt weiß ich nicht mehr viel. Als ich einige Jahre später erneut hinfuhr, erschien mir alles komplett neu. Aber ich erinnere mich gut daran, wie es war, mit meiner großen Schwester Zeit zu verbringen, ohne dass irgendwer störte. Mir scheint, ich höre sogar noch die Unterhaltungen, die wir geführt haben.

Bei einem Frühstück im Hotel schwirrte ein junger Kellner um unseren Tisch. Irgendwann brachte er mir ein Glas Orangensaft und sagte in gebrochenem Deutsch: »Das ist für dich. Ein Geschenk.« Das war mein allererster kleiner Flirt.

Der Saft brannte schrecklich an den wunden Mandeln. Aber meine Schwester verstand, warum ich ihn trotzdem trinken wollte.

Gerade habe ich Susi auf WhatsApp geschrieben:

Kann es sein, dass wir seit Budapest nie wieder zu zweit irgend-
wohin gereist sind? 😊

Und jetzt haben wir Pläne!

Meine Mutter und ihre jüngste Schwester Gabi waren in den Neunzigerjahren einmal ein Wochenende zusammen in London. Ursprünglich hatte Oma zwei Flugtickets gewonnen, wurde dann aber krank. Also flogen die Geschwister, bummelten durch die Stadt und gingen ins Theater.

Bei einem Spaziergang entdeckte meine Mutter im Schaufenster eines Antiquitätenhändlers einen handgroßen Steinfrosch aus griechischem Rhyolith. Er gefiel ihr unglaublich gut, kostete aber ein kleines Vermögen. Deswegen konnte sie sich nicht dazu entschließen, ihn zu kaufen.

Ihre Schwester ist eher Fan von stimmungshebenden Spontankäufen und versuchte sie zu überreden, den grünen Gesellen als Erinnerung mitzunehmen. Sogar noch im Pub, in den sie anschließend einkehrten, hob sie die Vorzüge der Skulptur hervor.

»Wenn deine Kinder irgendwas von dir erben wollen, ist es dieser Frosch«, behauptete Gabi.

Das erschien meiner Mutter wohl einleuchtend. Die Skulptur wurde doch noch gekauft. Sie bildete den Grundstock einer Froschsammlung, die ich zwar auf keinen Fall erben will, aber dennoch irgendwie mag, weil sie für gemeinsam verbrachte Schwesternzeit steht.

Klar, Reisen mit Geschwistern können auch anstrengend sein. Ist man mit Freund:innen unterwegs, zeigt man sich von seiner besten Seite, aber im Kreis der allernächsten

Verwandten bleiben großartige Umgänglichkeitsbemü-
hungen oftmals aus. Da gibt es Streit um explosionsartig
übers Hotelzimmer verteilte Klamotten, heftige Diskus-
sionen wegen unterschiedlicher Programmvorstellungen
oder cholerische Reaktionen auf kleine Eigenarten, die
erst dann so richtig stören, wenn man tagelang zusammen-
gepfercht ist.

Meine Nichte erzählt zum Beispiel von einer Kopenha-
gen-Reise mit ihrem Bruder: »Er hat praktisch die ganze
Zeit auf sein Handy geschaut und Pokémon Go gespielt.
An jeder zweiten Ecke war eine Spielarena, an der wir ste-
henbleiben mussten. Das war mühsam.«

Als meine Söhne etwas jünger waren, holte Reisen auch immer wieder das Schlechteste aus ihnen heraus. Die ununter-
brochene Nähe zueinander machte sie so aggressiv, dass sie
regelmäßig als Menschenknäuel ineinander verkeilt auf dem
Teppich herumkugelten und schrien.

»Wenn wir bei Oma waren, hast du immer gesagt, wir
müssen aufhören, weil wir sonst nie wieder hinfahren können«, erinnert sich meiner Erstgeborener.

Puh, ich gebe zu, pädagogisch wertvoll ist was anderes.
Aber Geschwister auf Reisen können eben auch für Eltern
eine echte Belastungsprobe sein.

»Was fällt dir zu diesem Thema ein?«, frage ich auch meinen
Mann.

Er erzählt mir, dass er und sein Bruder 1988 mit den Surf-
boards auf dem Dach von München nach Fehmarn fuhren.
Es war ihr erster Trip zu zweit und eher eine spontane Aktion. (Wenn Sie sich jetzt zwei Kerle in neonfarbigen Shirts

und weißen Adidas-Jogging-Highs vorstellen, die ihre Köpfe zum Fenster eines betagten, mit Graffiti verzierten Autos rausstrecken und einen Michael-Jackson-Song aus den selbst eingebauten Boxen mitsingen, liegen Sie in etwa richtig.) Freiheit und Meer – *here we go!*

Auf Fehmarn herrschte dann aber zwei Wochen lang absolute Flaute. Die Jungs schlugen also die Zeit auf dem Campingplatz tot, wo auch noch eine Menge anderer Surfer rumhingen.

»Wir sind trotzdem eher unter uns geblieben. Ab und zu gab es ein größeres Lagerfeuer oder so was in der Art. Abgesehen davon haben wir die Zeit zu zweit verbracht. Und ich kann mich an keinen Streit erinnern. Im Gegenteil: Gerade gemeinsame Reisen wie diese haben uns als Brüder eng zusammengeschweißt. Im Radio lief ununterbrochen die Berichterstattung zum Geiseldrama in Gladbeck. Wir haben die Ereignisse also miterlebt und viel darüber geredet. Wenn ich heute ›Geiseldrama‹ höre, denke ich sofort an meinen Bruder.«

Schon komisch, was es in unseren Hirnen oft für verquere Verknüpfungen gibt.

Liebe Leser:innen, bestimmt haben auch Sie Reiseerlebnisse mit Ihren Geschwistern. Sie können positiv oder negativ sein. Und mal hat der gemeinsame Urlaub das Beste und mal das Schlechteste aus Ihrer Beziehung herausgekehrt. Schwelgen Sie doch wieder einmal gemeinsam in Erinnerungen!

Ein Hoch auf Geschwister – mit denen es immer was zu feiern gibt!

Heike

Jahrelang hat man seine Geschwister tagtäglich um sich herum, doch kaum ist man erwachsen, wandelt sich das. Man zieht in die Ferne, gründet eine eigene Familie, hat plötzlich einen völlig unterschiedlichen Alltag. Wie gut, dass es Feste gibt, bei denen man sich endlich einmal wieder begegnet.

Ja, ich liebe Familienfeiern, das habe ich schon immer getan. Denn es gibt doch nichts Schöneres, als sich mit Menschen, die man liebt, aber viel zu selten sieht, um einen Tisch zu scharen und auszutauschen, oder?

Und zugleich sind diese Anlässe wie eine Zeitreise in die eigene Kindheit. Schon damals bedeutete Weihnachten für mich nicht nur, dass es Geschenke und besonders leckeres Essen gab, sondern vor allem, dass wir viel Zeit miteinander verbrachten. Stundenlang spielten wir Brettspiele, sogar mit unseren Eltern, das fand ich einfach toll.

Die runden Geburtstage meiner Großeltern wurden ebenfalls immer groß gefeiert, oftmals auswärts in einem Hotel, was für mich neu und aufregend war. Meist wurden auch Showeinlagen aufgeführt, zum Beispiel lustige Reden gehalten oder umgedichtete Lieder zu Gehör gebracht. Für Letzteres waren dann wir Kinder zuständig, begleitet vom Gitarrenspiel unserer Mutter. Mit den Jahren streikten meine Brüder allerdings bei diesem Programmpunkt, sodass die

Singerei irgendwann meiner Mutter und mir vorbehalten blieb.

Aber als der siebzigste Geburtstag unseres Vaters bevorstand, war klar, dass wir gemeinsam etwas vorbereiten wollten. Einen Sketch vielleicht (kein Lied, das lehnten meine Brüder ab). Schließlich einigten wir uns auf eine Wer-wird-Millionär-Sonderausgabe. Denn unser Vater besaß ein großes Faktenwissen und war der perfekte Kandidat. Jeder von uns Geschwistern trug einen Teil zu diesem Programmpunkt bei: Ich bastelte das Quiz, Holger sorgte für die passende Video-Umsetzung und brachte Laptop und Beamer mit, Björn lieferte eine erstklassige Günter-Jauch-Imitation und stellte die Fragen. Einige davon bezogen sich auf biografische Ereignisse, andere waren normale Quizfragen mit einem gewissen Niveau. Könnten Sie auf Anhieb die Hauptstädte von Ruanda, Surinam und Togo nennen? (Damit Sie jetzt nicht nachschlagen müssen: Es sind Kigali, Paramaribo und Lomé). Das war übrigens die Millionenfrage, und natürlich löste er sie aus dem Stand und ganz ohne Joker …

Die goldene Hochzeit unserer Eltern, die wir in einem Hotel an einem See feierten, wurde zu einem gemütlichen Familientreffen, an das ich allein schon deshalb gerne zurückdenke, weil es das letzte Ereignis war, an dem wir vollzählig waren.

Wenn es um Feste und Feierlichkeiten geht, dann kommen überwiegend schöne Erinnerungen hoch. Doch heißt es nicht, dass es gerade bei solchen Gelegenheiten auch oft Streit gibt?

»Bei uns wird an Weihnachten extrem viel gestritten«, bestätigt Rebecca. Sie trifft sich dann mit ihren beiden Geschwistern und deren Familien, und meist dauert es nicht lange, bis die Fetzen fliegen. Doch für Rebecca ist das nicht unbedingt ein schlechtes Zeichen.

»Es sagt einem keiner so offen und schonungslos die Meinung wie Geschwister«, erklärt sie. »Sie geben das ehrlichste Feedback, das man auf der Welt kriegen kann. Jedenfalls war das bei uns immer so. Und das kann durchaus guttun.«

Natürlich freuen sich alle auf das Wiedersehen und das Fest hat auch in Rebeccas Familie viel Schönes, aber es gehört eben dazu, dass es ordentlich Zoff gibt.

Bei Sonja und ihrer Schwester Edith gab es eine andere Weihnachtstradition – man stritt sich nicht, sondern erinnerte sich an gemeinsame Kindheitserlebnisse, und die konnten durchaus etwas mit heftigen Auseinandersetzungen zu tun haben.

»Wir sind beide früh zu Hause ausgezogen, aber an Heiligabend kamen wir immer bei den Eltern zusammen«, berichtet Sonja. »Und dann wurden oft Anekdoten aus dem Leben erzählt, nach dem Motto: ›Weißt du noch, damals …‹.«

Ich bitte um ein Beispiel, und da muss Sonja nicht lange überlegen.

»Edith war als Kind unglaublich aufbrausend, und ich wusste sehr wohl, wie man ihren Jähzorn nährte. Wenn meine Schwester wütend wurde und ich dann anfing zu grinsen, konnte sie das gar nicht gut haben. Je wütender sie wurde, desto mehr musste ich lachen. Das war eine ziemlich toxische Mischung. Einmal hat Edith im Laufe eines Streits meinen neuen Geha-Füller genommen und auf den Boden geschmissen. Dann ist sie wie eine Irre darauf rumgetrampelt und hat geschrien: ›Ich hasse dich, ich hasse dich!‹

Nachdem ihre Wut verraucht war, hatten wir ein neues – gemeinsames – Problem: Der Füller war kaputt. Wie sollten wir das den Eltern erklären?«

Die beiden Mädchen einigten sich also auf eine bereinigte Version der Ereignisse. Sonja behauptete einfach, sie hätte den Füller fallen gelassen und wäre versehentlich draufgetreten. Sie bekam einen neuen.

»Daraus wurde dann Jahre später eine unserer Heiligabend-Geschichten. Wir haben den Eltern erst als Erwachsene gestanden, was damals wirklich mit dem Geha-Füller passiert ist. Und haben bei Glühwein und Stollen Tränen darüber gelacht!«

Kerstin verbindet mit Familienfesten eher negative Erinnerungen. »Vor einigen Jahren hat meine Stiefschwester Ariane ihrer Mutter – also meiner Ziehmutter – zu Weihnachten ein selbst gemaltes Bild geschenkt. Sie ist talentiert, das Gemälde war toll, aber ich empfand es als Schlag ins Gesicht. Es zeigte nämlich unsere komplette Familie mit sämtlichen Kindern und Enkelkindern. Alle waren darauf abgebildet, außer mir und meinen Söhnen«, erzählt sie. Eigentlich sollte ihr das nicht mehr so viel ausmachen, sagt Kerstin selbst, denn sie habe diesen Lebensabschnitt hinter sich gelassen und versucht zu verarbeiten. Und doch ist es bitter, bestätigt zu sehen, was sie immer empfunden hat: Nämlich dass sie in diesem Haus lediglich geduldet war.

»Wenn man das Wohnzimmer betritt, fällt das Familienbild sofort ins Auge. An einer weiteren Wand hängen Fotos sämtlicher Frauen der Familie, also der Mutter mit den Töchtern und Schwiegertöchtern. Auch da bin ich nicht dabei. Das sagt ja alles.«

Am siebzigsten Geburtstag der Stiefmutter hielt einer der Brüder eine Rede, in der ebenfalls alle Familienmitglieder erwähnt wurden – nur Kerstin nicht.

»Anschließend habe ich versucht, mit meiner Stiefmutter darüber zu reden. Ihr klarzumachen, wie es mir als Kind ergangen ist, dass ich mich immer wie eine Außenseiterin gefühlt habe, die nicht wirklich willkommen war.«

Leider blieb ihr Versuch erfolglos. Die Stiefmutter wiegelte einfach ab. Auch mit den Stiefgeschwistern gab es bis heute kein klärendes Gespräch.

»Die reden über Gott und die Welt, nur nicht über eigene Gefühle. So was findet in dieser Familie einfach nicht statt.« Weder an Festen noch an normalen Tagen.

Bei Arne und seiner Schwester Nathalie zeigen Familienfeiern ganz besonders deutlich auf, wie kompliziert es zwischen den beiden ist. Denn während Feste für Nathalie ein echtes Highlight darstellen, sind sie für Arne ein Graus.

»Sie liebt es, sich schick zu machen. Ich dagegen trage am liebsten alte Jeans und irgendein T-Shirt – egal, ob gerade Weihnachten ist oder nicht«, erzählt Arne. Überhaupt hält er nicht viel vom Modegeschmack seiner kleinen Schwester. »Ich glaube, sie hat da eine falsche Wahrnehmung. Sie denkt, ihr Outfit wäre todschick, Hauptsache, es war teuer und ein angesagter Markenname steht drauf. Dabei ist die Zusammenstellung manchmal echt seltsam, fast peinlich.«

Umso mehr nervt es ihn, wenn Nathalie ihn kleidungstechnisch beraten oder besser gesagt bevormunden will.

»Sogar bei der Beerdigung meiner Schwiegermutter wollte sie mir Vorschriften machen, welches Hemd ich anziehen soll. Dabei war es vollkommen in Ordnung, was ich anhatte – und vor allem hat man bei so einem Anlass ja andere Dinge im Kopf. Da gibt es wirklich Wichtigeres als die Kleidung.«

Nathalie dagegen legt – ebenso wie die Mutter – auf solche Äußerlichkeiten großen Wert. Bei Feiern wird der Tisch eingedeckt wie bei einem Galadiner, mit Platztellern und separaten Bestecken für jeden Gang.

»In meiner Kindheit empfand ich das als puren Stress«, erzählt Arne. »Ständig gab es Anweisungen, von wegen: ›Ellbogen runter vom Tisch‹, ›sitz gerade‹ und ›zieh dir was Schickeres an‹. Das kam sowohl von meiner Mutter als auch von meiner Schwester. Ich hasste das, und es war mir einfach zu blöd.«

Kein Wunder, dass sich Arne spätestens im Alter von zwanzig bei solchen Anlässen so früh wie möglich ausklinkte.

»Sogar an Heiligabend: Nach dem Essen bin ich lieber mit Freunden ausgegangen, als das vornehme Spielchen mitzumachen.«

Jemand, der ihn da sicher gut verstanden hätte, war der Vater von Lara und Eric. Lara beschreibt ihn als »jeglichem Pomp abhold«. Doch dann stand sein achtzigster Geburtstag bevor, und er beschloss, diesen Anlass groß zu feiern. Er deutete an, dass ja sicher »der eine oder andere was sagen wird« – sprich, er erwartete eine Rede.

»Mir war sofort klar, ich muss wohl dran glauben«, erzählt Lara. »Und das war keine leichte Aufgabe.«

Eine Rückblicksrede war nicht so opportun, denn die Mutter von Lara und Eric hatte jahrelang im Koma gelegen – es hätte also eher die Stimmung getrübt, daran zu erinnern.

»Dann hatte ich die Idee, dass mein Bruder und ich in verteilten Rollen sprechen könnten. Thema: Wir wollten zwar nie so sein wie unsere Eltern und vor allem ich habe immer sehr stark dagegen rebelliert, aber letztendlich haben wir doch verdammt viel von ihnen mitbekommen.«

Tatsächlich fielen ihnen jede Menge Übereinstimmungen ein, von der Liebe zum Kochen über die Affinität zum Sport bis hin zu einem gewissen Hang zum Brauwesen.

»Unser Vater war früher Prokurist in der Karlsbergbrauerei, unsere Mutter hat die Buchhaltung für einen ihrer Zeltverleihe gemacht. Mein Bruder hat Getränketechnologie in Freising studiert und wurde Brauingenieur. Ich selbst habe in den Ferien in der Karlsbergbrauerei gejobbt, später als Messehostess an deren Stand und sogar im Bierzelt bedient«, gibt Lara ein Beispiel.

Lustigerweise übt sie – ebenso wie ich – einen Schreibberuf aus, und auch mein Bruder hat in Freising Brauwesen studiert. Von meinen armseligen Versuchen als Bedienung im Biergarten erzähle ich an dieser Stelle lieber nur, dass gut gelaunte Gäste bei großer Hitze auch eine unfreiwillige Bierdusche zu schätzen wissen …

Man könnte vielleicht sagen, Familienfeiern sind wie eine Lupe, die deutlicher aufzeigen als im Alltag, was Geschwister trennt, aber auch vereint. Sei es eine bestimmte Streitkultur, seien es gemeinsame Erinnerungen. Vor allem jedoch sind es – meistens jedenfalls – schöne Anlässe, um sich zu begegnen. Und deshalb freue ich mich jetzt schon auf das nächste Fest!

Feiern mit Geschwistern – die Playlist

Welche Songs zum Thema Schwestern und Brüder fallen Ihnen spontan ein? Naaaa? Zugegeben, das ist gar nicht so einfach. Dabei gibt es jede Menge davon. Hier ein paar Vorschläge – in chronologischer Reihenfolge ihres Erscheinens:

The Hollies: *He Ain't Heavy, He's My Brother* (1969)
Elvis Presley: *Little Sister* (1971)
Diana Ross: *When We Grow Up* (1973)
Sister Sledge: *We Are Family* (1979)
Prince: *Sister* (1980)
Night Ranger: *Sister Christian* (1983)
De La Soul: *My Brother's a Basehead* (1991)
Juliana Hatfield: *My Sister* (1993)
Alice in Chains: *Brother* (2002)
Art Brut: *My Little Brother* (2004)
Fiction Plane: *Two Sisters* (2007)
Lily Allen: *Go Back to the Start* (2009)
Kraftklub: *Randale* (2010)
Lucinda Williams: *I Don't Know How You're Living* (2011)
Suzanne Vega: *Brother Mine* (2012)
Subway to Sally: *Grausame Schwester* (2014)
SOAK: *Oh Brother* (2015)
KLIMA: *Schwesterherz* (2016)
Die Lochis: *Wie ich* (2016)
Pixie Geldof: *Twin Thing* (2016)

Geschwisterbeziehungen
in früheren Zeiten

Ursi

Wer im eigenen Umfeld Kinder hat, kann beobachten, wie das zwischen Geschwistern heutzutage abläuft. Viele Aspekte davon beleuchten wir in diesem Buch.

Ich hoffe, dass bis zur Generation unserer Enkelkinder einige Veränderungen eingetreten sind. Vielleicht müssen sie Geschwisterthemen, die in direktem Zusammenhang mit konservativer Rollenverteilung stehen, überhaupt nicht mehr durchleben. Ideal wäre es, wenn dann nicht länger Bücher geschrieben würden, die in Kapitel über Brüder und Schwestern aufgeteilt sind. Und es geht nur noch um Individuen, die Aufteilung nach Geschlecht hat sich erübrigt.

Es kann aber natürlich genauso gut sein, dass stattdessen noch nie dagewesene Probleme im Raum stehen werden. Wer weiß schon, was die Klimakrise und andere Entwicklungen für Geschwister bereithalten. Hat nicht auch die Corona-Zeit sehr deutlich vor Augen geführt, dass es einen ganz neuen Wert bekommen kann, Geschwister zu haben? Während Heike und ich an diesem Buch arbeiten, ist die Pandemie noch nicht ausgestanden. Aber wir sind gespannt, wie man manche Gesellschaftsbereiche dann rückblickend beurteilen wird. Sind zum Beispiel Geschwisterkinder mit der Isolation besser zurechtgekommen als die, die alleine aufwachsen? Oder schlechter?

Über die Zukunft können wir natürlich nur mutmaßen.

Der Blick in die Vergangenheit ist aber gut möglich. Wie sah denn das Zusammenleben in früheren Zeiten aus? Was weiß man heute darüber?

Es folgt eine Zusammenstellung aus kleinen Recherchefunden und Erzählungen, die jedoch weder wissenschaftlichen Anspruch erhebt noch eine vollständige Historie schreiben will. Aber zumindest erlauben die Schnipsel eine kurze Zeitreise zu den Geschwistern früherer Zeiten:

Im **antiken Rom** hatten Brüder und Schwestern eine sehr enge Bindung, die offensichtlich im Erwachsenenalter weiter bestand. Auch wenn eine Frau heiratete, blieb der Bruder ihre wichtigste männliche Bezugsperson. Die Schwester des Vaters hieß bezeichnenderweise *amita* (amare = Lateinisch für lieben).

Als Kinder besuchten Geschwister oft gemeinsam die Schule, wobei aber Mädchen aus dem Unterricht genommen wurden, sobald sie lesen und schreiben konnten. Ihre Brüder lernten hingegen auch noch Astronomie, Griechisch, Mathematik und Geschichte.

Im Übergang zum **Mittelalter** trat der Wert von Bildung in der christlichen Welt deutlich in den Hintergrund. Wenn Kinder eine intellektuelle Ausbildung erhielten, war sie eher religiöser Natur. Unglaublich viel Wissen ging deshalb in unserer Kultur verloren und musste Jahrhunderte später wieder mühsam reaktiviert werden.

Das Familienleben im Mittelalter war vor allem von Reichtum an Nachwuchs und hoher Kindersterblichkeit bestimmt. Aufzeichnungen zufolge überlebten oft weniger als die Hälfte der geborenen Kinder. Die Vermutung liegt nahe, dass Geschwisterbindungen also stark von Verlust und kaum von Unbeschwertheit geprägt waren. Der Bruder oder die Schwester als Konstante im Leben, wie wir das heute erleben, gab es wohl nicht.

In dieser Zeit endete die Kindheit übrigens meist im Alter von vier Jahren. Danach beherrschte Arbeit den Alltag. Entweder man wurde in eine handwerkliche Ausbildung geschickt oder man half zu Hause mit. Dazu gehörte auch die Versorgung der jüngeren Geschwister.

Beim Durchforsten alter Archive stellt man fest, dass Geschwistern in jener Zeit gern derselbe Name gegeben wurde. Alle Brüder einer Familie hießen offiziell zum Beispiel Anselm. Welche Spitznamen sie sich gegenseitig wohl gaben?

Ähnlich wie in der Antike gab es auch im Mittelalter spezielle Verwandtschaftsbezeichnungen. Mit *Base* (althochdeutsch *basa*) war ursprünglich nur die Schwester des Vaters gemeint. Später weitete sich der Begriff auf alle weiblichen Verwandten aus und erst im 18. Jahrhundert erfolgte die Präzisierung des Wortes auf die Kusine. *Muhme* (althochdeutsch *muoma*) bezeichnete hingegen die Schwester der Mutter. Der *Vetter* (althochdeutsch *veter*) war der Bruder des Vaters und der *Oheim* war der Mutterbruder.

Von der beginnenden **Neuzeit** (15. und 16. Jahrhundert) ist einiges an Korrespondenz erhalten, was uns das Leben in jener Epoche weitaus besser zugänglich macht. Ein schönes Beispiel sind die Briefwechsel von Willibald Pirkheimer. Er war ein Freund des Künstlers Albrecht Dürer, ein Berater Kaiser Maximilians I., Mitglied des Nürnberger Rats und zählte zu den wichtigsten deutschen Humanisten jener Zeit.

Pirkheimer hatte elf Geschwister, von denen neben ihm auch noch sieben Schwestern das Erwachsenenalter erreichten. Zwischen ihm und den als Äbtissinnen und Nonnen auf verschiedene Klöster verteilten Schwestern herrschte eine rege Korrespondenz.

Auch wenn Pirkheimer sich für Bildung, Wissenschaften und gegen die Überbetonung der Religion aussprach, setzte er sich für den Fortbestand der Frauenklöster ein. Dem lag nicht so sehr eine Überzeugung zugrunde als vielmehr die Tatsache, dass er sonst all seine Schwestern bei sich hätte aufnehmen und für sie sorgen müssen.

Damit ist etwas belegt, was mehrere Hundert Jahre für Geschwisterbeziehungen maßgeblich blieb: der Bruder als Absicherungsinstanz.

Während der **Aufklärungszeit** (18. Jahrhundert) setzte sich in der Literatur ein sehr klischeehaftes Geschwisterbild durch. Ihre Bindung wurde als Inbegriff der Harmonie, Solidarität und Liebe verklärt. So wenig man sich davor in der Gesellschaft für das Thema interessiert hatte, so präsent war es nun. Zum Beispiel setzte sich um 1800 die Idee der *fraternité* durch (Brüderlichkeit, ein soziales und solidarisches Verhalten innerhalb einer Gruppe oder Gemeinschaft, während der Französischen Revolution als Kampfparole verwendet). Den Gegenpol dazu bildete eine Schwesternschaft, die unrealistische Harmonie zum Ziel hatte. Die Mozartoper *Così fan tutte* (*So machen es alle*, 1790) erzählt von den Schwestern Dorabella und Fiordiligi, die trotz diverser Herzensverwirrungen in hundertprozentiger Treue und Liebe miteinander verbunden sind.

Auch in der **Biedermeierzeit** (1815–48) wurde die gute Beziehung zwischen Geschwistern betont und explizit propagiert. In der Kunst betrieb man nun einen wahren Familienkult und stellte tadellose Idylle dar.

Eine ganz andere Sprache sprechen die Ergebnisse der Forschung des Historikers Volker Lünnemann, der sich die Dokumente von hundertsiebenundsechzig Hofübergaben im ländlichen Westfalen im 19. Jahrhundert ansah. Schnell versteht man, dass die mit dem Erben verbundenen Verpflichtungen sicher nicht immer nur für Geschwisterharmonie gesorgt haben können. Grundsätzlich übernahm damals der älteste Sohn als Alleinerbe den Bauernhof. Gleichzeitig fiel damit jedoch auch die Verantwortung für seine Brüder und Schwestern auf ihn. Falls jemand von ihnen arbeitslos oder krank wurde, musste der Erstgeborene die- oder denjenigen bei sich aufnehmen. In dreizehn Prozent der dokumentierten Fälle hat dann aber doch aus verschiedenen Gründen ein jüngerer Sohn den Hof übernommen, obwohl es einen älteren gab. Und in achtzehn Prozent ging das Erbe an eine Tochter, auch wenn es Brüder gab. Da lebte meist der Vater noch und sicherte sich auf diese Art, gepflegt zu werden. Man kann sich also gut vorstellen, wie viel Konkurrenz und Konfliktpotenzial es eigentlich unter den Geschwistern gab.

In Adelsfamilien sah die Situation im **19. Jahrhundert** ein wenig anders aus, denn dort hatten Kinder oft keine engere Beziehung zu ihren Eltern. Ihre nächsten Bezugspersonen – klammert man Ammen und Gouvernanten aus – waren also ganz automatisch die Geschwister. Und egal, wie es zwischen ihnen zuging, nach außen trat die Familie auf jeden

Fall als Einheit auf. Das war ungeschriebenes Gesetz, und gegenteiliges Verhalten hätte Einfluss und Ruf des Hauses geschmälert.

Brach ein Bruder oder eine Schwester einmal aus der gesellschaftlichen Ordnung aus, hatte das in jedem Fall Konsequenzen für die ganze Sippe. Sein oder ihr Fehltritt konnte schnell einen Reputationsverlust für alle Geschwister bedeuten. Nachlesen kann man solche Geschichten zum Beispiel bei Jane Austen. Auch in der Netflixserie *Bridgerton* (2020) sind diese Motive Thema. Vor den Enthüllungen der Klatschkolumnistin Lady Whistledown haben alle schreckliche Angst. Genauso schön dargestellt ist, wie Anthony Bridgerton, der älteste Bruder, nach dem Tod des Vaters als neues Familienoberhaupt für all seine Geschwister verantwortlich ist und dabei nicht immer die besten Entscheidungen trifft.

Erst zu **Beginn des 20. Jahrhunderts** räumte Sigmund Freud mit dem unrealistisch idyllischen Geschwisterbild auf. In seinen Schriften hat er das Geschwisterthema jedoch immer nur gestreift. Später analysierte man, dass seiner diesbezüglichen Zurückhaltung wohl ungelöste Konflikte mit seinem Bruder Julius zugrunde lagen.

Aber er stellte fest, wie belastet Geschwisterbeziehungen durch die Konkurrenz um die Aufmerksamkeit der Eltern sein können. Erstmals war nach dem ganzen weichgespülten Gewäsch der vorangegangenen Epoche von Rivalität die Rede. Auch wenn seine sehr negativen Einschätzungen einseitig waren, kam durch ihn die Diskussion und in weiterer Folge die Forschung rund um Geschwisterbeziehungen in Gang.

Der **Erste Weltkrieg** bedeutete für viele, um einen Bruder zu bangen oder ihn gar betrauern zu müssen.

Meine Großmutter wurde 1910 geboren und hatte einen zwölf Jahre älteren Bruder, der in den Isonzoschlachten kämpfte.

Nach Ende des Krieges läutete es eines Tages an der Tür und ein schmutziger, in Lumpen gekleideter Mann stand davor.

»Da ist ein Bettler«, vermeldete Klein-Grete ihren Eltern.

Ihre Mutter versorgte Kriegsversehrte gern mit ein wenig warmer Suppe oder abgelegter Kleidung. Doch als sie diesen lädierten jungen Mann sah, schlug sie die Hand vor den Mund und brach in Tränen aus.

Gretes Bruder Heinz war heimgekehrt, und seine kleine Schwester hatte ihn nicht erkannt, weil er nach einer Kopfverletzung eine Silberplatte statt der Schädeldecke eingezogen bekommen hatte und einen Verband trug.

Die **Zwanzigerjahre** waren wohl eine sehr zwiegespaltene Zeit. Auf der einen Seite gab es die modernen, vor Lebensfreude sprudelnden Großstädte, in denen plötzlich so viel möglich war. Brüder waren nicht mehr für ihre sich emanzipierenden Schwestern verantwortlich, die als *Flappers* (Frauen, die durch ihren Kurzhaarschnitt und ein selbstbewusstes Auftreten auffielen) durch die Bars zogen. Stattdessen genehmigten sich die Geschwister einen gemeinsamen Absinthrausch, um jetzt einmal ein paar Klischees zu bemühen. Auf jeden Fall ging es wohl im Vergleich zu den Zeiten davor ziemlich befreit und wild zu.

Auf der anderen Seite blieb die ländliche Bevölkerung den traditionellen Mustern durchaus treu.

Ein Bekannter erzählt mir, dass sein Großvater von einem riesigen Bauernhof stammte, den er als Ältester hätte übernehmen sollen. Er verliebte sich dann aber in eine Magd und heiratete sie. Daraufhin ging der Hof an seinen jüngeren Bruder, und er musste sich sowie seine kleine Familie als Hilfsarbeiter über Wasser halten. In der großen Wirtschaftskrise gab es nicht besonders viele Möglichkeiten für einen unausgebildeten jungen Mann vom Land.

Auch das waren die Zwanzigerjahre.

Die **NS-Zeit** brachte strengere Rollenbilder und die strikte Trennung von Brüdern und Schwestern mit sich. Während die Jungen einander in der Hitlerjugend trafen, verbrachten die Mädchen ihre Zeit im Bund Deutscher Mädel. Ab 1939 wurde der Beitritt zu diesen Organisationen verpflichtend. Im Mittelpunkt stand körperliche Ertüchtigung und ideologische Schulung.

Meine Mutter und ihre Geschwister waren für die HJ und den BDM noch zu jung, aber sie erinnert sich, wie viel Verantwortung man kleinen Kindern während des Krieges oft übertrug. Einmal hieß es, im vier Kilometer weit entfernten Nachbarort könne man Brot ohne Essensmarken bekommen. Also wurde ihr sechs Jahre alter Bruder allein losgeschickt, um welches zu holen.

»Ich war unfassbar stolz, als er nach drei Stunden mit einem Laib zurückkehrte«, erinnert sie sich. »Ich hätte mich das nie getraut und fand ihn einfach toll!«

Die **Nachkriegszeit** bedeutete für viele Geschwister große Veränderungen. Wie auch schon nach dem Ersten Weltkrieg kehrten junge Männer oft verwundet oder im schlimmsten

Falle gar nicht von der Front zurück. Manche Brüder kamen zwar heim, waren aber schwer traumatisiert und nicht mehr dieselben.

Und auch ihre Schwestern mussten schnell erwachsen werden: Sie hatten in der Zwischenzeit zusammen mit ihren Müttern daheim alles, so gut es ging, am Laufen gehalten.

Gitte und ihre Schwester arbeiteten zum Beispiel in einem Krankenhaus. Ihr Bruder galt als vermisst. Zuerst hieß es, er sei in russischer Gefangenschaft. Das Bangen fand Jahre später darin sein Ende, dass er für tot erklärt wurde.

Diese harte Zeit vertrieben sich die Schwestern damit, dass sie abends ab und zu ins Café gingen.

»In Deutschland gab es damals nicht allzu viel, was eine rosige Zukunft hätte erwarten lassen, also habe ich es verstanden, als meine Schwester mit einem GI, den sie erst kurze Zeit kannte, nach Amerika ging«, erzählt mir Gitte. »Wir haben uns dann viele Jahre so gut wie nie gesehen. Aber dafür rief sie mich jede Woche an.«

Die Teenagerjahre meiner Mutter fanden in den **Fünfzigerjahren** statt. »Wir Mädchen machten den Abwasch. Da gab es gar keine Diskussion. Aber wir bestanden darauf, dass die Brüder ›küchenfüllend zur Unterhaltung‹ dabei sein mussten.«

Jungs erledigten damals überhaupt keine Hausarbeit. Als ihr Bruder einmal den Müll hinuntertragen sollte, behauptete er, er könne das mit seiner Würde nicht vereinbaren, und kam damit durch.

Wie extrem die Rollenbilder waren und dass sich Mädchen da nicht öfters auflehnten, fällt uns heute schwer zu glauben. Aber ganz klar: Alle sind Kinder ihrer Zeit.

Auch mein Vater erzählt mir von diesen Normen: Wenn er mit seiner Schwester quer durchs Land mit dem Zug zu einer Tante fuhr, stand außer Frage, dass er verantwortlich war und auf sie aufpassen musste. Zwischen Geschwistern herrschte eine sehr deutliche Hierarchie, und sie verstanden sich allgemein weniger als Team.

Klaus und seine Schwester Wilma studierten beide Jura, obwohl immer klar war, dass nur er die väterliche Kanzlei übernehmen würde. Wilma stellte die Bevorzugung des Bruders auch nie infrage. Eine Zeit lang arbeitete sie bei ihm als Angestellte, dann zog sie in eine andere Stadt.

»So war das damals nun einmal, und ich bin schon in dem Wissen, dass mein Bruder es leichter haben würde, aufgewachsen«, sagt sie.

Als ihre Kinder zwei Jahrzehnte später mit der Schule fertig wurden, gründete sie ihre eigene Kanzlei. »Mir war es wichtig zu beweisen, dass ich dasselbe kann wie Klaus. Mir selbst, aber auch den anderen.«

Eine weitere große Wende brachten die späten **Sechzigerjahre**. Rita, die Sie nun schon aus mehreren Geschichten kennen, ist 1957 geboren. Marlene kam zwölf Jahre früher zur Welt.

»Meine Schwester durfte nicht studieren, weil sie ein Mädchen war. Doch dann veränderte die 68er-Bewegung alles. Meine Teenagerzeit fiel in die Siebziger, und ich erlebte viel mehr Freiheit und breit gefächerte Möglichkeiten. Es ist fast so, als wären wir in zwei verschiedenen Epochen groß geworden.«

Rita schmiss wilde Partys, sammelte Erfahrungen mit Jungs und studierte.

»Als ich die Pille wollte, ging ich deswegen allerdings nicht zu unserer Mutter, sondern wandte mich an Marlene. Sie besorgte sie mir, bläute mir jedoch ein, den Eltern nichts davon zu sagen.«

Somit sind wir in der Zeit angelangt, in der ich geboren wurde (Heike ein bisschen früher). Wie das so war und was wir mit unseren Geschwistern erlebt haben, haben wir Ihnen ja schon in anderen Kapiteln erzählt.

Was reden die da? – Insidersprüche von Badesalz bis Babysprache

Heike

Kennen Sie eigentlich den Watzmann? Und nein, ich meine nicht den ARD-Krimi *Watzmann ermittelt*. Auch nicht den zentralen Gebirgsstock der Berchtesgadener Alpen, dessen Mittelspitze als dritthöchster Gipfel Deutschlands gilt und dem die Krimiserie ihren Titel verdankt. Ich meine nicht mal die Watzmannsage, sondern das »Rustical« rund um eben diese Legende – das 1974 entstandene Konzeptalbum *Der Watzmann ruft* von Wolfgang Ambros, Manfred Tauchen und Joesi Prokopetz. Inhalt ist eine Bergbauerndrama-Parodie: Der Berg lockt die Menschen, ihn zu erklimmen (»auffi!«), und dann stürzen sie ins Unglück. »Der Berg, der kennt koa Einsehn nit.«

Meine Brüder und ich hörten die Schallplatte in den Achtzigerjahren so oft, dass wir die Texte am Ende auswendig konnten. Und zitierten die lustigsten Stellen bei jeder passenden und unpassenden Gelegenheit. Kaum erschienen ein paar Wölkchen am Himmel, sagten wir etwa: »Und a Wetta kummt a immer näiha.« Und wenn jemand etwas Dämliches tat, kommentierten wir: »Die Maunerleit, die Maunerleit!« (Übrigens habe ich erst beim ungefähr hundertsten Hören begriffen, dass das wohl »Mannsleute« bedeuten soll.) Besonders nichtssagende Kommentare leiteten wir ein mit: »Und sogar der Großknecht bemerkte ...« Und war es mal wieder matschig, trällerten wir: »Ich steh bis zu den Waden in einem Kuhfladen und zermalm auf der Alm einen Halm.«

Wir fanden das urkomisch, und wenn jemand nicht begriff, was wir da von uns gaben, machte das gar nichts – das waren eben unsere Insidersprüche.

Übrigens habe ich mich, bevor ich dieses Kapitel in Angriff nahm, bei meinen Brüdern rückversichert, ob meine Erinnerungen mit ihren übereinstimmen. Sie bestätigten umgehend, noch immer textsicher zu sein und die einschlägigen Zitate bis heute gelegentlich zu verwenden. Beim nächsten Familientreffen sollten wir uns die Platte unbedingt mal wieder gemeinsam anhören!

Eine weitere Quelle für unseren geschwisterlichen Sprüche-Schlagabtausch lieferte das hessische Komikerduo Badesalz. Ich sag nur: »Schnauze, Lutscher!«, »Sanfte Geburt, du Arschloch« und »Wenn der Lambada nicht dabeigewesen wäre …«

Diejenigen von Ihnen, denen diese Zitate bekannt sind, dürften jetzt ein breites Grinsen im Gesicht haben – die anderen eher lauter Fragezeichen.

Und das ist ja gerade das Schöne an Insidern: dass sie nicht von allen verstanden werden – dafür aber diejenigen, die sie kennen, umso mehr verbinden. Dabei ist es völlig egal, woher diese Zitate stammen.

Bei Isabell und Saskia waren es vor allem Schlagerfilme. Ihre Eltern liebten diese, und so wurden auch die Mädchen damit sozialisiert.

»Manche Filme haben wir so oft gesehen, dass wir sie komplett mitsprechen konnten«, erzählt Isabell.

Und natürlich haben die Schwestern im Alltag immer wieder daraus zitiert. Der von ihnen gerne verwendete Spruch »Ist das Leben nicht schön?« stammt beispielsweise aus *Alle lieben Peter*, einer musikalischen Filmkomödie aus dem Jahr 1959 mit Peter Kraus und Christine Kaufmann. Besonders Saskia liebte diesen Film über alles, während Isabell auch heute noch ein Riesenfan von *Die oberen Zehntausend* (*High Society*, 1956) ist. Die Stars dieses Filmmusicals waren Grace Kelly, Bing Crosby, Frank Sinatra und Louis Armstrong.

»Ich fand alles daran toll – die Schauspieler, die Story, das Ambiente, nicht zuletzt die Songs wie zum Beispiel *True Love*«, schwärmt Isabell.

Auch aus diesem Streifen entliehen sich die Schwestern das eine oder andere Zitat.

»Es gibt da so eine Stelle, in der Grace Kelly leicht angetrunken nach draußen tritt, von der Sonne geblendet wird und graziös die Hand gegen die Stirn hält. Aus dieser Szene stammt unser Lieblingsspruch: ›Geht's der Familie gut? Dann ist's gut‹«, sagt Isabell und erzählt anschließend eine Geschichte, wie sie nur das wahre Leben schreiben kann, so verrückt ist sie.

»Auf dem Rückweg aus dem Urlaub beschlossen unsere Eltern spontan, Bekannte in Heilbronn zu besuchen. Wir sind dort einfach ohne Vorwarnung reingeschneit, und die unvorbereitete Gastgeberin lief schnell ums Eck in eine Bäckerei, um etwas Kuchen zu besorgen. Wir saßen also im eleganten Foyer, aus dem eine hochherrschaftliche Treppe hinauf in den Wohnbereich führte. Die Bekannten waren sehr wohlhabend, und ihr feudales Haus beeindruckte uns nachhaltig. Vor allem die Treppe – so etwas kannten wir nur aus Filmen. Saskia und ich ließen uns die Gelegenheit nicht entgehen und nutzten die Wartezeit, um darauf eine Szene aus *Die oberen Zehntausend* nachzuspielen – und just in diesem Moment kam der Herr des Hauses herein, der von unserem Besuch ja nichts wusste und nicht schlecht staunte … Eine wirklich absurde Situation, über die wir uns noch heute ausschütten vor Lachen.«

Friedel erzählt, dass die geschwisterlichen Insidersprüche in ihrer Familie vor allem aus kindersprachlichen Wortkreationen stammen.

»Immer wenn Küken zur Welt kamen oder die Kühe zwecks Besamung mit dem Bullen zusammengebracht wurden, kommentierte ich als kleines Mädchen: ›Vati zuchtet wieder‹. Dieser Satz fällt auch heute noch regelmäßig, wenn meine Brüder und ich uns treffen.«

Auch dass ihr Bruder Hartmut das Wort »Schlüpfer« stets verdrehte und stattdessen »Lüpfscher« sagte, ist in den Wortschatz der drei eingegangen.

»Nach dem Baden frische Lüpfscher anziehen – das war irgendwann ein geflügeltes Wort bei uns. Zuerst nur, um Hartmut zu foppen, und dann, weil es sich eingebürgert hatte.«

Solche Sprüche aus der Kindheit haben sich auch bei Bea und ihren Geschwistern über die Jahrzehnte im aktiven Sprachgebrauch gehalten.

»Als wir noch nicht schreiben konnten, haben wir vor Weihnachten Wunschzettel diktiert, und unsere Mutter hat exakt das aufgeschrieben, was wir so von uns gaben. Einen Zettel hat sie aufgehoben. Darauf steht: ›Ich wünsche mir ein Rädi und einen Bummkeisel. Kinder wollen lieb sein.‹ Noch heute sagen wir ›Kinder wollen lieb sein‹, wenn sich jemand einschleimt«, erzählt Bea.

Urheber dieses Spruches ist Beas ältester Bruder Siegfried, von dem auch ein weiterer stammt.

»Im Alter von etwa zwei Jahren ging er einmal mit unserer Oma spazieren. Bei der Gelegenheit trafen sie ihre Freundinnen, Frau Wolf und Frau Jäckel, und die drei Frauen kamen ins Gespräch. Als sie über irgendetwas lachten, bezog er das auf sich, wurde furchtbar wütend und schimpfte: ›Du böser Wolf, du böser Lackl!‹ Diesen Spruch sagen wir noch immer, wenn wir denken, jemand macht sich über uns lustig.«

Als die Geschwister älter waren, schauten sie gemeinsam mit dem Vater gerne Sportübertragungen – Olympische Spiele, Länderspiele, Tennisturniere. Dabei wurde meist Knabberzeug gegessen – und erzählt.

»Manchmal platzte jemand von uns mit einem Thema heraus, das nicht unbedingt für die Ohren der Eltern geeignet war, und dann riefen die anderen: ›Hol doch mal die Fußball-Chipse‹, was so viel bedeutete wie: schleunigster Themenwechsel, sprich bloß nicht weiter!«

Aber damit sind die Insider von Bea, Siegfried, Carola und Sascha noch längst nicht erschöpft.

»Wir haben da so ein Lieblingsbuch, das wir alle mehrmals gelesen haben, und auch die großartige Verfilmung haben wir uns x-mal angeschaut: nämlich *Tadellöser und Wolff* von Walter Kempowski. Ganz typisch für diesen Roman sind die besonderen Sprüche und Redewendungen, mit denen die handelnden Figuren kommunizieren – und die haben wir quasi komplett übernommen«, berichtet Bea.

Als Beispiele zählt sie auf: »na, du Schleef«, »na, du Übelmann«, »primig, primig«, »immerhinque«, »Ansage mir frisch«, »alles im Dutt«, »erlederitzt«, »gut dem Dinge« oder »uns geht's ja noch gold«.

Wenn etwas besonders gut gelingt, kommentiert man es mit »Gutmannsdörfer«, ist das Gegenteil der Fall, heißt es »Miesnitzdörfer und Jensen«.

Ich kenne bisher weder Bücher noch Filme, aber Beas Schilderungen machen mir Lust, das umgehend zu ändern.

»Diese Vorliebe und diese Art Humor teilen wir alle vier«, erzählt sie. »Egal, wie sehr wir uns entfremdet haben mögen, sobald einer von uns so einen Kempowski-Spruch verwendet, sind wir ruckzuck ein Herz und eine Seele – damit schaffen wir direkt eine Verbindung«, erklärt sie. »Wenn ich zum Beispiel nach einer längeren Funkstille zu einem meiner Brüder Kontakt aufnehmen will, muss ich nur eine dieser Redewendungen einfließen lassen, schon klappt es. Damit kriege ich sie immer!«

Im Grunde ist es also gleichgültig, ob man Dieter Hallervorden zitiert (»Palim-palim, ich hätte gerne eine Flasche Pommes frites«) oder sich einen typischen Barney-Spruch aus *How I Met Your Mother* angewöhnt (»Das wird legen ... warte, es kommt gleich ...där«), ob man Songtexte von BAP, Grönemeyer und Westernhagen zitiert oder Babysprache – entscheidend ist dieser Effekt, dass manchmal ein Wort genügt, um sofort an die Lebensphase zu erinnern, in der die Geschwister einem am nächsten standen. Und wenn darauf postwendend die entsprechenden Reaktionen kommen, wird einem bewusst: Ganz gleich, wie weit entfernt sie leben und wie selten man sie sieht – diese Nähe gibt es noch immer.

Liebe Heike,

hach, wie schön! Da fällt mir beim Lesen so viel ein, woran ich ewig nicht mehr gedacht hatte. Zum Beispiel, dass meine große Schwester mich immer »Schnurpsel« genannt hat. Und dann lag eines Tages Das Schnurpsenbuch *von Michael Ende unter dem Christbaum. Susi und der berühmte Autor hatten da irgendwie dieselbe Idee.*

Und meine Schwester Julia konnte »Ich hab dich lieb« toll steigern. Und zwar mit »Ich hab dich soooo lieb!« und schließlich mit »Ich hab dich ja so knuddellieb!«. Das sagte sie zu unserer Mama und kuschelte sich dann mit den Worten »Ich brauche Nestwärme!« an sie. Wenn ich mich heutzutage nach einer Umarmung meines achtzehnjährigen Sohnes sehne, sage ich zu ihm: »Du siehst aus, als bräuchtest du Nestwärme.« Dann lacht er und lässt die mütterliche Kuschelattacke über sich ergehen.

Von meiner Mutter habe ich schon unzählige Male die Anekdote gehört, als sie und ihre Schwester in der Kindheit einmal auf der Straße über eine besonders dicke Frau kicherten. Ihr Vater rügte sie dafür. »Hört sofort auf! Das ist bestimmt ein wertvoller Mensch.«

»Schau mal, dort drüben geht ein wertvoller Mensch!« wurde daraufhin zu geflügelten Worten unter den Schwestern.

Und meine Oma war sowieso The Queen of Insiders. *Sie war der Ursprung vieler Sprüche und konnte dabei herrlich über sich selbst lachen. Sie fehlt mir sehr!*

Es waren die Sechzigerjahre und meine Eltern noch nicht verheiratet. Da legte sich mein Vater bei irgendeiner Familienzusammenkunft nach einem üppigen Mahl zum Mittagsschlaf aufs Sofa. Sein friedliches Schlummern wirkte wohl so ansteckend, dass auch meine Oma – zur Erinnerung, das war zu dem Zeitpunkt die Mutter seiner Freundin – müde wurde.

Ich habe wirklich keine Ahnung, was genau in ihr vorging, aber sie legte sich zu ihm (sie sagte immer, es sei eine sehr breite Couch gewesen, mein Vater betont seine Verwunderung darüber, warum man überhaupt so schmale baut). Vorher zog sie ihr Kleid aus, um es nicht zu zerknittern.

Als mein Vater aufwachte, lag da auf jeden Fall diese so gut wie fremde Frau neben ihm. Und sie trug nur ein lila Unterkleid, bei uns besser bekannt als die »Brombeer-Kombinage«.

Sagt heute eine meiner Schwestern das Wort »Brombeerkombineesch«, hat jede von uns sofort die gesamte Geschichte im Kopf. Vielleicht sogar ein ganz spezielles Familien-Feeling. Auf alle Fälle ist es das Insiderwort schlechthin, das für unsere Oma steht.

Danke, liebe Heike, dass du bei mir diese und auch andere Erinnerungen hervorgeholt hast!
Ursi

331

Wie gut kennen Sie Ihre Geschwister? Finden Sie es heraus – mit unserem Test!

»Niemand kennt mich so gut wie meine Geschwister«, diesen Satz haben wir in unseren Interviews immer wieder gehört. Auf der anderen Seite sind Geschwister oft erstaunlich unterschiedlich und haben völlig verschiedene Erinnerungen an die gemeinsame Kindheit.

Was also stimmt? Kennen Sie Ihre Geschwister wirklich so gut, wie Sie dachten? Und gilt das auch umgekehrt?

Machen Sie den Test und beantworten Sie unabhängig voneinander diese Fragen. Dann vergleichen und staunen Sie …

- Was war Ihr Lieblingsspielzeug in der Kindheit?
- Und was, denken Sie, war sein/ihr Lieblingsspielzeug?

- Was ist Ihre Lieblingsspeise?
- Was mag er/sie besonders gern?

- Womit dagegen könnte man Sie jagen?
- Und was würde er/sie niemals essen?

- Was haben Sie als Kind im Restaurant am liebsten gegessen?
- Und was war seine/ihre Standardbestellung?

- Womit konnte man Sie gut verulken?
- Womit haben Sie ihn/sie verulkt?

- Welches ist Ihr größtes Talent?
- Und was ist seine/ihre besondere Stärke?

- Welche Musik mochten Sie in Ihrer Jugend
  am liebsten – und welche heutzutage?
- Wie sieht das bei ihm/ihr aus?

- Wie hieß Ihre erste große Liebe?
- Und wie seine/ihre?

- Gab es ein Wort, das Sie immer falsch aussprachen
  oder falsch verwendeten?
- Und wie war es bei ihm/ihr?

- Worüber haben Sie gemeinsam gelacht?

- Was war früher Ihr Berufswunsch?
- Was wollte er/sie werden?

- Gab es einen Promi, für den Sie schwärmten?
- Welchen Star himmelte er/sie an?

- Wo haben Sie Ihren letzten Urlaub verbracht?
- Und was ist sein/ihr letztes Reiseziel?

- Campen Sie gern?
- Er/sie auch?

- Wie hätten Sie heißen sollen, wären Sie keine Frau/kein Mann?
- Und welchen Namen hatten die Eltern für ihn/sie vorgesehen?

- Was ist heute Ihr größter Wunsch? Was möchten Sie unbedingt mal erleben?
- Und er/sie?

- Was ist Ihre Lieblingseissorte?
- Und seine/ihre?

- Gryffindor, Slytherin, Ravenclaw oder Hufflepuff? Oder sind Sie etwa gar kein Potterhead?
- Wohin würde der sprechende Hut ihn/sie stecken?

- Liest er/sie genauso gern wie Sie? (Dass Sie es tun, wissen wir zufällig genau …)

- Trinken Sie zum Frühstück Kaffee oder Tee?
- Und er/sie?

- Was war das beste Konzert, das Sie je besucht haben?
- Welches hat er/sie in besonderer Erinnerung?

- Haben Sie jemals die Schule geschwänzt?
- Er/sie ebenfalls?

- Was würden Sie mit einem großen Lottogewinn anfangen?
- Was würde er/sie wohl tun?

- Welches Laster haben Sie?
- Und er/sie?

- Ernähren Sie sich vegetarisch, vegan, kohlenhydratfrei oder auf sonst eine besondere Weise?
- Wie sieht es bei ihm/ihr aus?

- Was ist Ihre Lieblingsfarbe?
- Und seine/ihre?

- Als was haben Sie sich als Kind am liebsten verkleidet?
- Und er/sie?

- Wie oft sind Sie schon umgezogen?
- Wie oft hat er/sie schon den Wohnsitz gewechselt?

- Was tragen Sie beim Schlafen?
- Und er/sie?

- Was war Ihr bestes Schulfach – und was Ihr schlechtestes?
- Und wie sah es bei ihm/ihr aus?

- Können Sie »Abseits« erklären?
- Er/sie ebenfalls?

- Haben Sie eine Allergie?
- Und er/sie?

- Sind Sie eher Nachteule oder Lerche?
- Fängt er/sie den Wurm oder pfeift er/sie
  auf den frühen Vogel?

- Würden Sie lieber einen Gipfel erklimmen oder
  einen langen Strandspaziergang unternehmen?
- Bevorzugt er/sie Berge oder Meer?

- Was ist Ihr Lieblingsspruch?
- Und an welcher Formulierung erkennen Sie
  ihn/sie sofort?

- Wie kommunizieren Sie am häufigsten:
  persönlich, telefonisch, per E-Mail,
  per Textnachricht, per Sprachnachricht?
- Und er/sie?

- Was war Ihr verrücktester Traum?
- Und kennen Sie auch seinen/ihren?

Oh, wir könnten unendlich lange weiterfragen – aber wissen Sie was? Noch spannender wäre es, Ihre eigenen Fragen zu hören! Verraten Sie sie uns (gerne auch das Testergebnis) auf Social Media! Sie finden uns beispielsweise auf Instagram, Facebook und natürlich unseren Websites.

Instagram:
@ ursibreidenbach
@ heikeabidi

Facebook:
@ BreidenbachRomane
@ AbidiBooks

Websites:
www.breidenbach-romane.at
www.abidibooks.de

Gemeinsames Nachwort: Für immer verbunden

Nicht ohne Grund haben wir dieses Buch *Geschwister sind wie Gummibärchen: Sie kleben zusammen, manchmal hat man sie über, aber wir lieben sie ein Leben lang* genannt.

Warum hat man sie manchmal über? Nun, wie Sie ja bestimmt selbst wissen, gibt es dafür jede Menge Gründe.

Warum man sie trotzdem unendlich liebt?

Sind es nur die Gene? Bestimmt nicht. Sonst gäbe es schließlich keine Stiefgeschwisterliebe.

Liegt es nur an der Ähnlichkeit? Auch das darf bezweifelt werden. In unseren Interviews haben wir viel über extrem unterschiedliche Geschwister erfahren, die sich dennoch sehr nahestehen.

Aber was ist es dann? Sind es vielleicht die gemeinsamen Kindheitserinnerungen? Oder die Werte, die uns in der Erziehung vermittelt wurden? Ja, da kommen wir der Sache schon näher.

Die Arbeit an diesem Buch hat uns gezeigt, wie tief die Erfahrungen, die wir mit unseren Brüdern und Schwestern gemacht haben, in uns Wurzeln geschlagen haben. Es gibt wahrscheinlich keinen Lebensbereich, der nicht in irgendeiner Art mit ihnen zu tun hat. Sie waren vom ersten Atemzug an Teil unseres Lebens und werden es bis zum letzten bleiben.

Ein größeres Geschenk hätten unsere Eltern uns nicht machen können.

Mit unseren Geschwistern verbindet uns ein unsichtbares Band. Manchmal wird es durch Probleme und Streit gedehnt. Manchmal durch gemeinsame Unternehmungen festgezurrt. Mal spüren wir es stärker, mal schwächer. Aber es ist immer da. Und dieses Band besteht aus Liebe.

Danke!

Ohne unsere Geschwister würde es dieses Buch nicht geben. Deshalb möchten wir uns bei euch vieren ganz besonders bedanken: Susi, Julia, Holger und Björn – danke, dass es euch in unserem Leben gibt.

Am fertigen Buch in Ihren Händen haben zahlreiche Menschen mitgewirkt. Es ist uns ein Bedürfnis, ihnen allen zu danken!

Anja, unserer Agentin und Freundin, die ebenso für unsere Projekte brennt wie wir selbst und ein großartiges Gespür für gute Ideen hat.

Elisabeth Schmitten, unserer Verlagslektorin, die sich spontan für das Geschwisterthema begeistert hat.

Verlagsleiterin Karen Guddas und Programmleiterin Annette Anton: Danke, dass wir mit unseren gemeinsamen Sachbuchthemen beim Penguin Verlag ein Zuhause gefunden haben.

Katharina Rottenbacher, unserer Außenlektorin, für die wie immer wunderbar unkomplizierte Zusammenarbeit, ihr gutes Auge und die wertvollen Hinweise.

Unseren Testleserinnen Steffi Emrich, Susanne Sinz und Friederike Lillie – danke für die unglaublichen Fehlerfunde und das motivierende Feedback!

Frank Bauer für unsere schönen Autorinnenfotos. Inzwischen haben wir uns zwar schon ein wenig verändert, aber wir lieben die Aufnahmen noch immer sehr.

Nicht zu vergessen all diejenigen, die sich um Schriftsatz,

Korrektorat, Covergestaltung, Druck, Vertrieb, Pressearbeit, Social Media und Marketing gekümmert haben – dafür, dass sie aus unserem Manuskript dieses Buch gemacht haben.

Unser ganz besonderer Dank gebührt all den großartigen Menschen, die uns in zahllosen Interviews und Gesprächen bereitwillig ihre Geschichten erzählt haben. Für das Buch haben wir die meisten Namen geändert und nennen euch auch hier nicht, um eure Privatsphäre bestmöglich zu schützen. Aber ihr wisst, dass ihr gemeint seid. Wir konnten viel von euch lernen. Fühlt euch umarmt!

Wir danken auch unseren lieben Freundinnen und Kolleginnen bei DELIA und Texttreff. Zu zweit ist das Autorinnenleben schon viel weniger einsam als allein, aber mit euch vernetzt zu sein, macht aus jedem Schreibplatz ein fröhliches, virtuelles Großraumbüro!

Ein Riesendank geht an unsere Familien, die uns unglaublich unterstützen, immer an uns glauben und für uns da sind. Ihr Lieben seid die Besten!

Und schließlich danken wir von Herzen Ihnen, die Sie dieses Buch gekauft haben. Wir hoffen, dass Sie beim Lesen viel Spaß hatten und sich ein wenig wiedergefunden haben. Für Sie haben wir *Geschwister sind wie Gummibärchen* geschrieben!

Herzlichst
Ursi Breidenbach
Heike Abidi

Weiterführende Literatur

Bücher:

Dorothee Adam-Lauterbach, *Geschwisterbeziehung und seelische Erkrankung*, Stuttgart 2013

Anselm Grün, *Geschwisterbande – Eine ganz besondere Beziehung*, München 2018

Kevin Leman, *Geschwisterkonstellationen – Die Familie bestimmt Ihr Leben*, München 1994

Audrey Niffenegger, *Die Zwillinge von Highgate*, New York 2009

Susann Sitzler, *Geschwister – Die längste Beziehung des Lebens*, Stuttgart 2015

Minke Weggemans, *Geschwistertod. Leben mit einem schweren Verlust*, München 2010

Artikel:

Susanne Döll-Hentschker, *Geschwister(er)leben – eine zu wenig beachtete Dimension*, in: Psyche, Zeitschrift für Psychoanalyse und ihre Anwendungen, 2017

Margaret Ann Fitzpatrick Hanly, *Geschwisterrivalität, Loslösung und Entwicklungsprozesse in Jane Austens »Verstand und Gefühl«*, in: Psyche, Zeitschrift für Psychoanalyse und ihre Anwendungen, 2017

Wendy Johnson, *Genetic Influences on Behaviour Revisiting Bouchard et al.* (1990), in: Philip J. Corr, Personality and

Individual Differences. Revisiting the classical studies, Singapore 2018

René Kaës, *Der Geschwisterkomplex*, in: Psyche, Zeitschrift für Psychoanalyse und ihre Anwendungen, 2017

Vivienne Lewin, *Faszinosum Zwillinge: ganz besondere Geschwister*, in: Psyche, Zeitschrift für Psychoanalyse und ihre Anwendungen, 2017

Juliet Mitchell, *Warum Geschwister?* in: Psyche, Zeitschrift für Psychoanalyse und ihre Anwendungen, 2017

Inge Seiffge-Krenke, *Das Aschenputtel-Phänomen*, in: Psyche, Zeitschrift für Psychoanalyse und ihre Anwendungen, 2017

Online-Artikel:

14 400 Mehrlingsgeburten im Jahr 2019, Pressemitteilung des Statistischen Bundesamtes vom 17. November 2020

Zwillingswissen: Zwillinge unterscheiden sich mit steigendem Alter immer mehr, in: es-sind-zwei.de

Patricia Kelly – ehrliche Worte über die Streitigkeiten in der Familie, in: gala.de, 2019

Ex-F1-Fahrer räumt mit Gerüchten auf, in: focus.de, 2020

Julia Hackober, *Die Dramen des Kardashian-Universums – und ihr Vermarktungspotential*, in: welt.de, 2019

Ernst Eisenbichler, *Jede(r) Mann im Porträt*, in: br.de, 2009

Susanne Schneider, *Nie mehr zweite Geige*, in: sz-magazin. sueddeutsche.de, 2009

Chefs – Nicht ohne meine Brüder, in: tagesspiegel.de, 2009

Vor 5 Jahren: Ende der Ein-Kind-Politik in China, in: bpb.de, 2020

Georg Fertig, *Geschwisterbeziehungen in historisch-demographischer und mikrohistorischer Sicht*, in: hsozkult.de, 2003

Denise von Weymarn-Goldschmidt, *Adlige Geschwisterbeziehungen im 18. und 19. Jahrhundert – Ideale und gelebte Praxis*, in: peterlang.com, 2015

Laure Siegel und Uwe-Lothar Müller, *China: Geboren ohne Recht auf Leben*, in: info.arte.tv, 2015
Geschwister: Wie verwandt sind sie? in: focus.de, 2001

Anna Glowacka, *Schwestern am Scheideweg – Zur Schwesternbeziehung in der Literatur der Restaurationszeit*, in: peterlang. com, 2015

H. Swaton, *Wissen um Verwandtschaftsbezeichnungen im Mittelalter*, in: saelde-und-ere.at, 2013

Geschwisterbeziehungen im Blick der Wissenschaft, in: www.aau. at, 2019

Ines Eisele, *Wie uns unsere Geschwister prägen*, in: www. dw.com, 2020

Geschwisterforschung, Interview mit Dr. Kristin Teuber, in: www.kreiszeitung.de, 2019

Matthias Heine, *Ferdinand Grimm – Das gar nicht märchenhafte Leben des schwulen Bruders Grimm*, in: www.welt.de, 2020

Eva Krafczyk, *Der schwule Grimm-Bruder: Vergessener Ferdinand schrieb auch Märchen*, in: www.tt.com, 2020

Umfrage unter Jugendlichen in Deutschland zu einem späteren Kinderwunsch bis 2019, Shell Jugendstudie 2019, veröffentlicht von Statista Research Department 2020, www.sta tista.com

Gold-Rosi 60! Zum ersten Mal spricht sie über den Tod ihrer Geschwister, in: www.bild.de, 2010

Wikipedia

Ursi Breidenbach
Heike Abidi

WETTEN, ICH KANN LAUTER FURZEN?

Wie man als Mutter von Jungs überlebt

Die ultimative Gebrauchsanweisung für Söhne

Junge, Junge! Söhne bedeuten für jede Mutter die ultimative Herausforderung: Wie Jungs wirklich ticken, können Frauen nur erahnen ... bis sie männlichen Nachwuchs bekommen. Plötzlich dreht sich ihr Leben um Bagger, Fußball, Dinosaurier und Laserschwerter. Doch wer wird sich davon schon abschrecken lassen? Jungs sind wunderbar liebevoll, herrlich direkt, unglaublich lustig und einfach nur fantastisch. Und auch wenn sie Mutter manchmal nerven können: Mit Liebe, Gelassenheit und Humor erträgt frau sogar Formel-1-Rennen, müffelnde Socken und Star-Wars-Filme!

PENGUIN VERLAG

»Ein humorvoller Erfahrungsbericht, der inspiriert.« Frau mit Herz

Willkommen im Mittelalter

Lucinde und Heike sind um die fünfzig. Früher dachten sie, das wäre das Alter, in dem man endlich angekommen ist. Seriös. Souverän. Würdevoll! Jetzt wissen sie es besser: Das Märchen vom In-Würde-Altern haben sie durchschaut. Also beschließen sie, nur noch das zu tun, worauf sie Lust haben – aus der langweiligen Oper abhauen etwa oder auf gängige Schönheitsideale pfeifen und trotzdem Botox ausprobieren. Auf die Gefahr hin, dass ihre Kinder sie irgendwie peinlich finden. Und dass sie womöglich auch mit achtzig noch längst nicht angekommen sein werden …

 PENGUIN VERLAG

»So viel Witz, Schalk und Augenzwinkern, dass sich der normale Alltagswahnsinn beinahe wie ein großartiges Abenteuer anfühlt« Die Rheinpfalz

Das Bestsellerduo mit seinem nächsten Streich: Warum Selbstoptimierung nur unnötig zum Wahnsinn führt

Was sollen und wollen Frauen heutzutage nicht alles sein? Freundin, Mutter, Businessfrau, Geliebte, Sportskanone, Kulturinteressierte, Schönheit, Hausfrau, Multitasking-Queen … Und möglichst alles in Perfektion. Doch wer überall 100 Prozent geben will, braucht mindestens 48 Stunden pro Tag, acht Arme und Nerven dicker als Wasserrohre – und wird dennoch scheitern, so viel steht fest. Warum also überhaupt an diesem unrealistischen Ideal festhalten? Wer fünfe gerade sein lässt und gerne mal alle viere ungerade von sich streckt, hat mehr vom Leben. Ein Plädoyer gegen den Mythos der Perfektion.

PENGUIN VERLAG